C·H·Beck
PAPERBACK

Zu den Vorzügen der Ethik des Altertums gehört die Orientierung an der menschlichen Lebenspraxis; da die antike Moralphilosophie auf dem Prinzip der philosophischen Beratung basierte, bildete sie eine Reihe von Techniken zur Umformung der Persönlichkeit heraus. Im Zentrum der ethischen Überlegungen antiker Philosophen stehen dementsprechend Begriffe wie Lebenskunst, Glück, Selbstsorge, Tugend oder höchstes Gut. Die antiken Theorien der gelungenen und der angemessenen menschlichen Lebensführung sind bis heute von erheblichem philosophischen Interesse. Um die Bedeutung von Begriffen wie Lebenskunst oder Glück im Altertum zu verstehen, muß man sich freilich tiefgreifende Bedeutungsverschiebungen bewußt machen. Das vorliegende Buch geht den wichtigsten Begriffen und Positionen der antiken Ethik nach, von Sokrates in klassischer Zeit bis zu den Neuplatonikern in der Spätantike.

Christoph Horn, Dr. phil., ist wissenschaftlicher Mitarbeiter am Philosophischen Seminar der Universität Tübingen. Seine Arbeitsschwerpunkte liegen in den Bereichen Antike Philosophie, Ethik und politische Philosophie. Im Verlag C. H. Beck ist von ihm erschienen: Augustinus (1995; Reihe DENKER).

CHRISTOPH HORN

Antike Lebenskunst

Glück und Moral
von Sokrates bis zu den Neuplatonikern

VERLAG C. H. BECK

1. Auflage in der Beck'schen Reihe. 1998
2. Auflage. 2010

Meinen Eltern

Originalausgabe

3. Auflage in C.H.Beck Paperback. 2014
Unveränderter Nachdruck

Wilhelmstraße 9, 80801 München, info@beck.de

www.chbeck.de
Satz: C.H.Beck.Media.Solutions, Nördlingen
Druck und Bindung: Druckerei C.H.Beck, Nördlingen
Umschlagentwurf: Uwe Göbel, München
Umschlagabbildung: Philosophenversammlung, Mosaik aus Pompeji, 1. Jahrhundert v. Chr., Neapel;
© akg-images
Gedruckt auf säurefreiem und alterungsbeständigem Papier
Printed in Germany
ISBN 978 3 406 66907 1

verantwortungsbewusst produziert
www.chbeck.de/nachhaltig
produktsicherheit.beck.de

Inhalt

Anhang

Abkürzungen

AA	Kant, *Akademie-Ausgabe*, Berlin 1900 ff.
Apol.	Platon, *Apologia*
D	Epiktet, *Diatriben*
DK	Diels, H./Kranz, W. (Hgg.), *Die Fragmente der Vorsokratiker*, Berlin ^{10}1961
DL	Diogenes Laertios, *Vitae philosophorum*
EE	Aristoteles, *Eudemische Ethik*
EN	Aristoteles, *Nikomachische Ethik*
ep.	Seneca, *Epistulae morales ad Lucilium*
fin.	Cicero, *De finibus bonorum et malorum*
Gorg.	Platon, *Gorgias*
GV	Epikur, *Gnomologium Vaticanum*
KD	Epikur, *Kyriai doxai* (*Hauptlehren*)
KSA	Nietzsche, *Kritische Studienausgabe*
Leg.	Platon, *Nomoi* (*Leges*)
Math.	Sextus Empiricus, *Adversus Mathematicos*
MM	Aristoteles, *Magna Moralia*
Men.	Platon, *Menon*
Met.	Aristoteles, *Metaphysik*
PH	Sextus Empiricus, *Pyrrhôneioi hypotypôseis* (*Grundriß der pyrrhonischen Skepsis*)
Phd.	Platon, *Phaidon*
Pol.	Aristoteles, *Politik*
Polit.	Platon, *Politikos*
Prot.	Platon, *Protagoras*
Rep.	Platon, *Politeia* (*Respublica*)
SB	Mark Aurel, *Ta eis heauton* (*Selbstbetrachtungen*)
SVF	H. v. Arnim (Hg.), *Stoicorum Veterum Fragmenta*, Stuttgart ^{2}1964
Symp.	Platon, *Symposion*
Tht.	Platon, *Theaitetos*
TD	Cicero, *Tusculanae disputationes*
Us.	H. Usener (Hg.), *Epicurea*, Stuttgart ^{2}1966
VP	Porphyrios, *Vita Plotini*

Vorwort

Begriffe wie Lebenskunst, Selbstsorge, Glück, Tugend oder höchstes Gut gehörten in der antiken Philosophie zum Zentrum ethischer Überlegungen. Man kann sich leicht vorstellen, daß eine Ethik dieses Typs einen anderen Charakter aufweist als moderne Moralphilosophien – jedenfalls soweit diese an der Begründung verbindlicher Handlungsregeln und an der Lösung schwieriger Konfliktfälle interessiert sind. Man sollte sich allerdings vor einfachen Gegenüberstellungen hüten: Die antike Ethik beruht sicher nicht auf erbaulicher Lebensweisheit, und auch an Problemen moralischen Handelns ist sie keinesfalls desinteressiert. Wie aber läßt sie sich dann angemessen charakterisieren?

Um die Bedeutung von Ausdrücken wie „Lebenskunst" oder „Glück" im Altertum zu verstehen, muß man sich zunächst deutlich machen, daß seither tiefgreifende begriffliche Verschiebungen stattgefunden haben. Auffällig ist, daß so gut wie alle genannten Begriffe im Lauf der Jahrhunderte aus der Moralphilosophie ausgewandert sind; außerhalb des moralphilosophischen Kontexts haben sie erheblich veränderte Bedeutungen angenommen. Der Begriff der Lebenskunst beispielsweise hat für heutige Ohren zwei irreführende Konnotationen. Wir verstehen darunter, daß sich jemand unter widrigen Umständen erfolgreich durchschlägt und sich mit minimalen Einkünften und schwierigsten Verhältnissen arrangiert; zudem läßt sich der Ausdruck Lebenskunst mit der Vorstellung eines besonders raffinierten, am Zeitgeist orientierten Genußniveaus verbinden. Der antike Begriff einer *technê tou biou* oder *ars vivendi* steht dagegen für keine der beiden Bedeutungen; er bezeichnet eine Umformung der Persönlichkeit, die Entwicklung wünschenswerter Eigenschaften und die Gewinnung einer angemessenen Lebenshaltung. Ähnlich fern stehen uns, wie sich bei genauerem Hinsehen zeigt, die übrigen genannten Ausdrücke. Sie gehörten im Altertum zu einer Theorie des gelingenden Lebens, als die sich die Moralphilosophie verstand.

Die antike Ethik wäre somit nicht richtig beurteilt, wollte man sie als ein theoretisches Frühstadium dessen deuten, was moderne Autoren auf entwickelterem Niveau unter Ethik oder Moralphilosophie verstehen. In mehreren Hinsichten stellt sie eher ein Gegenbild zum heutigen Begriffsverständnis dar. Sie bietet eine Reihe von Theorien der gelungenen und der angemessenen Lebensführung, die bis heute von philosophischem Interesse sind. Bedenkenswert sind auch ihre Argumente zur Rechtfertigung moralischen Handelns und ihre Theorien zum Verhältnis von vernünftigen Handlungsmotiven und irrationalen Antrieben. Zu den besonderen Vorzügen der Ethik des Altertums gehört zudem die Orientierung an der Praxis ihrer Adressaten. Die antike Moralphilosophie basierte auf dem Prinzip philosophischer Beratung (konsiliatorische Ethik); folglich bildete sie eine Reihe von Techniken zur „Therapie" der menschlichen Persönlichkeit heraus.

Das vorliegende Buch macht nun nicht den Versuch einer Gesamtdarstellung der antiken Ethik, sei es in historischer, sei es in systematischer Hinsicht. Zum einen kann man hierfür bereits auf zuverlässige Darstellungen zurückgreifen (ich verweise nur auf Annas 1993). Zum anderen ist der Stoff zu umfangreich und zu vielfältig, als daß man ihn auf knappem Raum angemessen darstellen könnte. Ich will nur einen ersten Überblick über die Grundbegriffe und Hauptfragen der antiken Ethik geben und dabei gelegentlich versuchen, dem historischen Stoff systematische Aspekte abzugewinnen. So betrachtet läßt sich dieses Buch vielleicht als eine kurze Problemgeschichte der antiken Ethik bezeichnen. Für Korrekturen, Anregungen und Kritik danke ich Prof. Dr. Otfried Höffe und Dr. Wolfgang Ullrich.

C. H.

1. Was bedeutet Ethik in der Antike?

Friedrich Schiller richtete an seine Zeitgenossen die wenig schmeichelhafte Frage: „Woran liegt es, daß wir noch immer Barbaren sind?" Dieser Frage liegt eine bestimmte Zeitdiagnose zugrunde, die auch gegenwärtig unverändert von Interesse ist. In seinen *Briefen über die ästhetische Erziehung des Menschen* (1793/95) meinte Schiller, die Neuzeit unterscheide sich vom Altertum durch ein Auseinanderfallen von „Geist" und „Natur" sowie durch zahlreiche weitere Antagonismen. Die Neuzeit kenne einerseits den Typ des aufgeklärten Intellektuellen und andererseits den Typ des groben Ungebildeten, aber kein übergeordnetes, die Extreme verbindendes Persönlichkeitsideal. Es komme darauf an, „die Trennung in dem innern Menschen" wieder aufzuheben. Schillers Vorschlag für eine Versöhnung der Gegensätze beruht auf der Idee einer ästhetisch-moralischen Persönlichkeitsbildung: Die Kunst soll das Geistige mit dem Sinnlichen zu einer Synthese verknüpfen. Ästhetische Wirkungen, so meinte Schiller, enthielten ein einzigartiges Appellpotential zur Kultivierung der menschlichen Persönlichkeit.

Historisch gesehen steht Schillers ästhetische Moralpädagogik in der Mitte zwischen der traditionellen Auffassung, die sittliche Vervollkommnung des Menschen sei eine Aufgabe der Religion, und der späteren, bis heute vorherrschenden Vorstellung, für die Korrektur einseitiger, pathologischer oder krisenhafter Persönlichkeitsanteile seien Medizin, Psychologie und Pädagogik zuständig. Die von Schiller vertretene Vorstellung einer ästhetischen „Versöhnung" findet sich bereits in der Renaissance, besonders aber im Deutschland des ausgehenden 18. Jahrhunderts. Alle drei Modelle einer Persönlichkeitsentfaltung, das religiöse, das ästhetische und das psychologische, haben sich bis zur Gegenwart erhalten. Nahezu verschwunden ist dagegen eine noch ältere Auffassung von Lebenskunst. Nach diesem vierten Modell ist es die Philosophie, die das menschliche Leben angemessen ordnen und von pathologischen Anteilen reinigen kann. Spuren dieser Idee einer philosophischen Lebenskunst finden sich noch im Alltagsverständnis von Philosophie, das bis heute Assoziationen herstellt wie die vom Kyniker Diogenes „in der Tonne" oder die von der „stoischen Gelassenheit". In der Antike hingegen scheint Philosophie keineswegs nur beiläufig, sondern zentral mit der Aufgabe der Lebensgestaltung betraut gewesen zu sein. Für unser modernes Verständnis von Philosophie und von Ethik liegen darin freilich erhebliche Schwierigkeiten.

1.1 Lebenskunst und Selbstsorge in der antiken Philosophie

Die Idee einer lebenspraktischen Bedeutung der Philosophie ist in der Neuzeit stark zurückgetreten. Unter „praktischer Philosophie" verstehen wir eine Disziplin, in der Handlungen und Handlungsnormen analysiert werden. Die praktische unterscheidet sich von der theoretischen Philosophie also nicht dadurch, daß sie selbst handlungsanleitend wäre, sondern dadurch, daß sie u.a. normative oder präskriptive Ansprüche, also Handlungsaufforderungen, auf ihre Struktur und Begründung hin untersucht. So betrachtet wirkt es ungerechtfertigt, für Antike und Moderne einen einzigen Ausdruck wie „Ethik" oder „Moralphilosophie" zu verwenden. Weder der Absicht noch dem Inhalt nach behandeln antike Texte das, was man in der Neuzeit unter Moralphilosophie versteht. Zunächst ein Beispiel für die andersartige Intention: „Die Stoiker sagten, die Weisheit sei ein Wissen von göttlichen und menschlichen Dingen, die Philosophie dagegen die Übung eines nutzbringenden Könnens" (SVF II 35). Antike Moralphilosophie zielt, wie das Zitat belegt, auf einen Vorteil dessen, der sie praktiziert. Ein Beispiel für das inhaltliche Verständnis von Ethik findet sich bei dem Historiker Diogenes Laertios: „Den ethischen Teil der

Philosophie gliedern die Stoiker in die Kapitel über den Trieb, über die Güter und Übel, über die Affekte, über die Tugend, über das höchste Gut, über den ersten Wert, über die Handlungen, über das Angemessene, über die Empfehlungen und Warnungen" (DL VII 84). Der Inhalt der antiken Ethik scheint ganz an der lebenspraktischen Anwendung orientiert zu sein. Wir lesen etwa nichts über Ethikbegründungen, Güterabwägungen oder moralische Dilemmata.

Zwar wird in der Philosophie des Altertums häufig die Frage erörtert, was es für einen Menschen bedeutet, angemessen, richtig oder gut zu leben und zu handeln. Auch steht außer Zweifel, daß es sich nicht einfach um mythologische oder religiöse Textformen handelt; antike moralphilosophische Texte unterscheiden sich in ihrer rationalen Form durchaus von der Art, wie Fragen des richtigen Handelns in den Schriften des Alten Orients, in den homerischen Epen oder bei Hesiod gestellt werden: Sie erörtern bestimmte Positionen argumentativ, nicht im Blick auf Autoritäten oder Traditionen. Jedoch weisen sie eine Gemeinsamkeit mit vorphilosophischen Formen der Handlungsbewertung auf: Ethische Texte aus der Antike besitzen meist einen empfehlenden und beratenden Charakter; sie sind paränetisch oder konsiliatorisch orientiert. Anders gesagt, sie dienen der Lebenspraxis bestimmter Adressaten. Im neuzeitlichen Begriffsverständnis gehört eine solche Absicht dagegen nicht (oder nicht unmittelbar) zur philosophischen Ethik. Betrieb man im Altertum also nur eine Form von philosophischer Moralistik? Das Problem weist drei sachlich eng zusammengehörende Aspekte auf.

Erstens gibt es natürlich auch im Altertum eine theoretisch betriebene praktische Philosophie. Seit Platon und seinem Schülerkreis ist die Einteilung der Philosophie in die Themenbereiche Physik, Ethik und Dialektik belegt (fin. IV 3–4); also hat man schon in der platonischen Akademie die Ethik als einen theoretischen Themenbereich neben anderen verstanden. Auch bei Aristoteles gehen Begriffe wie *êthikê*, *politikê* oder „Philosophie von den menschlichen Angelegenheiten" (EN 1181b15) auf eine Einteilung theoretischer Wissensgebiete zurück (vgl. Met. VI 1). Andererseits ist auffällig, daß das theoretische Verständnis von praktischer Philosophie nirgendwo in reiner Form praktiziert worden ist. Ethische Schriften scheinen immer mit dem Anspruch auf praktische Wirksamkeit verfaßt worden zu sein; das gilt auch für die erhaltenen moralphilosophischen Schriften des Aristoteles (und erst recht für seine verlorenen Dialoge). In Platons Dialogen ist diese Verbindung von ethischer Theorie und Handlungsempfehlung sogar noch direkter; Platon besitzt nicht einmal einen systematisch geprägten Terminus für den moralphilosophischen Bereich (außer andeutungsweise in Polit. 258e). Einzelne platonische Dialoge lassen sich zwar ethischen Leitfragen zuordnen, aber eine Trennung von Theorie- und Praxisanteilen in den moralphilosophischen Dialogen wäre künstlich und würde Platons Anliegen augenscheinlich nicht gerecht. Antike Philosophen zeigen sich an einer ausschließlich theoretischen Ethik nicht interessiert; ebensowenig spielt bei ihnen eine konturscharfe Bereichsabgrenzung zwischen den philosophischen Teildisziplinen eine Rolle.

Zweitens scheint es in der philosophischen Ethik des Altertums nicht um dieselben Inhalte zu gehen wie in der Moderne. Platons *Menon* oder *Gorgias*, Aristoteles' *Nikomachische Ethik*, Senecas *Epistulae morales* oder Mark Aurels *Selbstbetrachtungen* unterscheiden sich thematisch deutlich von Kants *Kritik der praktischen Vernunft* oder Mills *Utilitarianism*: Zentrale Begriffe des antiken Modells einer Lebenskunst wie Glück, Tugend, Askese oder höchstes Gut fristen im neuzeitlichen Verständnis von Moralphilosophie nur eine Randexistenz. Aus der neuzeitlichen Perspektive würde man, umgekehrt, gegen eine solche Ethikkonzeption eine ganze Reihe von Einwänden erheben: Zunächst scheint sie einseitig aus der Perspektive des persönlichen Glücks oder Vorteils formuliert; sie wirkt egoistisch. Sodann scheint sie unfähig, das ethische Begründungsproblem zu bewältigen; scheinbar vernachlässigt sie theoretische Grundlagenfragen. Überdies wirkt ihre Behandlung ethischer Themen unvollständig; insbesondere spielen ethische Konfliktsituationen in ihr eine auffallend geringe Rolle. Und schließlich hat man den Eindruck, daß die antike Ethik zuwenig institutionenethisch ausgerichtet ist, sondern ethische Fragen personalisiert betrachtet. Natürlich ließe sich die Richtung der Kritik auch umkehren: Man könnte vom Standpunkt antiker Positionen die mangelnde Praxisrelevanz neuzeitlicher Moralphilosophie tadeln. Welche Kritik wie weit berechtigt sein mag, wird später zu fragen sein (vgl. Kap. 5); auch eine genauere Bestimmung des Epochenunterschieds und seiner Ursachen bleibt noch vorzunehmen (vgl. Kap. 6). Vorläufig können wir festhalten: Zwischen der Moralbehandlung der Alten und der der Modernen besteht eine so tiefgreifende Differenz, daß es bedenklich wirkt, den Begriff der Ethik epochenübergreifend zu gebrauchen.

Drittens scheint Philosophie in der Antike insgesamt durch ihre lebenspraktische Orientierung charakterisierbar zu sein. Vielleicht ließe sich deshalb die antike Philosophie überhaupt als handlungsleitend kennzeichnen. So betrachtet wäre es nicht mehr erstaunlich, daß Ethik im Altertum als theoretische Einzeldisziplin so schlecht isolierbar ist und daß sie sich thematisch so deutlich von der Moderne unterscheidet. Denn dann wäre nicht nur der engere Bereich der Moralphilosophie als praktisch aufzufassen. Philosophie wäre überhaupt als orientierende, aufklärende und normative Disziplin aufgefaßt worden. In diese Richtung geht die prominente These des französischen Philosophiehistorikers Pierre Hadot (1991 und 1995). Er argumentiert nicht als erster für diese Auffassung, die antike Philosophie beruhe wesentlich auf der Idee von Seelenleitung und Selbstsorge; bereits Paul Rabbow (1954) hat wesentliches Material zusammengetragen – damit aber keineswegs die antike Philosophie insgesamt zu charakterisieren versucht. Hadot belegt seine These, bei der Philosophie des Altertums handle es sich um eine Lebenskunst, Lebenstechnik oder Lebensform durch breite und vielfältige Indizien. Die These wirkt zweifellos attraktiv und erklärungskräftig; man hat sie vielfach zustimmend aufgegriffen. Auch wenn der Ausdruck *technê tou biou* (lat. *ars vitae* oder *ars bene vivendi*: „Fachwissen von der richtigen Lebensführung“) erst recht spät gebräuchlich wurde, scheint er dennoch die antike Philosophie treffend zu kennzeichnen (zur Begriffsgeschichte vgl. Schmid 1991, 253ff.; zum Ausdruck „Selbstsorge" vgl. Schmid 1995, 98–109).

Nach Hadot ist philosophisches Wissen in der Antike anders als in der Moderne stets an der Person dessen ausgerichtet, der Erkenntnis oder Orientierung sucht: Es ist adressatenorientiert. Die Philosophie als Fachdisziplin und als professionell vermitteltes Wissen richtet sich nach dem Fassungsvermögen, der charakterlichen Disposition, dem Kenntnisstand und dem Wissensbedürfnis des jeweiligen Schülers. Der Sinn dieser Ausrichtung liegt nach Hadot in der rationalen Kultivierung einer Person, ihrer Selbstgestaltung, der Korrektur verfehlter Lebenshaltungen oder in einer grundlegenden Einstellungsänderung. Die Philosophie fungierte – mit einer besonders bei den Stoikern beliebten Metapher gesprochen (SVF III 471) – als Therapeutikum, als ein Heilmittel: Ebenso wie die Medizin den menschlichen Leib heilt, sollte es Aufgabe der Philosophie sein, die menschliche Seele zu kurieren, und zwar im Sinn einer Aktivierung eigener Kräfte (vgl. etwa Cicero TD III 6; IV 23ff.).

Sollte Hadots These zutreffen, so läge das Zentrum des antiken Philosophierens überhaupt nicht in einer theoretischen Problembehandlung; vielmehr besäße umgekehrt die Verfolgung theoretischer Themengebiete und die Entwicklung abstrakter Argumente einen praktischen Sinn. Ein historisch spätes, aber dennoch aussagekräftiges Beispiel dafür findet sich bei dem kaiserzeitlichen Stoiker Epiktet; er faßt die – scheinbar allein theoretische – Einteilung der Philosophie in die Bereiche Physik, Ethik und Logik nicht theoretisch, sondern moralpädagogisch auf: Man müsse sich bemühen, erstens seine natürlichen Antriebe, zweitens seine Absichten und drittens sein Denken zu disziplinieren (D II 17, 14ff. u.ö.). Das Beispiel gibt eine Vorstellung davon, wie Philosophie aus der Praxisperspektive betrieben werden konnte. Eine weitere Schwierigkeit, für die sich durch Hadots These eine Lösung anbieten ließe, ist die vielfach umständliche, voraussetzungsreiche, manchmal auch widersprüchliche Präsentations- und Argumentationsform antiker philosophischer Texte; ihre Form wäre so gesehen durch ihren pädagogischen Charakter zu erklären. Man könnte dann untersuchen, wieweit didaktische Gründe für eine bestimmte Argumentfolge, einen Umweg (Digression), den Abbruch eines Gedankengangs oder für eklatante Widersprüche verantwortlich sein könnten.

Doch betrachten wir im folgenden die These Hadots etwas genauer und etwas kritischer. Ist sie tatsächlich triftig? Wenn ja, dann müßten sich umfassende Belege dafür angeben lassen, daß es das Ziel der Philosophie ist, einstellungsändernd und handlungsanleitend zu wirken. Bei allen wichtigen Schulen oder Autoren müßte sich das Bemühen ausmachen lassen, Grundlagen einer angemessenen Lebensführung aufzudecken und Lebensregeln allgemeinen wie individuellen Zuschnitts zu formulieren. Solche Belege fallen jedoch nicht überall ins Auge. Natürlich lassen sich deutliche Textbelege für die Lebenskunstkonzeption in der Philosophie der hellenistischen Epoche finden. So berichtet Diogenes Laertios, die meisten Stoiker hätten ihre systematischen Einteilungen nicht auf die „Philosophie" selbst, sondern auf deren „Darstellung" (*logos*) bezogen (DL VII 39–41). Diese Auskunft läßt darauf schließen, daß man unter Philosophie nicht eigentlich eine argumentierende Tätigkeit verstand, sondern die Anwendung bestimmter Einsichten auf die Lebensführung. In dieselbe Richtung weist der Bericht Ciceros, die Stoiker bezeichneten Dialektik und Physik (also Teildisziplinen der Philosophie) als „Tugenden" (fin. III 72). Daß man philosophische Disziplinen als Tugenden auffassen kann, beruht offenkundig auf der Annahme, das in ihnen vermittelte Wissen wirke sich in positiver Weise handlungsbestimmend aus. Aber auch die Gegenspieler der Stoiker vertraten denselben Philosophiebegriff. Der hellenistische Philosoph Epikur schreibt in seinem *Brief an Menoikeus* (122): „Wer jung ist, soll nicht zögern zu philosophieren, und wer alt ist, soll nicht müde werden im Philosophieren. Denn weder ist jemand zu jung noch zu reif, um sich um die Gesundheit der Seele zu kümmern". Für Epikur ist die Philosophie näherhin „eine Tätigkeit, die durch Argumentation und Diskussion das glückliche Leben verschafft" (Us. 219). Mit derselben Tendenz sagt Epikur an anderer Stelle: „Die Rede jenes Philosophen ist leer, durch die kein Leiden des Menschen geheilt wird; denn wie die Heilkunst keinerlei Nutzen hat, wenn sie nicht die Krankheiten der Körper vertreibt, so auch nicht die Philosophie, wenn sie nicht das Leiden der Seele vertreibt" (Us. 221). Natürlich lassen sich diese Aussagen leicht um Stellen bei späteren Autoren vermehren, die stark von hellenistischer Philosophie beeinflußt sind. Beispielsweise heißt es bei dem kaiserzeitlichen Philosophen Seneca: „Die Philosophie ist keine Populärwissenschaft, und sie eignet sich nicht für eine Zurschaustellung. Sie beruht nicht auf Worten, sondern auf Handlungen. [...] Sie formt und gestaltet den Geist, ordnet das Leben, lenkt die Handlungen, zeigt, was man tun oder unterlassen muß, sitzt am Steuerruder und lenkt die Fahrt durch die Gefahren der Fluten. Niemand kann ohne sie furchtlos leben, niemand sorglos; Unzähliges passiert in Einzelsituationen, was einen von ihr einzuholenden Rat erfordert" (ep. 16,3). An anderer Stelle sagt Seneca: „Durch eine einzige Sache wird der Geist vervollkommnet, durch das unwandelbare Wissen von Gütern und Übeln; überhaupt keine andere Disziplin fragt jedoch nach Gütern und Übeln [als die Philosophie]" (ep. 88,28).

Freilich wirkt die Betonung des Lebenskunstaspekts in hellenistischer Zeit alles andere als erstaunlich. Daß die hellenistische Philosophie durch einen „Primat der praktischen Vernunft" charakterisiert ist, ist ein bekanntes Faktum. Man erklärt es häufig mit der „Entdeckung des Individuums" in der Epoche des Alexanderreichs und seiner Nachfolgestaaten. Interessant ist dagegen die Frage, ob es angemessen ist, die antike Philosophie überhaupt – also die gesamte Großepoche von den Vorsokratikern bis zu den späten Neuplatonikern – als Lebenskunst zu beschreiben. Es bieten sich neben einem solchen Verständnis zumindest drei weitere Deutungsmöglichkeiten an: Philosophie könnte auch als Prinzipienwissenschaft, als Orientierungsdisziplin oder als Weisheitssuche aufgefaßt worden sein. Philosophie tritt als Prinzipienwissenschaft auf, wenn sie es auf grundlegende und allgemeine, vielleicht sogar unveränderliche und überzeitlich gültige Einsichten abgesehen hat. Für ein solches Philosophieverständnis ist ein methodisches oder systematisches Vorgehen kennzeichnend; dabei steht die Entwicklung von Argumenten innerhalb einer mehr oder weniger konsistenten Theorie im Vordergrund. Von einer Orientierungsdisziplin kann man hingegen sprechen, wenn die Philosophie der kritischen Prüfung von Konventionen, überlieferten Weltbildern und traditionellen Wissensansprüchen dient. In diesem Fall fiele ihr in erster Linie eine ideologiekritische oder emanzipatorische Funktion zu. Philosophie als Weisheitssuche zu verstehen, bedeutet schließlich, daß es einem Autor um besonders tiefreichende oder hintergründige Einsichten geht. In diesem Fall wären rationale Standards vielleicht teilweise durch intuitive Fähigkeiten ersetzt. In gewissem Umfang träte die Vorstellung einer exklusiven Einsicht an die Stelle rationaler Ausweisbarkeit und Allgemeinverständlichkeit.

Es liegt auf der Hand, daß sich für die drei genannten Philosophiebegriffe ebenfalls gute Beispiele aus der Antike anführen lassen. Eine Prinzipienwissenschaft scheint die Philosophie vor allem bei den ionischen Philosophen (etwa bei Thales, Anaximander und Heraklit), bei den Eleaten (Parmenides u.a.) sowie bei Platon und Aristoteles gewesen zu sein. Im Sinn einer Orientierungsdisziplin lassen sich die Inhalte und die Lehrmethoden der Sophistik, zudem etwa die Lehren der Kyniker verstehen. Weisheitssuche dürfte die Philosophie bei Pythagoras und Empedokles sowie bei den Neupythagoreern und Neuplatonikern (Plotin, Proklos u.a.) gewesen sein. Die Charakterisierung der Philosophie als einer Lebenskunst scheint hingegen primär auf Sokrates sowie auf die hellenistischen Philosophenschulen zuzutreffen, also auf die Kyniker, die Kyrenaiker, die Stoiker und die Epikureer sowie die Skeptiker. Es ist also zu prüfen, ob sich die These Hadots auch darüber hinaus als triftig erweist. Ist es tatsächlich angemessen, in das Verständnis von Philosophie als einer *technê tou biou* auch (I) die Vorsokratiker einzubeziehen, (II) die Sophisten, (III) Platon, (IV) Aristoteles und (V) die kaiserzeitlichen Philosophen, einschließlich der spätantiken Neuplatoniker?

(I) Im Fall der Vorsokratiker läßt sich Hadots These kaum bestätigen. Zwar finden sich zumindest Spuren für eine Kontinuität in der griechischen Ethik. Nach einer immer noch beachtenswerten älteren These besteht zwischen der frühesten Ethik – im griechischen Epos, der Lyrik und der Tragödie – und der späteren Moralphilosophie eine „organische" Einheit (vgl. Wehrli 1931 und 1964). Die These läßt sich aber nicht auf die Philosophen des 6. und der ersten Hälfte des 5. Jahrhunderts ausdehnen; man kann nicht behaupten, sie hätten in nennenswertem Umfang Moralphilosophie betrieben oder gar eine lebenspraktische Philosophiekonzeption besessen. Vielmehr ist gut belegbar, daß sowohl die ionischen als auch die italischen Autoren hauptsächlich an theoretischen Prinzipienfragen interessiert waren. Probleme der angemessenen Lebensführung wurden zwar bereits von Heraklit diskutiert, dürften aber für ihn kaum zentral gewesen sein. Nach dem Zeugnis des Aristoteles behandelte erst Sokrates „ethische Probleme und nicht mehr die Natur insgesamt" (Met. 987b 1f.; 1078b 17). Auch nach Cicero war es Sokrates, der „die Philosophie vom Himmel auf die Erde herabzitiert" habe, „sie in den Städten ansiedelte, sie überdies in die Häuser brachte und sie nötigte, vom Leben, den Sitten sowie von Gütern und Übeln zu handeln" (TD V 10f.). Sokrates selbst soll sich noch als junger Mann für Naturphilosophie interessiert haben. Die Gründe für seine Abwendung von der Natur- und seine Hinwendung zur Moralphilosophie scheinen origineller Art gewesen zu sein; Platon läßt ihn selbst davon berichten (Phd. 96a ff.). So betrachtet dürfte es sich bei Platons gelegentlicher Darstellung des philosophischen Lebensideals anhand der Vorsokratiker Thales (Tht. 174a) und Pythagoras (Rep. 600b) um Rückprojektionen platonischer Vorstellungen handeln, wie bereits Jaeger ([2]1960) vermutet hat.

Eine Ausnahme bildet hier allenfalls Pythagoras. Denn grundsätzlich kann sein Interesse an Fragen der richtigen Lebensführung als sicher gelten; die Frage ist nur, ob man deshalb schon von einem Lebenskunstmodell sprechen kann. Pythagoras' Ethik steht vermutlich in Beziehung zu einer älteren mythologisch-religiösen Weisheitstradition, die in Figuren wie dem Kentauren Chiron und dem Musiker Orpheus zum Ausdruck kommt. Zu den sicheren Fakten über die Pythagoreer des sechsten Jahrhunderts gehört, daß sie zahlreiche Lebensregeln und Lehrsprüche (*akousmata*) besaßen. Diese beruhten auf dem Autoritätsprinzip (vgl. die Formel *autos epha* – „Pythagoras selbst hat es gesagt") und ordneten das Leben detailliert; im Hintergrund der pythagoreischen Lebensregeln scheint die Reinkarnationsvorstellung gestanden zu haben. Auch weiß man, daß im inneren Kreis der Pythagoreer Geheimlehren (*aporrhêta*) weitergegeben wurden; ähnlich wie in der Orphik und den antiken Mysterienreligionen dürfte es sich dabei um ein lebensveränderndes Einweihungswissen gehandelt zu haben. Die Affinität zur Religion wird auch in der Betonung kultischer und ritueller Elemente deutlich. Schließlich weisen auch die politischen Aufstände, die sich im 5. Jahrhundert gegen die Pythagoreer richteten, auf deren engen Bruderschafts- oder Sektencharakter hin. Die Vermutung, daß bereits die Pythagoreer der angemessenen Lebensführung eine theorieleitende Rolle zugeschrieben haben könnten, läßt sich also nicht von der Hand weisen.

Auch in der Ethik des Philosophen Demokrit spiegelt sich ein Element der traditionellen Religiosität. Demokrit scheint von jener Lebensweisheit beeinflußt zu sein, die wir auch bei den „Sieben Weisen" finden und die eine Ethik des rechten Maßes und der Zurückhaltung gegenüber sinnlichen Genüssen empfiehlt. Bei den Sieben Weisen (Platon zählt zu ihnen Thales, Pittakos, Bias, Solon, Kreoboulos, Myson und Chilon: Prot. 343a) handelt es sich zwar nicht um kultische Gestalten, sondern um archaische Gesetzgeber, Richter, Philosophen und Politiker; die religiöse Einfärbung ihrer Ethik ergab sich aber daraus, daß ihre Aussprüche in Delphi auf dem Apollon-Tempel sowie auf einer eigens dafür aufgestellten Säule zu lesen waren (vgl. die Textsammlung von Snell 1952). Mit einer vergleichbaren Tendenz fordert nun auch Demokrit dazu auf, die eigene Begabung und Natur nicht zu überschätzen und ein maßvolles und bescheidenes Leben zu führen. Wer mehr an äußeren Gütern oder Vergnügungen begehre, gerate leicht in eine unruhige seelische Verfassung, die den Lebensgenuß insgesamt mindere (DK 68B3; 68B191). Demokrit empfiehlt, man solle einen besonnenen, heiteren und ausgeglichenen Gemütszustand (*euthymiê*) suchen. Ausdrücklich verbindet er seinen Euthymie-Begriff mit der moralischen Vorstellung, ein gutgelaunter Mensch fühle sich auch zu gerechten und gesetzlichen Handlungen hingezogen (DK 68B174). Demokrit war wahrscheinlich der erste, der die Funktion der Philosophie mit derjenigen der Medizin verglichen hat: „Die Heilkunst behandelt die Krankheiten des Körpers, die Weisheit aber befreit die Seele von Leidenschaften" (DK 68B31). Allerdings kann man Demokrit nicht als Repräsentanten einer vorsokratischen Ethik auffassen; er ist bereits ein Zeitgenosse der Sophisten und des Sokrates.

Die Beispiele des Pythagoras und Demokrits reichen also nicht dazu aus, ein philosophisches Lebenskunstmodell bereits für die Vorsokratiker anzunehmen. Vor Sokrates scheint die philosophische Interessenlage tatsächlich eine andere gewesen zu sein. Andererseits wirkt die Betonung einer von Sokrates ausgehenden Wendung zu Ethik und Lebenskunst auch ein wenig überpointiert. Bereits die sophistische Bewegung, die älter als Sokrates ist und nicht von ihm abhängt, hat moralphilosophische Probleme aufgeworfen. Kommen wir damit zur Frage, ob sich das sophistische Philosophieverständnis dem Lebenskunstmodell zurechnen läßt.

(II) Sophisten wie Protagoras, Gorgias, Prodikos und Hippias waren ungefähre Zeitgenossen des Sokrates. Sollte in der griechischen Philosophie tatsächlich ein Epocheneinschnitt in der zweiten Hälfte des 5. vorchristlichen Jahrhunderts liegen, so wäre er den Sophisten mindestens ebenso zuzuerkennen wie Sokrates. Für Außenstehende scheint Sokrates überdies von den Sophisten nicht leicht unterscheidbar gewesen zu sein. Beispielsweise konnte er von Aristophanes in der Komödie *Die Wolken* (aus dem Jahr 423) umstandslos den Sophisten zugerechnet werden. Die gemeinsame Innovation der Sophisten und des Sokrates bestand darin, erstmals breiteren Kreisen der Bevölkerung Überlegungen zur angemessenen Lebensführung anzubieten. Während die Sophisten den Kosmos als Thema immerhin beibehielten, scheint sich Sokrates ausschließlich mit „menschlichen Angelegenheiten" beschäftigt zu haben (vgl. Xenophon, *Memorabilien* I 1,11f.; IV 7,4ff.). Das würde allerdings nur einen graduellen Unterschied ausmachen; vielleicht muß man Sokrates ja tatsächlich zu den Sophisten rechnen (wie etwa Kerferd 1981, 55–57, meint). Dagegen spricht, daß Sokrates die Traditionskritik der Sophisten und deren Relativismus und Pragmatismus kaum geteilt haben kann. Aber gleichgültig, wie man das Verhältnis des Sokrates zu den Sophisten beurteilt: In jedem Fall dürfte der entscheidende Hinweis auf einen Epochenwandel in der Philosophie darin liegen, daß sowohl die Sophisten als auch Sokrates öffentlich auftraten und allen Bürgern als Lehrer zur Verfügung standen.

Die Vorstellung, Philosophie sei erst damals als Technik der richtigen Lebensführung aufgefaßt worden, läßt sich also auf die enorme Verbreitung philosophischer, rhetorischer und wissenschaftlicher Bildung im Athen des 5. Jahrhunderts zurückführen. Thukydides legt dem athenischen Staatsmann Perikles in seiner berühmten Leichenrede ein ausführliches Lob auf die Freiheit der Bildung in der athenischen Demokratie in den Mund (*Historiae* II 37ff.). Die Sophisten glaubten ebenso wie Sokrates an den Wert von Aufklärung und Bildung und vertraten die Idee einer Persönlichkeitsschulung auf vernünftiger Grundlage. Der Gedanke einer solchen rationalen und moralischen „Schulung der Seele" ist durch zahlreiche Zeugnisse belegt, etwa durch die Inschrift auf einer Statue des Gorgias (*Epigrammata Graeca* 875a). Neben den Sophisten und Sokrates stellte übrigens die Rhetorik das dritte Bildungsangebot dieser Zeit dar. Auch der Rhetor Isokrates, ein Schüler der Sophisten Gorgias und Prodikos, teilt den Übungsgedanken und entwickelt ein Programm für ein lebenspraktisches und situationsbezogenes Wissen. Er polemisiert dabei scharf gegen ein nur theoretisches Wissen: „Philosophie darf man, so meine ich, nicht das nennen, was uns im Augenblick weder zum Reden noch zum Handeln nützt; eher nenne ich eine solche Beschäftigung ‚Training des Seele' oder ‚Vorbereitung für die Philosophie'" (*Antidosis* 266). Isokrates bestand also darauf, unter Philosophie ein direkt anwendbares, alltagstaugliches Fachwissen zu verstehen, und zwar eines, das von der Rhetorik vermittelt werden soll (271). Wieweit sich der historische Sokrates von der Sophistik und der Rhetorik absetzen wollte, ist schwer festzustellen. In jedem Fall zeichnet sein Schüler Platon ein dezidiert anti-sophistisches und anti-rhetorisches Sokrates-Bild.

(III) In Platons Philosophiebegriff lassen sich zahlreiche Indizien für die Konzeption von Selbstsorge und Lebenskunst entdecken. Sie scheinen teilweise auf Sokrates zurückzugehen und teilweise nicht-sokratischen Ursprungs zu sein, auch wenn sich diese Unterscheidung kaum präzise durchhalten läßt. Sokratisch geprägt ist sicher die Vorstellung, Philosophie bestehe in einer rationalen Prüfung der eigenen und fremden Lebensführung (Apol. 28e); ein „ungeprüftes Leben" sei „für einen Menschen nicht lebenswert" (38a). Philosophie stellt damit eine „Fürsorge für die Seele" dar (*epimeleia tês psychês*: 29e; 30b; ähnlich *psychês therapeia*: *Laches* 185e f.), also den Versuch, eine harmonische Persönlichkeit auszubilden. Ein Beispiel für die gemeinte Prüfmethode findet sich in Platons Dialog *Laches*. Dort heißt es, Sokrates führe jeden, mit dem er spreche, „unaufhörlich im Gespräch herum, bis der Betreffende nicht mehr anders könne, als Rechenschaft darüber abzulegen, wie er jetzt lebt und wie er sein bisheriges Leben verbracht hat" (187e). Auch Platons Vorstellung, der Philosoph sei gleichsam nur unterwegs zur Weisheit, wer dagegen wirklich weise sei, philosophiere nicht mehr, scheint mit Sokrates, nämlich mit dessen sprichwörtlicher „Unwissenheit", in Verbindung zu stehen. Der Philosoph erscheint als ein „Erotiker" (*Lysis* 218a und Symp. 203e ff.), der selbst nichts weiß, sondern Bildung, Übung und Aufklärung sucht, um nach und nach zu wahrem Wissen zu gelangen. Die Tätigkeit des Philosophen wird überdies als ein „Hebammendienst" zum Nutzen anderer charakterisiert: Er selbst bleibt unfruchtbar und beschränkt sich darauf, die gedanklichen „Kinder" anderer zu „entbinden" und auf ihre Lebenstauglichkeit zu prüfen (Tht. 148e–152d). Mit der Figur des historischen Sokrates scheint ferner das Ideal der richtigen Selbsterkenntnis und der angemessenen Selbsteinschätzung bei Platon zusammenzuhängen. Die Inschrift „Erkenne dich selbst" (*gnôthi seauton*) am Apollon-Tempel von Delphi erscheint im Werk Platons in einer philosophischen Deutung (vgl. Kap. 5.3). In Platons *Phaidros* heißt es, es sei unsinnig, sich mit irgend etwas anderem zu beschäftigen, solange man die delphische Aufforderung zur Selbsterkenntnis nicht befolgt habe; man müsse zuerst wissen, ob man seiner Natur nach ein wildes Tier oder ein edles, göttliches Lebewesen sei (229e f.). Nahe am delphischen Motiv wird auch das Thema eines selbstbezüglichen Wissens im *Charmides* behandelt, wo das Wissen seiner selbst (*heautou epistêmê*: 165d) mit der Besonnenheit, also dem maßvollen Verhalten, in Verbindung gebracht wird (164d; 166eff.; 169b). Eine explizite Behandlung des Selbsterkenntnismotivs im Sinn einer philosophischen Lebenskunst findet sich besonders im „Augengleichnis" des *Großen Alkibiades* (eines zwar unechten, aber dem Umkreis Platons entstammenden Dialogs): Dort wird die Selbsterkenntnis mit der platonischen „Sorge um sich" oder „Fürsorge für die eigene Seele" identifiziert (129aff.).

Als Belege für eine Lebenskunstkonzeption bei Platon lassen sich zahlreiche weitere Momente anführen. Zunächst ist die Vorstellung von der „Einübung ins Sterben" einschlägig; nach Platon bemühen sich die „wirklichen Philosophen" ihr ganzes Leben lang „um nichts anderes als zu sterben und tot zu sein" (Phd. 64a–b). Die Philosophie erlangt damit eine erlösende Funktion, die nicht nur das Glück im diesseitigen Leben sicherstellt, sondern auch zum bestmöglichen Leben nach dem Tod führen soll. Sodann versorgt sie den Philosophen im diesseitigen Leben mit Tugendwissen, bringt ihn auf diese Weise zugleich in den Besitz der Tugend und garantiert somit sein Glück. Wichtig ist ferner das Motiv einer möglichst weitgehenden „Angleichung an Gott", das Platon mehrfach als Ziel philosophischer Bemühung hervorhebt (Tht. 176a f. u.ö.: vgl. Neschke-Hentschke 1995, 208). Platon bildet also einen emphatischen Begriff von der persönlichkeitsverändernden Wirkung der Philosophie: Der Philosoph besitzt wahres Wissen (*epistêmê*) im Unterschied zu bloßer Meinung (*doxa*), denn die Gegenstände seines Wissens sollen unveränderlich und „immer gleichbleibend" sein. Dem Philosophen wird als Kontrastfigur der Sophist gegenübergestellt, der als bloßer Taschenspieler und Trickbetrüger charakterisiert wird. Damit jemand zum Philosophen werden kann, muß er eine Umwendung oder Konversion vollzogen haben (*periagôgê*, *peristrophê*). Philosophie steht so betrachtet für einen Aufstieg (*epanhodos*) der Seele (Rep. 518d bzw. 521c). Freilich erscheint der Philosoph wegen seiner Ferne zur alltäglichen Lebenswelt gewöhnlichen Leuten als wenig lebenstauglich (487d; Tht. 173c ff.). Daß Philosophie für Platon ein lebensbestimmendes Wissen darstellte, ist somit unabhängig von der Frage richtig, auf welche Quellen sein Philosophiebegriff zurückgeht und ob sich die genannten Indizien zu einem konsistenten Bild zusammenfügen lassen. Weitere Belege finden sich in Platons Umgebung. In den pseudo-platonischen *Definitionen*, die aus dem Schülerkreis Platons stammen, wird Philosophie (a) als das „Streben nach einer Erkenntnis des Immer-Seienden" charakterisiert, (b) als „Habitus einer Betrachtung des Wahren, auf welche Weise es wahr ist" und (c) als „Fürsorge für die Seele verbunden mit richtiger Überlegung" (414b). Alle drei Bestimmungen setzen offenkundig die Person des Philosophierenden in ein Verhältnis zum wahren Wissen der Philosophie.

(IV) Viel weniger eindeutig sind die Hinweise auf das Modell einer Lebenskunst bei Aristoteles. Aristoteles besitzt nämlich eine klare Unterscheidung zwischen theoretischem und praktischem Wissen; er differenziert zwischen Wissensgebieten sowohl nach Themen als auch nach Methoden und schließlich nach Interessen. Theoretische Erkenntnis stellt die höchste Wissensform dar; sie soll allein um ihrer selbst willen zu wählen sein (Met. 982a 12–17). Anscheinend schließt bereits diese Überlegung die Ansicht aus, Aristoteles könnte die Philosophie insgesamt als Lebenskunst aufgefaßt haben. Denn praktisch relevantes Wissen soll einen eigenständigen Bereich bilden und zudem nur von untergeordneter epistemischer Bedeutung sein. Mehr noch, nach Aristoteles' wissenschaftstheoretischem Prinzip der „gegenstandsgerechten Genauigkeit" darf nicht allen Wissenschaften dasselbe (harte oder weiche) Präzisionsideal zur Vorschrift gemacht werden; vielmehr müßten für einen Rhetor andere Standards gelten als für einen Mathematiker. Gerade bei ethischen Themen ist nach Aristoteles mit erheblich voneinander abweichenden Meinungen und komplexen, wechselnden Verhältnissen zu rechnen (EN 1094b 11–27 u.ö.). Aristoteles vertritt also einen epistemischen Pluralismus (dazu Höffe 1996, Teil II), der die Wissensgebiete, wie es scheint, weit voneinander abrückt. Die Idee einer lebenspraktischen Ausrichtung der Philosophie scheint damit verabschiedet zu sein.

Zwar besitzt das Wissen, das Aristoteles in den ethischen Schriften behandelt, ebenfalls eine handlungsleitende Funktion. So heißt es am Beginn der *Nikomachischen Ethik*, daß junge Leute wegen ihrer Neigung zu Affekten noch keinen Nutzen von Moralphilosophie hätten; deren Ziel sei nämlich nicht Erkenntnis, sondern das Handeln (EN 1095a 2–6). Ähnlich sagt er am Anfang der *Eudemischen Ethik*, man müsse primär untersuchen, worin das gute Leben bestehe und wie es zu erwerben sei (EE 1214a 15f.). Jedoch unterscheidet Aristoteles von diesem moralphilosophischen Verfahren ausdrücklich eine „rein theoretische Philosophie" (*philosophian monên theôretikên*: EE 1214a 13), die er gleichfalls für legitim hält. Innerhalb des praktischen Wissens differenziert er überdies weiter zwischen einem erwerbungs- und handlungsrelevanten Wissen (EE 1214a 11ff.). Das bedeutet, daß er moralisch indifferente praktische Interessen ebenfalls als berechtigt ansieht. Auch wenn es überspitzt wäre, die – historisch später hinzugefügten – Werktitel wie *Nikomachische Ethik* und *Eudemische Ethik* einerseits und *Physik* oder *Metaphysik* andererseits als Hinweis auf eine strenge Trennung praktischer und theoretischer Themen anzusehen, hat Aristoteles doch ein klares Bewußtsein von der Selbständigkeit unterschiedlicher Wissensbereiche. Er wendet sich ausdrücklich gegen Platons Synthese aus Prinzipientheorie und Ethik, und zwar mit dem Argument, es gebe kein einheitliches Wissen vom Guten; Güter seien von grundsätzlich verschiedener Art (EN 1096a 29–34). Soweit scheint ein Lebenskunstmodell für Aristoteles ausgeschlossen zu sein.

In einem gewissen Gegensatz dazu vertritt Aristoteles im *Protreptikos*, einer philosophischen Werbeschrift für ein größeres Publikum, eine ähnliche Philosophieauffassung wie Platon. Er sagt etwa: „Wir bleiben nicht dadurch gesund, daß wir Dinge kennen, die unsere Gesundheit fördern, sondern dadurch, daß wir sie dem Körper zuführen; [...] wir leben ein schönes und edles Leben nicht dadurch, daß wir einiges von dem Seienden erkennen, sondern dadurch, daß wir gut handeln; denn dies ist wahrlich das glückliche Leben" (B52; vgl. 13 und 34). Auch in anderer Hinsicht erinnert der aristotelische *Protreptikos* an Positionen Platons. Zum einen erscheint ein emphatischer Philosophiebegriff, und zwar sowohl in ontologischer Hinsicht („Der Philosoph ist Betrachter der Dinge selbst, nicht ihrer Nachahmungen": B48) als auch im erkenntnistheoretischen Sinn („Die Philosophie umfaßt das richtige Urteil und die unfehlbare Einsicht [...]": B9). Erwähnt wird überdies der Gedanke einer Belohnung „auf den Inseln der Seligen" (B44), der auch bei Platon häufig anzutreffen ist. Sogar der praktische Nutzen der Philosophie für die anderen Disziplinen und Handwerke wird hervorgehoben (B46f.). Müßte man allein nach dem *Protreptikos* urteilen, wäre die Philosophie auch bei Aristoteles als übergeordnete Lebenskunst nach sokratisch-platonischem Vorbild zu verstehen.

Diese scheinbar widersprüchliche Situation läßt sich unter Hinweis auf Aristoteles' Glückstheorie abmildern (vgl. Kap. 2.2). Die lebenspraktische Ausrichtung der ethischen Schriften zielt nämlich einerseits auf ein Leben gemäß den Charaktertugenden, das Aristoteles für sekundär empfehlenswert hält. Andererseits vertritt er ein philosophisches Lebensideal; er versteht die zweckfreie philosophisch-wissenschaftliche „Betrachtung" (*theôria*) als wertvollste menschliche Aktivität.

Folgerichtig besitzt die theoretische Lebensführung (*ho kata ton noun bios*) für ihn einen Vorrang vor einem ethisch-politischen Leben (EN 1178a 6–8). Nach Aristoteles stellt ein theoretisches Leben das höchste intrinsisch wählenswerte Gut dar; zweckfreies Wissen ist also glücksrelevant, obwohl es sich nicht auf ein äußeres Handeln richtet. Der Theoretiker soll geradezu das Glück der Götter erreichen. Ein theoretisches Leben, so Aristoteles, scheint einen Menschen zu überfordern; es ist nicht mehr ein Mensch, der so lebt, sondern etwas Göttliches in ihm (EN 1177b 26–28 u.ö.; vgl. *Protreptikos* B28). Auch wenn Aristoteles mithin das philosophische Prinzipienwissen pointiert vom Wissen der Ethik unterschieden hat, werden dennoch beide Wissensformen als glücksrelevant aufgefaßt. Philosophisches Wissen bleibt auch bei ihm konstitutiv für einen persönlichen Habitus, und es begründet eine eigene, besonders empfehlenswerte Lebensform.

(V) Auch im Fall der kaiserzeitlichen sowie der spätantiken Autoren und Schulen ist die These, ihr philosophisches Selbstverständnis sei dasjenige der Lebenskunst, zunächst nicht recht plausibel. Das hat hauptsächlich zwei Gründe. Zum einen besteht keine bruchlose institutionelle Kontinuität zwischen Hellenismus, Kaiserzeit und Spätantike; es erscheint daher zweifelhaft, ob eine inhaltliche Lehrkontinuität bestanden haben kann. Zum anderen ist auffällig, wie sehr die Philosophenschulen im römischen Imperium an Lehrorthodoxie, Traditionspflege, an Textkommentierung und an der Synthese unterschiedlicher Positionen interessiert waren. Sie scheinen vornehmlich ein Bildungsinteresse an der klassisch-hellenistischen Philosophie besessen zu haben, das in philologischer Hinsicht konservierend und in systematischer Hinsicht harmonisierend ausgerichtet war. Andererseits bieten die kaiserzeitlichen Stoiker Seneca, Epiktet und Mark Aurel gute Beispiele für die ungebrochene Attraktivität des Lebenskunstmodells. Das gilt aber nicht nur für sie. Auch für den spätantiken Neuplatonismus erweist sich die Konzeption von Lebenskunst und Seelenleitung als bestimmend, wie etwa aus der von Porphyrios verfaßten Biographie Plotins hervorgeht. Plotin wird darin als intellektuelle, spirituelle und zugleich menschenfreundliche Lehrerpersönlichkeit dargestellt; er habe niemals nachgelassen, „seine Aufmerksamkeit auf sich selbst zu richten" (*tên pros heauton prosochên ouk echalasen*: VP 8,20f.). Die Aristokratie Roms überließ Plotin zahlreiche junge Leute zur Erziehung; seinem umfangreichen Freundeskreis soll er stets beratend zur Verfügung gestanden haben (VP 9). Einschlägig ist auch die Auskunft, Plotin habe die Gründung einer Idealgemeinschaft namens Platonopolis geplant, in der er mit seinen Schülern nach platonischen Prinzipien leben wollte (VP 12). Ein ähnliches Verhältnis bestand offenbar zwischen dem Neuplatoniker Proklos und seinem Lehrer Syrianos; Proklos bezeichnete ihn als seinen „Seelenführer" (*hêgemôn*). Syrianos sei für ihn der „Wegweiser zu allem Guten und Schönen" gewesen (*Theologia Platonica* I 1). An dem neuplatonischen Philosophen und Politiker Boethius, der im ostgotischen Ravenna des frühen 6. Jahrhunderts wegen angeblichen Landesverrats im Kerker saß, läßt sich ein anderer Aspekt des Lebenskunstmodells beobachten; für ihn bedeuteten die philosophischen Argumente, die er vor seiner Hinrichtung niederschrieb, einen „Trost", eine Beruhigung und eine Mahnung zur Gelassenheit.

Läßt sich Hadots These nach diesem knappen Blick auf die antike Philosophie bestätigen? Im Fall der Vorsokratiker ist sie sicher nicht überzeugend; das Philosophieverständnis der Sophisten, Platons, Aristoteles', der kaiserzeitlichen Autoren und der spätantiken Platoniker läßt sich dagegen mit guten Gründen dem Typus Lebenskunst zuordnen. Zwar sind die Modelle keineswegs deckungsgleich: Sie unterscheiden sich sogar in ganz wesentlichen Punkten voneinander, einschließlich der Frage des Lebensideals, das mit philosophischen Mitteln erreicht werden soll. Man könnte Hadot deshalb vorhalten, seine Beschreibung differenziere zu wenig zwischen einem Aufklärungs- und Bildungsbedürfnis (wie bei den Sophisten), der Konzeption einer philosophischen Einheitswissenschaft, die das Leben des Individuums und des Staates richtig ordnen soll (Platon), der Philosophie als politisch-moralischer und als zweckfrei-theoretischer Lebensform (Aristoteles), der Suche nach angemessener Lebensführung, Glückserlangung und Affekttherapie (hellenistische Schulen) sowie der Suche nach Erlösung oder metaphysischem Heil (Neuplatoniker). Andererseits lassen sich diese Unterschiede auch als Differenzierungen innerhalb eines einzigen Philosophiebegriffs begreifen. So betrachtet sprächen sie nicht gegen die These insgesamt.

1.2 Asketische und therapeutische Modelle

Zumindest seit den Sophisten und seit Sokrates lag der antiken Philosophie die Idee zugrunde, man könne sich auf rationaler Grundlage und mit praktischen Übungen einer angemessenen, glücklichen, vorteilhaften oder ethisch wertvollen Lebensform annähern. In dieser Überzeugung scheinen metaphysische und skeptische, tugend- und lustorientierte, religiöse und diesseitsbezogene Lehrmeinungen grundsätzlich übereingestimmt zu haben. Charakteristisch für eine solche philosophische Praxis sind Begriffe aus dem Wortfeld von Übung, Training und Eingewöhnung (vgl. die Verben *askein*, *meletan* und *gymnazein*); das Diktum „Alles ist Übung" (*meletê to pan*) wird bereits Periandros zugeschrieben, einem der Sieben Weisen. Wiederholt findet sich der Vergleich des Philosophen mit einem Athleten (z.B. bei Platon, *Phaidros* 256b; Porphyrios, *De abstinentia* I 31 oder Epiktet, D I 4,13; II 17,29; III 21,3). Das deutet darauf hin, daß die Praktiken systematisch betrieben und unter Anleitung und Aufsicht durchgeführt wurden. Schon auf einer Statue des Sophisten Gorgias steht ein Epigramm, das Gorgias' Bildungsmethode als eine „Übung der Seele" bezeichnet (*askêsai psychên*). Das griechische Verb *askein* bedeutet „etwas intensiv bearbeiten"; es bringt also den Aspekt einer regelmäßigen und überlegten Praxis zum Ausdruck. Beginnend mit der Philosophie der Kyniker setzte sich der Ausdruck *askêsis* allgemein durch. Er erlangte in der hellenistischen und der kaiserzeitlichen Philosophie insgesamt eine zentrale Bedeutung, etwa bei Plutarch, Musonius, Philon, Sextus Empiricus und

Epiktet. Das lateinische Äquivalent zu *askêsis* ist *exercitatio*; ein wichtiges lateinisches Schlagwort für dieses Philosophieverständnis war das der „geistigen Übung" (*exercitatio animi*). In der römischen Kaiserzeit war zudem der Ausdruck *meditatio* (griech. *meletê*) zur Bezeichnung philosophischer Übungen verbreitet (vgl. Newman 1989).

Anders als in unserem modernen Begriffsverständnis stand „Askese" nicht für eine Verzichtleistung mit dem Ziel, triebhafte und begehrliche Neigungen niederzukämpfen. Beispielsweise bedeutete die Absicht der Kyniker, den Besitz äußerer Güter soweit wie möglich einzuschränken und ein Leben der Armut und Einfachheit zu führen, keinerlei Zurückweisung der Sinnlichkeit oder der Genußfähigkeit. Gerade die Beschränkung auf einfache Güter sollte eine besonders genußvolle Lebensweise herbeiführen. „Der Schlaf auf der nackten Erde ist die angenehmste Ruhe", sagt Diogenes (frg. 14b Nestle). Und in anderem Zusammenhang stellt er fest: „Die Verachtung der Lust ist, wenn man sich einmal darin geübt hat, selbst die größte Lust" (DL VI 71). Die Auffassung von Askese im Sinn einer Selbstbeschränkung ergab sich erst in der Neuzeit aufgrund der christlichen Askesetradition – eine Bedeutungsverschiebung, die bereits der Kirchenhistoriker v. Harnack (1916, 153) beobachtet hat. Es läßt sich nachverfolgen, wie unter dem Eindruck der christlichen Gnadenkonzeption der Askesebegriff allmählich den Sinn von regelgeleiteter Verzichtleistung und strikter Enthaltsamkeit annahm; eine „intellektualistische Ertüchtigungsaskese" (v. Harnack) verlor durch die Vorstellung göttlicher Gnade weitgehend ihren Sinn. Folglich büßte der Begriff der Meditation im Lauf seiner mittelalterlichen Geschichte den Übungsaspekt ein und behielt lediglich die Bedeutung von „Durchdenken", „Betrachten" und von „sorgfältiger Überlegung" bei. Während etwa Seneca einen heftigen Asthmaanfall noch als *meditatio mortis* („Vorübung für den Tod": ep. 54,2) bezeichnen konnte, steht *meditatio* seit der Mystik der Viktoriner (12. Jahrhundert) für das gründliche Lesen, Memorieren und Durchdenken einer Schriftstelle. Der Zusammenhang mit einer geistigen Übung ist zwar noch greifbar, aber die Wortbedeutung hat sich gewandelt. Zudem scheint die christliche Askesepraxis stärker normiert und standardisiert gewesen zu sein (Rabbow 1954, 131).

Im Unterschied zum Mittelalter und zur Neuzeit gehören die Ausdrücke *askêsis* und *meditatio* in der antiken Philosophie in den Kontext einer geistigen und körperlichen Übungspraxis. Diogenes stellt ausdrücklich fest, erst aus der Verknüpfung der beiden Bereiche ergebe sich eine hinreichende Wirkung: „Er sagt, es gebe eine doppelte Art von Übung (*askêsis*), eine geistige und eine körperliche. [...] Die eine ist ohne die andere unvollkommen, obwohl sich auch so beim Körper wie beim Geist eine gute Verfassung und Stärke in dem, was zuträglich ist, erreichen läßt“ (DL VI 70). Körperliche Übungen scheinen hauptsächlich in der Abhärtung gegen Kälte und Wärme sowie gegen Hunger und Durst bestanden zu haben, zudem in der Vereinfachung der Ernährungsgewohnheiten, in der Beschränkung auf wenig Schlaf, im Verzicht auf Vergnügen sowie im Ertragen von Schmerzen (vgl. Musonius Rufus, frg. 6 Hense). Vorbild des äußerlich autarken Philosophen ist für die Mehrzahl der Schulen Sokrates, der jedem Quantum Alkohol, jeder Witterung, jedem Mangel und jeder sexuellen Verlockung standgehalten haben soll (vgl. Symp. 219e ff.). Seneca berichtet – wenn auch mit negativer Wertung – von Armutsübungen, die regelmäßig von reichen Leuten betrieben wurden. Diese legten bestimmte Tage fest, an denen sie „auf dem Erdboden speisen und unter Verzicht auf alles Gold und Silber sich nur auf Tongefäße beschränken“ (*Ad Helviam* 12,3), während Seneca selbst lediglich eine innere Distanz von allen Reichtümern empfiehlt (z.B. *De vita beata* 25; ep. 17,3–5). Diogenes dagegen fordert tatsächlich zu einer konkreten Praxis der Armut auf. Seine Begründung dafür lautet: „Die Armut ist eine unwillkürliche Lehrmeisterin und Erzieherin zur Philosophie; denn wovon diese mit Worten zu überzeugen sucht, dazu nötigt jene durch die Macht der Tatsachen“ (frg. 23 Nestle; Übers. M. Hossenfelder). Auch Epikur befürwortet einen extrem einfachen Lebensstil; er soll regelmäßig in freiwilliger Armut gelebt haben (ep. 18,9).

Das Diogenes-Zitat läßt bereits erkennen, worin man grundsätzlich die Wirkung von philosophischen Praktiken gesehen hat: Ein argumentativ als richtig erwiesenes Lebensideal soll fest in der Person des Philosophen verankert werden; die rationale Einsicht soll zum persönlichen Habitus werden. Seneca zitiert Ariston von Chios mit den Worten: „Die Philosophie umfaßt zwei Teile: das Wissen und die Seelenverfassung. Denn wer den Lehrgang durchgemacht und richtig begriffen hat, was zu tun und was zu meiden ist, der ist noch nicht weise, und zwar nicht eher, als bis er eine innere Umwandlung durchgemacht hat, durch die seine Seele ganz mit dem, was sie erlernt hat, verschmolzen ist" (ep. 94,48; Übers. O. Apelt). Etwas genauer bestimmt Diogenes den Sinn einer solchen Verankerung der Philosophie in der Persönlichkeit: „Durch Übung werden diejenigen Vorstellungen dauerhaft, welche die Kraft zum sittlichen Handeln leicht auslösen" (DL VI 70; vgl. Goulet-Cazé 1986). Die Verankerung richtiger Einsichten in der Person dient also einer Umformung der Begierden, Vorstellungen und Affekte; erst nach deren Schulung soll eine philosophisch geordnete Lebensführung möglich sein. Dabei scheint man in der Verwendung unterschiedlicher Übungen personenbezogen und ganz undogmatisch vorgegangen zu sein. Dies läßt sich daraus ersehen, daß die konkurrierenden Schulen trotz ihrer gravierenden Lehrdifferenzen auch die Übungen ihrer Gegner verwandten; sie billigten den gegnerischen Argumenten, Techniken und Praktiken zumindest einen begrenzten Wert oder einen einführenden Charakter zu. Seneca sagt etwa: „Noch immer gehe ich mit fremdem Gut großzügig um. Warum aber sage ich ‚fremdes Gut'? Alles, was von irgend jemandem treffend gesagt worden ist, gehört mir" (ep. 16,7; Übers. F. Loretto; vgl. ep. 33,2).

Eine grobe Typologie der Praktiken nach den dabei angewandten Methoden müßte wenigstens eine vierfache Unterscheidung vornehmen: die Differenzierung von literarischen, dialogischen, monologischen und imaginativen Übungen (vgl. die Einteilung bei Rabbow 1954).

Die *literarischen Übungen* bestanden in bestimmten Techniken des Schreibens und des Lesens. Mit ihrer Hilfe sollte die Aufmerksamkeit des Übenden auf bestimmte Lehrinhalte konzentriert werden. So scheint es beispielsweise plausibel anzunehmen, daß Kaiser Mark Aurel seine berühmten *Selbstbetrachtungen* keineswegs als eine Abhandlung, sondern im Sinn einer Selbstschulung durch Wiederholung und Gewissensprüfung verfaßt hat (vgl. Hadot 1997). Er unterzog sich der regelmäßigen schriftstellerischen Arbeit nicht, um theoretische Probleme der stoischen Philosophie zu lösen oder um ihr originelle und innovative Aspekte hinzuzufügen. Vielmehr bestand sein Anliegen darin, sich in die stoische Lebenshaltung zu vertiefen, sie in sein Alltagsleben zu integrieren und ihre persönlichkeitsverändernde Wirkung sukzessive zu verstärken. Eine solche Übung konnte auch in der abschnittsweisen Lektüre eines geeigneten Textes bestehen, der – wie dies etwa für Senecas *Epistulae morales* gilt – unter Verwendung subtiler Stilmittel eigens zu diesem Zweck komponiert war (für ein Beispiel vgl. unten S. 47f.). Zur Gattung suggestiver didaktischer Texte gehört auch die Trostschrift (*consolatio*), die, wenn sie an andere gerichtet war, besonders beim Verlust naher Angehöriger philosophische Hilfe bieten sollte. Das wohl berühmteste Beispiel für eine Trostschrift ist freilich die *Consolatio philosophiae*, die Boethius an sich selbst richtete. In dieser Schrift faßte der von der Hinrichtung bedrohte Philosoph die zentralen Argumente zugunsten einer unerschütterlichen Seelenhaltung zusammen; interessanterweise tat er dies ohne Rückgriff auf außerphilosophische Glaubensinhalte, obwohl Boethius Christ war.

Im Fall der *dialogischen Übungen* ging es dagegen um Lehrgespräche zwischen Meister und Schüler. Sie orientierten sich an dem Prinzip „Alles, was erkannt wird, wird jeweils nach der Fähigkeit der Erkennenden erfaßt“ (*omne enim, quod cognoscitur, [...] secundum cognoscentium comprehenditur facultatem*: Boethius *Consolatio* V 4.p.,75ff.). Nach diesem Grundsatz muß sich die Präsentation philosophischen Wissens am Entwicklungsstand des Schülers ausrichten. Die frühen und mittleren platonischen Dialoge enthalten plastische Beispiele für solche Übungen im Bereich philosophischer Begriffsklärung. Man erkennt in ihnen bei genauerem Hinsehen, daß der Fragesteller Sokrates den Gesprächsverlauf nicht allein an Sachaspekten, sondern zudem am Fassungsvermögen seiner jeweiligen Gesprächspartner ausrichtet (Szlezák 1985). Verzögerungen, Aporien, Umwege und Scheinlösungen besitzen dabei den Charakter von Übungsaufgaben und dienen so einem vertieften Verständnis sowie dem selbständigen Nachdenken des Gesprächspartners (Erler 1987). In Platons *Politikos* heißt es über diese Methode, die begriffliche Bestimmung des Staatsmanns sei kein Selbstzweck, sondern solle betrieben werden, „damit wir in allem dialektischer [d.h. begrifflich gewandter] werden" (285 d; vgl. 287 a). Die Dialogform dient der Ausbildung argumentativer Fähigkeiten. Natürlich läßt sich deshalb vermuten, daß die Leser, die Platon an den Dialogen teilhaben läßt, in analoger Weise in das Dialogspiel einbezogen werden sollen. Bekanntlich enden die frühen Dialoge (wie auch einige mittlere und späte) ergebnislos, ohne daß die Ergebnislosigkeit sachlich zwingend wäre. Ebenso wie Sokrates sein Wissen gegenüber einem ungeeigneten Gesprächspartner zurückhält, könnte Platon aus bewußtem Kalkül nicht sein gesamtes Wissen vor seinen Lesern ausgebreitet haben. Trifft diese Vermutung zu, so soll der Leser die Problemlösungen selbständig suchen; grundsätzlich möglich wäre, daß es sich dabei um Lösungen handelt, die im Dialog „versteckt" sind, um solche, die sich durch eigenes Weiterdenken erschließen lassen, oder um solche, für die der mündliche Unterricht in der platonischen Akademie notwendig ist (in der Platonforschung sind alle drei Möglichkeiten vertreten worden).

Monologische Übungen sind dadurch charakterisiert, daß der Übende wiederholte philosophische Selbstgespräche führte. Der Skeptiker Pyrrhon beantwortete die Frage, warum er Selbstgespräche führe, ausdrücklich mit dem Hinweis, er übe sich darin, tüchtig zu sein (*meletan chrêstos einai*: DL IX 64). Ein Fragment des Diogenes lautet: „Wie wird man sein eigener Lehrmeister? Wenn man das, was man an anderen tadelt, am meisten an sich selbst tadelt" (frg. 25 Nestle). Offenkundig ist an eine Übung zur Selbstprüfung und Selbstkritik gedacht, die dem Übel einer Fremdprojektion eigener Fehler abhelfen sollte. Noch deutlicher ist dieser Übungstyp in einem Bericht über den Stoiker Kleanthes greifbar. Von Kleanthes heißt es, er habe sich häufig selbst beschimpft und auf die Frage, auf wen er schimpfe, geantwortet: auf einen alten Mann mit grauen Haaren, aber ohne Verstand (DL VII 171). Die Beispiele zeigen, daß Selbstanklage, Selbstrelativierung und Selbstdistanzierung in den hellenistischen Philosophenschulen als ein wichtiges Lernziel galten. Mark Aurel betont mit derselben Tendenz unablässig die Vergänglichkeit, Kontingenz und Hinfälligkeit seines Lebens und seines Körpers. Unter die monologischen Übungen fällt bei den Stoikern zudem das Memorieren des sogenannten *kanôn*, d. h. der stoischen Grundüberzeugung von der Wertlosigkeit aller unerreichbaren Güter (vgl. Kap. 2.2). Außerdem gehört hierzu das wiederholte Aufsagen von Einzelsätzen (*sententiae*) oder von allgemeinen Regeln (*decreta*) sowie von Einzelanweisungen (*praecepta*), in denen wertvolle Einsichten in einer komprimierten Formulierung zusammengefaßt waren. Auch Epikur empfiehlt dem Philosophenschüler eine solche Übung (*meletê*); sie soll aus einem „bei Tag und Nacht" wiederholten Memorieren seiner wichtigsten Lehren bestehen (DL X 135; vgl. Clay 1983, 74ff.). Diese Hauptinhalte (*kyriai doxai*, *kyriôtata*) finden sich u.a. zusammengefaßt im sogenannten Tetrapharmakos, der „vierfachen Medizin". Er hat folgenden Wortlaut: „Vor Gott braucht man sich nicht zu fürchten; dem Tod soll man nicht mit argwöhnischer Angst gegenüberstehen; das Gute ist leicht zu beschaffen; das Schlimme dagegen ist leicht zu ertragen" (Us. p.69, zitiert nach Gigante [2]1983, 260). Überdies bestand in einigen Schulen die Praxis, Aussprüche (*apophthegmata*) bedeutender Philosophen auswendig zu lernen. Eine interessante Verbindung einer literarischen mit einer monologischen Übung findet sich in Augustinus' früher Schrift *Soliloquia*; der Kirchenvater inszeniert hier ein Zwiegespräch zwischen sich und der Vernunft. Das Gespräch hat einen ethisch vorbereitenden Charakter; es soll dem „Aufstieg" der Seele zu einem Wissen von Gott und der Seele dienen.

Und schließlich handelt es sich bei *imaginativen Übungen* um gezielt hervorgerufene Vorstellungen, mit denen der Übende den Bereich seiner Emotionen, Einstellungen, Phantasien und Träume zu beeinflussen versuchte. Ein frühes Beispiel für ein solches Verfahren ist uns von den Kyrenaikern überliefert. Cicero berichtet, daß diese eine Technik der Antizipation künftigen Übels (lat. *praemeditatio futuri mali*), darunter auch des eigenen Todes, praktiziert hätten. Leitend scheint dabei die Überzeugung gewesen zu sein, man könne drohendem Übel durch eine imaginative Vorwegnahme seine Spitze nehmen. Indem man sich in der inneren Vorstellung auf die Möglichkeit widriger zukünftiger Ereignisse vorbereitet, mindert man, wenn das Übel tatsächlich eintritt, das Überraschungsmoment und damit auch das Gefühl der Hilflosigkeit. Cicero referiert, daß die Ältere Stoa ebenfalls ein solches Verfahren praktiziert habe, allerdings mit einer von der kyrenaischen Intention leicht abweichenden Absicht. Chrysipp betrieb eine imaginative Antizipation des eigenen Todes (*praemeditatio mortis*) mit dem Ziel, die Todesfurcht systematisch aufzuheben (vgl. Cicero, TD III 28–31; 52). Chrysipp steht hier in der sokratisch-platonischen Tradition, die das Philosophieren als Einübung in den Tod auffaßte (*meletê thanatou*: Phd. 81 a). In der kaiserzeitlichen Stoa war die *praemeditatio* als eine Technik, widrige Zufallsereignisse (*fortuita*) gelassen zu akzeptieren, weit verbreitet (zur *praemeditatio* ausführlich: ep. 91, 4–12). Epikur hat gegen diese Praxis eingewandt, das Vorausbedenken künftigen Übels sei deswegen töricht, weil man sich unnötig mit den Gedanken an Unglück belaste (TD III 32). Aber auch er selbst schätzte eine „Einübung des angemessenen Sterbens" (*meletê tou kalôs apothnêskein*: Us. 205). Bei den Epikureern ist zudem eine imaginative Technik belegt, bei der sich der Schüler vorzustellen versucht, wie sich Epikur unter den gegebenen Umständen verhalten würde; Epikurs philosophische Haltung entfaltete auf diese Weise eine umfassende Vorbildfunktion.

Zahlreiche Belege finden sich auch für einen Typ der imaginativen Übung, bei dem es darum ging, eine innere Ablösung von alltäglichen Ärgernissen und unangenehmen Erlebnissen zu erreichen: Solche Übungen hatten eine distanzierte Wahrnehmung der Lebenswelt zum Ziel. So empfiehlt Mark Aurel, man solle die Alltagsrealität gelegentlich „wie von einer Anhöhe aus“ betrachten. Zudem müsse man sich vorstellen, welche Lebensformen früher geherrscht hätten, welche künftig gelten könnten und welche unter fremden Völkern üblich seien. Sodann sei zu überlegen, „wieviele nicht einmal deinen Namen kennen, wieviele ihn gar bald vergessen, wieviele, jetzt vielleicht deine Lobredner, nächstens deinen Tadel anstimmen werden, und wie weder der Nachruhm noch das Ansehen noch sonst etwas von allem, was dazu gehört, Beachtung verdient“ (SB IX 30; Übers. A. Wittstock; vgl. VII 48). An anderer Stelle rät er, man solle sich vorstellen, wie gering ein Einzelwesen im Vergleich zur ganzen Weltzeit und Weltmasse sei (SB X 17) und daß jedes Wesen sich permanent verändere und auflöse (SB X 18). Seneca scheint eine Übung befolgt zu haben, bei der er sich ständig die Vergänglichkeit und den Zeitfluß verdeutlichte (vgl. *cotidie morimur*: ep. 24,20). In Ovids *Metamorphosen* findet sich eine Passage, in der eine solche Imagination soweit reicht, daß die Erde aus der Himmelsperspektive betrachtet wird: „[...] Freude macht es, die hohe Sternenbahn zu durchmessen, Freude, die Erde und ihren trägen Sitz zu verlassen, auf der Wolke zu reiten, sich auf die Schultern des starken Atlas zu stellen, von fern auf die allenthalben umherirrenden vernunftlosen Menschen hinabzuschauen, die Ängstlichen, die den Tod fürchten [...]“ (XV 147–151; Übers. M. v. Albrecht).

Neben einer Einteilung nach den angewandten Methoden scheint auch eine Differenzierung nach den pädagogischen Absichten philosophischer Übungen sinnvoll. Nach Hadot sind zwei Arten von Intentionen zu unterscheiden: Übungen können einerseits der Konzentration und der Selbstentfaltung dienen oder aber, scheinbar entgegengesetzt, der Preisgabe des eigenen Selbst (1995, 291; vgl. die Differenzierung von elf Aspekten bei Schmid 1995, 108 f.). Die zuletzt zitierte Übung einer Betrachtung der Welt aus der Vogelperspektive und eines imaginativen Aufstiegs „zu den Sternen“ wäre eindeutig dem zweiten Typus zuzuordnen. Es gab offenbar Übungen, deren Ziel in einer Identifikation des Individuums mit dem Kosmos bestand, besonders in der platonischen und der stoischen Tradition. Bei Platon wird das Bild des Philosophen skizziert, der die nichtigen Gütervorstellungen seiner Heimatpolis weit hinter sich läßt; von ihm heißt es: „Sein Denken aber hält dies alles für unbedeutend und nichtig; verächtlich schweift es überall umher, mißt, wie Pindar sagt, alle ‚Tiefen der Erde' und was auf ihr ist, betrachtet ‚über dem Himmel' die Sterne und erforscht überall jegliche Natur aller Dinge, die es insgesamt gibt, ohne sich auf irgend etwas Naheliegendes einzulassen" (Tht. 173e f.; Übers. E. Martens). Die Ziele, die sich mit den „konzentrierenden" Übungen verbanden, waren hauptsächlich Selbstbeherrschung, die „Heilung der Seele von Affekten", das Leben „im gegenwärtigen Augenblick", die Überwindung der Todesfurcht, eine zunehmende Gleichgültigkeit gegenüber äußeren Gütern sowie das Erlangen eines wachen Geisteszustands. Fassen wir solche Intentionen nach Gruppen zusammen, so können wir therapeutische, sensibilisierende, moralische, intellektuelle und spirituelle Übungsziele unterscheiden (ähnlich Hadot 1991, 38).

Unter *therapeutischen Übungen* sind nach dieser Einteilung Praktiken zu verstehen, deren Ziel in der Überwindung von falschen Einstellungen, unsinnigen Begierden und fehlgeleiteten Affekten besteht. Die Idee einer „Heilung der Affekte durch den *logos*", also durch die Vernunft, findet sich in zahlreichen hellenistischen Texten unterschiedlicher Schulen. Sie beruht auf der Diagnose, Gefühle wie Habgier, Eifersucht oder Todesfurcht, aber auch bestimmte Lebenshaltungen oder Weltanschauungen seien als Krankheiten anzusehen. Die Philosophie liefert hierzu die Heilmittel, nämlich eine Affekttheorie und eine Güterlehre. Die Affekttheorie weist in einem ersten Schritt nach, wie es aufgrund einer falschen Bewertung der Wirklichkeit zu dieser und jener verfehlten Triebkonstellation kommt; in einem zweiten Schritt löst die Güterlehre die verfehlte Affektlage durch eine argumentative Berichtigung der bisherigen Wertungen auf (zu dieser Methode vgl. besonders

Nussbaum 1994; s. auch Kap. 4). Zenon von Kition scheint zur Affekttherapie u.a. auch die Traumanalyse eingesetzt zu haben; Träume zeigten die Verunreinigung der Seele mit sinnlichen Begierden deutlich an (vgl. SVF I 234). Ein schönes Beispiel für die „Heilung der Affekte durch den *logos*" bietet auch der Skeptiker Sextus Empiricus. Er hielt die Qualität von Argumenten für sekundär, solange sie verwendbar schienen, um jemanden vom „Dogmatismus" zu befreien, also von der Auffassung, es gebe von Natur aus Wahres und Falsches sowie Gutes und Schlechtes. Nach Sextus ist das Ziel eines therapeutischen Arguments erreicht, wenn es zur skeptischen Urteilsenthaltung geführt hat. Danach habe es eine selbstauflösende Wirkung, „so wie die Abführmittel nicht nur die Säfte aus dem Körper treiben, sondern auch sich selbst zusammen mit den Säften abführen" (PH I 206; Übers. M. Hossenfelder; vgl. Voelke 1993, Kap. 7).

Mit der Vorstellung einer Therapie durch den *logos* eng verwandt sind Praktiken, die man als *sensibilisierende Übungen* bezeichnen kann. Sie sollen die Genuß- und Erlebnisfähigkeit steigern und die Wertschätzung einfacher Güter erhöhen. Zu dieser Kategorie lassen sich auch die Mahnungen zählen, man solle „in der Gegenwart leben". Die Gefahr sei groß, daß man das eigene Leben versäume, indem man belastenden Erinnerungen, Zukunftssorgen und ehrgeizigen Plänen einen zu großen Platz zugestehe. Der Sophist Antiphon stellt etwa fest, es gebe Menschen, „die das gegenwärtige Leben nicht leben, sondern sich mit viel Eifer vorbereiten, ein anderes Leben zu leben, nicht das gegenwärtige; und unterdessen geht ihnen die verbleibende Zeit dahin" (DK 87B53 a). Seneca empfiehlt die Maxime, man solle jeden Tag aus dem Bewußtsein, es sei der letzte, leben (ep. 12,8; vgl. SB VII 69). Der Epikureer Horaz rät mit seinem berühmten Vers *carpe diem* („pflücke den Tag") dazu, den jetzigen Augenblick zu nutzen und das eigentliche Leben sowenig wie möglich auf eine unbestimmte Zukunft zu verschieben (*Oden* I 11,7). Epikur selbst soll gesagt haben: „Wir werden nur ein einziges Mal geboren; zweimal geboren zu werden, ist nicht möglich. Eine ganze Ewigkeit hindurch werden wir nicht mehr sein. Du aber schiebst das, was Freude macht, auf, obwohl du nicht einmal Herr bist über den morgigen Tag?" (GV 14). Im Anschluß an solche Sentenzen scheint es eine Reihe von Übungen gegeben zu haben, die die bewußte Strukturierung des Tagesablaufs fördern sollten. Epiktet schildert recht ausführlich ein Verfahren der Selbstprüfung, mit dem er den Bewußtheitsgrad seiner Lebensführung zu steigern versuchte: im Unterschied zu den vielen „desorientierten Menschen" müsse man sich ständig Fragen von der Art vorlegen „Welche Einschätzung habe ich von mir selbst?", „Wie verhalte ich mich?" oder „Bin ich auf jedes künftige Ereignis vorbereitet?" (D II 21,8ff.). Bereits Seneca weist auf die vorteilhaften Folgen einer bewußten Selbstprüfung hin: „Was kann es Schöneres geben als diese Gewohnheit, den ganzen Tag zur Prüfung an sich vorüberziehen zu lassen? Und was für ein Schlaf folgt auf diese Selbstscheu, wie ruhig, wie tief und frei, wenn die Seele entweder ihr Lob oder ihre Mahnung erhalten hat und als ihr eigener geheimer Beobachter und Richter sich Rechenschaft gegeben hat über ihr sittliches Verhalten?" (*De ira* III 36; Übers. O. Apelt; vgl. D IV 6,34). Porphyrios berichtet in seiner Pythagoras-Vita, die freilich eher die neuplatonische Übungspraxis spiegelt, Pythagoras habe zweimal täglich eine Selbstprüfung vorgenommen, nämlich beim Zu-Bett-gehen und beim Aufstehen; er soll sich auf diese Weise ein ständiges Bewußtsein von der Qualität seiner Lebensführung geschaffen haben (*Vita Pythagorae* 40).

In die Kategorie der *moralischen Übungen* fallen Techniken wie die bereits genannte Selbstermahnung, die Gewissenserforschung, überdies das offene Eingeständnis eigener Fehler oder die kollegiale Ermahnung. Bei Mark Aurel findet sich eine Methode, nach der man jede Außensituation zum Anlaß einer moralischen Betrachtung machen solle. Sogenannte parrhesiastische Techniken (griech. *parrhêsia:* Offenheit, Freimütigkeit) wurden besonders in der Schule Epikurs gepflegt. Im epikureischen „Garten" gab es die feste Institution eines Schuldbekenntnisses oder einer Beichte. Der Philosophenschüler wandte sich dabei unter vier Augen an Epikur, um die eigenen

Verfehlungen und Schwächen zu bekennen und sich selbst dafür zu verurteilen. Anders als in den antiken Mysterienreligionen und anders als im Christentum hat diese Praxis nichts mit Sündenbekenntnis und -vergebung zur Erlangung ewigen Heils zu tun. Ihr Ziel war die moralische Besserung oder „Aufrichtung" (*diorthôsis*) des Beichtenden. Entscheidend ist bei dieser Methode die Feststellung der eigenen Verfehlung nach dem Grundsatz „Die Einsicht in die eigene Verfehlung ist der Anfang der Besserung" (*initium est salutis notitia peccati*: Us. 522). Der epikureische Beichtgedanke breitete sich im späteren Hellenismus und in der Kaiserzeit auf andere Schulen aus (vgl. Schmid 1962, 741 ff.). Seneca etwa schreibt an Lucilius: „Beschuldige Dich, so sehr Du kannst; führe Ermittlungen gegen Dich durch! Nimm zunächst die Rolle des Anklägers ein, dann die des Richters und zuletzt die des Verteidigers! Füge Dir gelegentlich selbst einen Hieb zu!" (ep. 28,10). Die Epikureer leisteten zudem einen Treueeid auf Epikur mit den Worten: „Wir werden Epikur gehorsam sein, nach dessen Beispiel wir unsere Lebensform gewählt haben" (Philodemos, *Peri parrhêsias* 45,9). Dies weist weniger auf eine autoritäre Struktur der epikureischen Schule als vielmehr darauf hin, daß das Bewußtsein gestärkt werden sollte, man dürfe nichts Unwürdiges tun. Es scheint eine Art Imperativ bestanden zu haben, der sinngemäß lautete: „Tue alles so, als ob Epikur es sehen könnte" (vgl. Us. 211). Denselben Sinn hat wohl die Praxis, daß die Epikureer Bilder ihres Meisters aufstellten, wie man zuverlässig weiß. Cicero läßt einen Epikureer sagen: „Ich könnte, selbst wenn ich es wollte, dennoch nicht Epikur vergessen, dessen Abbild unsere Freunde nicht nur auf Bildtafeln, sondern auch auf Bechern und Ringen besitzen" (fin. V 3). Aber auch der Stoiker Seneca ermahnt Lucilius, den Adressaten seiner Briefe: „Lebe so, als könnte ich immer hören, was Du tust, und mehr noch, als könnte ich es sehen" (ep. 32,1).

Intellektuelle Übungen hatten, wie wir schon sahen, das Ziel, die begrifflichen Fähigkeiten zu erhöhen und Bewußtheit oder Wachsamkeit (*prosochê*) zu steigern. Die platonischen Dialoge bieten die eindrucksvollsten Beispiele für solche

Übungen. Im *Sophistes* wird etwa, bevor eine Begriffsanalyse (*dihairesis*) von „Sophist" in Angriff genommen wird, die Methode zunächst am Begriff des Anglers ausprobiert (218c ff.). Offenkundig hat auch die anschließende Dihairese des Begriffs „Sophist" noch immer eine instrumentelle Funktion. Denn sie führt zu einer im Umriß skizzierten Theorie darüber, welche elementaren Begriffe einander wechselseitig implizieren und welche einander ausschließen (Theorie der „obersten Gattungsbegriffe"). Man gewinnt den Eindruck, daß diese Theorie erneut um der Übung willen und nicht zu Lehrzwecken entfaltet wird; denn sie wird nur sehr unvollständig vorgeführt. Ähnlich wird im Dialog *Parmenides* ein „beschwerliches Spiel gespielt" (137b), und zwar in der Absicht, die Grundlagen einer sinnvoll angelegten Ideenkonzeption zu untersuchen. Mit dem Spiel ist gemeint, daß die Annahme „Eines ist" (was immer sie bedeuten mag) mit Hilfe einer schwer durchschaubaren Methodik auf ihre Konsequenzen hin untersucht wird. Eine Lehrabsicht ist dabei nicht klar erkennbar, stand aber wohl im Hintergrund. In Platons schriftlichem Werk scheint es primär um die Entwicklung begrifflicher Kompetenz bei Dialogpartnern und Lesern zu gehen; seine philosophischen Positionen sind dabei oft nicht eindeutig greifbar. Auch Mark Aurel verfügt über eine Methode der „Begriffsanalyse", mit der er Alltagsgegenstände oder -situationen auf ihren Kern reduzieren und nötigenfalls „demaskieren" möchte (SB III 11); sein Ziel dabei ist, nichts Befremdliches oder Einschüchterndes in der Alltagserfahrung zuzulassen.

Auf die Pythagoreer und auf Platon geht die Vorstellung zurück, Philosophie könne in einem geordneten Curriculum gelernt werden (vgl. das Bildungsprogramm für den Philosophen in *Politeia* VII). Zwar entsprach die platonische Akademie keineswegs diesem programmatischen Ideal; aber in den neuplatonischen Schulen nach Plotin scheint ein solches Studienprogramm konsequent praktiziert worden zu sein. Es begann mit einer Lektüre einfacher ethischer Abhandlungen, etwa mit dem *Encheiridion* des Epiktet oder dem pseudopythagoreischen *Carmen aureum*. Danach widmeten sich die

Schüler den logischen Schriften des Aristoteles, die durch die teilweise Kommentierung des Porphyrios für den Schulbetrieb erschlossen waren. Im Anschluß daran las man die ethischen und politischen Schriften des Aristoteles, die *Physik* und schließlich die *Metaphysik*. Erst danach ging das Programm von den „kleinen" zu den „großen Mysterien" über, also zum Kern der philosophischen Ausbildung (vgl. Hadot 1981, 442). Dieses zentrale Wissen sollte durch eine Lektüre des *Großen Alkibiades*, des *Gorgias* und der *Politeia* erworben werden. Es bestand die Vorstellung, man könne aus diesen platonischen Dialogen eine Reihe elementarer Tugenden, die sogenannten „politischen Tugenden", lernen. Um die nächsthöhere Stufe, die „reinigenden Tugenden", zu erwerben, las man anschließend den *Phaidon*. Zur Erlangung der obersten, der „theoretischen" Tugenden studierte man dann weitere platonische Dialoge und schloß das gesamte Programm mit der Naturphilosophie des *Timaios* und der Prinzipiendialektik des *Parmenides* ab (zur neuplatonischen Tugendkonzeption vgl. unten S. 144ff.).

Spirituelle Übungen zielen auf eine Transformation der gesamten Persönlichkeit im Sinn einer „Vergöttlichung". Sie spielen besonders in der platonischen Tradition eine Rolle, da Platons Diktum von der „Angleichung an Gott" (*homoiôsis theô*) traditionsbildend gewirkt hat (Merki 1952; Roloff 1972). So sagt etwa Seneca in einer fast neuplatonisch klingenden Formulierung: „Fühlst du dich nicht getrieben, [...] zu deinem Gute zurückzukehren? Welches ist das? Eine fleckenlose und lautere Seele, die den Spuren der Gottheit folgt, sich über Menschliches erhebt und alles Ihrige in sich selbst trägt" (ep. 124,23). Besonders Plotin hat die Forderung nach einer Angleichung an Gott so interpretiert, daß der Philosophenschüler seine geistige Identität ähnlich herausarbeiten müsse „wie ein Bildhauer eine Statue aus dem Steinblock", nämlich indem er „alles Unschöne fortmeißelt" (*Enneade* I 6 [1] 9). In derselben Schrift heißt es, die menschliche Seele müsse durch die Erlangung von Tugenden „von Lehm und Schmutz" gereinigt werden; den Begriff der Reinigung (*katharsis*) bringt Plotin ausdrücklich mit religiösen Mysterien in Verbindung (I 6 [1] 6). Gemeint ist ein von der Philosophie vermittelter rationaler Aufstieg zum ersten Prinzip des Kosmos. Plotin fordert, man müsse um des Aufstiegs zum absoluten Prinzip willen seine Persönlichkeit „einheitlich" oder „einfach" machen, indem man „alles (Fremde, Unnötige) weglasse" (*aphele panta*: V 3 [49] 17). Plotins Schriften und ebenso andere neuplatonische Texte wollen dem Leser einen solchen Aufstieg durch die Methode der negativen Theologie nahebringen, d.h. durch die systematische Reduktion des Denkens auf seine begrifflichen Grundlagen und schließlich auf seine vorbegriffliche Basis im göttlichen ersten Prinzip. Die Intention seiner Schriften charakterisiert Plotin daher wie folgt: „(Vom ersten Prinzip) kann man weder reden noch schreiben; wir aber reden und schreiben nur, um zu ihm hinzuleiten, um aus Begriffen zur Schau aufzuwecken, indem wir demjenigen gleichsam den Weg weisen, der es schauen will" (*Enneade* VI 9 [9] 4,11ff.). Ein eindrucksvoller neuplatonischer Text, der eine schrittweise Reduktion von Komplexität exemplarisch ausführt, findet sich in Augustins *Confessiones* (VII 17,23).

Das Übungsmoment prägt im übrigen auch stark die Textform philosophischer Schriften aus der Antike. In der Neuzeit hat dies erhebliche Mißverständnisse hervorgerufen, weil die Texte, sobald man sie am Maßstab von Abhandlungen mißt, kompositorisch und intellektuell unzulänglich scheinen. Überdies wirken sie häufig rhetorisch überladen. Repräsentativ für ein neuzeitliches Mißverständnis ist Nietzsches Reaktion auf Seneca; in der *Fröhlichen Wissenschaft* findet sich ein spöttischer Vierzeiler mit der Überschrift *Seneca et hoc genus omne* und folgendem Wortlaut: *Das schreibt und schreibt sein unaussteh- / lich weises Larifari, / als gält es primum scribere / Deinde philosophari* (KSA 3,360f.). Scheinbar, so Nietzsche, haben es sich Seneca und seinesgleichen zum Prinzip gemacht, zuerst zu schreiben und danach zu philosophieren; die rhetorische Form triumphiert dabei über die philosophische Gedankenführung (ähnlich noch Rabbow 1954, 22). Nietzsches polemisches Gedicht beruht auf der richtigen Beobachtung, daß sich die sprachliche Form gegenüber dem Inhalt besonders bei den kaiserzeitlichen Stoikern eigentümlich verselbständigt. Stilmittel wie pointierte Antithesen, Alliterationen und Ellipsen, auffällige Paradoxa, Bilder, Metaphern und breite Vergleiche verleihen den Texten eine Aura des Artifiziellen und Elaborierten. Damit kann der gedankliche Aufbau des Werkes in keiner Weise mithalten; von durchgängiger Gedankenentwicklung, von einem diskursiven Fortschritt kann etwa in Senecas *Epistulae* oft nicht die Rede sein. Allerdings liegt hierin ein Mißverständnis von Senecas literarischer Form; die *Epistulae* sind historisch gesehen an die Form der *Diatribê* angelehnt, die ursprünglich eine seit den Kynikern praktizierte popularphilosophische Ansprache darstellte. Dieser literarischen Form liegt die Konzeption von *meditatio* und *exercitatio* zugrunde. Literarische Texte sollen als Übungen zur „Umformung der Seele" dienen; Seneca vergleicht seine Schreibtechnik mit dem Verfahren des Einfärbens von Wolle; auch letzteres sei dauerhaft und wiederholt nötig, wenn die Farbe Bestand haben solle (ep. 71,31).

Ein stilistisch besonders suggestiv gestaltetes Beispiel findet sich in den *Epistulae* (47,1). Seneca verfolgt dort die Absicht, Sklavenbesitzer entgegen der verbreiteten Praxis brutaler Ausbeutung zu einem humanen, ja freundschaftlichen Umgang mit ihren Sklaven anzuhalten; die Stelle ist als ein fiktiver Dialog zwischen einem Sklavenverächter und einem stoischen Philosophen inszeniert: „Sklaven sind sie! – Nein, vielmehr Menschen. – Sklaven sind sie! – Nein, vielmehr Hausgenossen. – Sklaven sind sie! – Nein, vielmehr Freunde niedrigen Standes. – Sklaven sind sie! – Nein, vielmehr Mitsklaven, wenn du bedenkst, daß sich das Geschick gegen beide Gruppen gleich viel herausnehmen darf" (Übers. F. Loretto). In dem zitierten Passus erscheinen mehrere typische Merkmale der *meditatio*. Zunächst ist charakteristisch, daß stoische Lehren wie der Vorrang der Humanität vor Standesperspektiven oder die Schicksalskonzeption in Form von kurzen, eindringlichen Merksätzen (*sententiae*) und unter gehäufter Verwendung rhetorischer Stilmittel präsentiert werden. Der Text ist damit so prägnant und zugleich so elegant formuliert, daß man ihn leicht und gerne memoriert. Sodann weist er eine raffinierte, sich steigernde Argumentfolge auf: Ein bloßer Appell an die Artgleichheit aller Menschen mag noch wenig verfangen; stärker wirkt dann bereits die Erinnerung an die Interessengleichheit (Hausgenossenschaft) und erst recht die emotionale Nähe (Freundschaft) von Herr und Sklave; das wirksamste Argument besteht in der Mahnung an die gemeinsame menschliche Verletzlichkeit und die geteilte Brüchigkeit des äußeren Lebenserfolgs. Bemerkenswert ist überdies Senecas abschließende Pointe: Während die drei ersten Argumente den Sklaven auf die Ebene des Herrn heraufziehen, kehrt das Schicksalsargument die Richtung um, und erklärt überraschenderweise den Herrn gleichfalls zum Sklaven. Und schließlich ist wichtig: Seneca macht innerhalb der Wechselrede gezielten Gebrauch von der gesellschaftlich üblichen Sklavenverachtung, und zwar geradezu im Tonfall eines Verächters („Sklaven sind sie!"); auf diese Weise antizipiert der Text eine Situation, in der der Philosophenschüler selbst in die Sklavenverachtung zurückzufallen droht. Gerät der stoische Philosophenschüler nun tatsächlich in eine solche Situation, dann hat er aufgrund seiner philosophischen *meditatio* die stoischen Gegenargumente sofort „zur Hand" und vermeidet so seinen Rückfall in eine unphilosophische Haltung.

Sämtliche mnemotechnischen Hilfsmittel, die auf der kompositorischen, der stilistischen und der argumentativen Ebene eingesetzt werden, dienen also dazu, den Philosophenschüler in den ständigen Besitz seiner einmal gefaßten Einsicht zu bringen; denn philosophische Einsichten müssen im rechten Augenblick „griffbereit" sein (*procheiron*, *in promptu*, *ad manum*), um eine Wirkung zu haben. Bei Epiktet heißt es: „Worauf soll ich aufmerksam sein (*prosechein*)? Zunächst auf jene allgemeinen Grundsätze. Diese soll man stets zur Verfügung haben (*procheira echein*) und ohne sie sich weder schlafen legen noch aufstehen, weder essen noch trinken noch mit Leuten Umgang pflegen" (D IV 12,7). In Mark Aurels Worten: „Wie die Ärzte für etwaige unerwartete Operationen ihre

Werkzeuge und Eisen stets bei sich haben, so sollst auch du mit den nötigen Grundsätzen versehen sein, um göttliche und menschliche Dinge richtig anzusehen [...]" (SB III 13; Übers. A. Wittstock). Es ist klar, daß das Fernziel einer solchen Selbstschulung darin besteht, rationale Verhaltensweisen zur festen Gewohnheit, zum dauerhaften persönlichen Habitus zu machen. Das Ziel besteht im Erlangen „seelischer Größe" (*megalopsychia*, *magnanimitas*).

1.3 Die philosophischen Schulen und das Idealbild des Philosophen

Im Altertum existierte kein staatlicher Bildungsbetrieb, der mit dem modernen System von Pflichtschulen und öffentlich finanzierten Universitäten vergleichbar wäre. Es gab keine festen Lehrpläne, keine formellen Schulabschlüsse und erst recht keine geregelte Lehrerausbildung. Sieht man von den städtischen Gymnasien der hellenistischen Zeit ab, lag der Bildungsbereich weitgehend in privater Hand. Es bestanden keine einheitlichen religiösen oder politischen Bildungskonzeptionen, wie man sie aus dem Mittelalter und der Neuzeit kennt, und die gesellschaftliche Stellung einer Person hing längst nicht so stark von ihrem Bildungsweg oder Bildungserfolg ab, wie dies für die Moderne gilt. Ein Studium der Rhetorik scheint allenfalls in der athenischen Demokratie und im republikanischen Rom eine wichtige Karrierevoraussetzung für vornehme junge Leute gewesen zu sein. Aber von einer staatlichen Indienstnahme höherer Bildung kann keine Rede sein. Zwar richtete Kaiser Mark Aurel im Jahr 176 n. Chr. in Athen vier staatlich finanzierte Lehrstühle für Philosophie ein, die er jeweils einer der philosophischen Hauptrichtungen widmete: dem Platonismus, dem Aristotelismus, der Stoa und dem Epikureismus. Diese Einrichtung entsprang jedoch einer nostalgischen Wertschätzung der klassisch-hellenistischen Philosophie und deutet keinesfalls auf ein staatlich geregeltes oder instrumentalisiertes Philosophiestudium hin.

Bildung war in der Antike eine elitäre Angelegenheit. Wer seinen Kindern zunächst elementares Schulwissen und danach eine speziellere intellektuelle Bildung sichern wollte, mußte in der Regel eine private Absprache mit einem bezahlten Lehrer treffen (oder er mußte sich einen gelehrten Sklaven kaufen). Wir besitzen zahlreiche Dokumente, die uns Eindrücke von solchen Schüler-Lehrer-Verhältnissen vermitteln. Demnach war das antike Schulwesen ein Dienstleistungsbetrieb mit allen typischen Facetten eines solchen Systems. Wir wissen etwa von der Konkurrenz zwischen verschiedenen Lehrern oder Schulen, von der Abhängigkeit der Lehrer von den Zahlungen ihrer Schüler, von der Unzufriedenheit der Hörer mit dem dargebotenen Lehrstoff, vom Phänomen des Bildungstourismus bei prominenten Lehrern, von Problemen mit Disziplinlosigkeit oder übertriebener Strenge usw. Ein Beispiel für die Unzufriedenheit eines Zuhörers ist aus der Schule Plotins überliefert. Ein gewisser Thaumasios soll sich über die drei Tage lang andauernden Detailfragen eines Mitstudenten beschwert haben; er selbst wolle lieber „allgemeine Darlegungen" hören, die er „in Bücher" übertragen könne (VP 13). Augustinus berichtet von seinem Ortswechsel von Karthago nach Rom als junger Rhetoriklehrer; sein Motiv habe nicht primär in den höheren Studiengebühren gelegen, die er dort einnehmen konnte, sondern in der extremen Disziplinlosigkeit der nordafrikanischen Studenten und in dem guten Ruf ihrer römischen Kommilitonen (*Confessiones* V 8,14).

Daß ein Zusammenhang zwischen dem antiken Bildungsbetrieb und der lebenspraktischen Ausrichtung der Philosophiekonzeption besteht, ist nur plausibel. In einer Situation, in der Wissen weder staatlich-ideologischen Zwecken unterliegt noch berufsqualifizierend ausgerichtet ist, entscheidet über die Qualität eines Bildungsangebots sein persönlichkeitsbildender Wert. Der Bildungssektor, verstanden als freier Dienstleistungsbetrieb, erlebte erstmals im Athen des 5. Jahrhunderts v. Chr. einen gewaltigen Aufschwung, und zwar durch das Auftreten der Sophisten, die als Fremde in das „Zentrum der griechischen Weisheit" (Prot. 337d) kamen. Zuvor bestanden lediglich Elementarschulen, in denen die Kinder „musischen" und „gymnastischen" Unterricht erhielten. Das heißt, sie wurden einerseits literarisch-musikalisch unterrichtet und andererseits sportlich trainiert (zu dieser traditionellen Erziehung vgl. Prot. 325c ff.). Die Innovation seitens der Sophisten bestand darin, die weiterführende Bildung als Thema entdeckt und durch zahlreiche Lehrangebote erschlossen zu haben. Die Sophisten interessierten sich erstmals ausschließlich für ein intellektuelles, nicht für ein sportlich-militärisches Training (was ihnen gelegentlich zum Vorwurf gemacht wurde; so läßt sich Platons Betonung der Gymnastik in *Politeia* II-III im Sinn einer Sophistenkritik verstehen). Für ihre Adressaten, also Jugendliche nach der Elementarausbildung, entwickelten sie erstmals Lehrprogramme; solche Kurse waren nicht frei zugänglich, sondern mußten bezahlt werden. Es entstand eine Situation, in der die Lehrer um ihre Schüler konkurrierten und daher durch Formen von Reklame (*epideixis*) auf sich aufmerksam machen mußten. Auch Sokrates war eine Figur des athenischen Bildungsbetriebs des 5. Jahrhunderts. Nach der Darstellung bei Platon unterschied er sich freilich insofern von den Sophisten, als er nicht über ein geschlossenes Lehrangebot verfügte und kein Geld annahm. Sokrates scheint sogar teilweise zu der traditionellen Auffassung tendiert zu haben, nach der Jugendliche lieber im politischen Leben der Stadt Erfahrungen sammeln sollen. An die Stelle des sophistischen Unterrichts und des Schüler-Lehrer-Verhältnisses setzte er die Idee eines kritischen Austauschs bei informellen Zusammentreffen (*synousia*).

Doch auch die Schulen der Sophisten darf man sich nicht als feste Institutionen vorstellen, schon gar nicht im Sinn fixierter Lehrpläne und größerer eigener Unterrichtsgebäude. Der Unterricht bestand eher aus Einzelvorträgen und spielte sich meist auf einem öffentlichen Übungsplatz (*gymnasion*) oder in einer Wandelhalle (*stoa*) ab. Auch für die konkurrierenden Einrichtungen und für die Nachfolgeschulen, etwa für die Schulen des Isokrates, des Antisthenes, des Aristipp, für Platons Akademie oder für das Lykeion des Aristoteles, gilt, daß sich erst allmählich definiertere Unterrichtsinhalte herausbildeten und daß sie nur in bescheidenem Umfang zum Besitz von eigenem Gelände und eigenen Räumlichkeiten gelangten. In keiner Schule, auch nicht in der Akademie, existierte ein vergleichbar strenges Curriculum, wie Platon es im VII. Buch der *Politeia* zur Auswahl und zur Vorbereitung seiner Philosophenherrscher skizziert. Keine der Schulen war zudem auf philosophische Themen (im Gegensatz zu wissenschaftlichen oder politischen Fragen) beschränkt; in der Akademie wurden etwa mathematische und astronomische Forschungen betrieben. Auch setzte die Zugehörigkeit zur Akademie (oder zu anderen Schulen) keinerlei Grundbekenntnis, etwa im Sinn eines metaphysischen Dogmatismus oder der Ideentheorie, voraus. Vielmehr wissen wir recht gut, wie weit die philosophischen Ansichten auch in Platons Schule auseinandergingen. Gerade die Akademie scheint einen freien Austausch von wissenschaftlichen und philosophischen Theorien ermöglicht zu haben; Platon war ihr Oberhaupt (*scholarchos*, *prostatês*), ohne daß er als unkritisierbare Autorität gegolten hätte.

Erst recht wäre es verkehrt, in der Akademie eine Art Bruderschaft oder Kultgemeinschaft zu sehen, nur weil sich ihre Gründung (387 v. Chr.) an Platons Besuch bei den Pythagoreern Unteritaliens anschloß. Auch für die konkurrierenden Schulen gilt, daß sie keineswegs den Lebensgemeinschaften der Pythagoreer glichen, was Orthodoxie, Disziplin, Geschlossenheit, Verehrung des Schuloberhaupts oder die Frage der Geheimhaltung anlangt. Bei aller Heftigkeit der äußeren Schulkontroversen, die man aus hellenistischer Zeit und aus der römischen Kaiserzeit kennt, bleibt es dabei, daß Schulgemeinschaften wie der aristotelische Peripatos, die Stoa, Epikurs „Garten“ oder auch die neuplatonische Schule Plotins im Rom des 3. Jahrhunderts (zu der auch Mitglieder des Senats und sogar des Kaiserhauses gehörten) abweichende Meinungen im Inneren zuließen und interne Kontroversen austrugen. Für die Akademie ist etwa eine Debatte um die Existenz und den Status von „Ideen“ belegt, und im Fall Plotins läßt sich eine offenbar heftige Auseinandersetzung mit schulinternen „Gnostikern“ rekonstruieren (vgl. *Enneade* II 9 [33]; VP 16). Von den sachlichen Differenzen abgesehen, spielte andererseits das Element der „Freundschaft“ in den Philosophenschulen eine akzentuierte Rolle. Als einen engen „Freundschaftsbund“ muß man sich besonders die Schule Epikurs in Athen vorstellen. Sie dürfte übrigens als erste relativ frei vom typischen Elitarismus des antiken Bildungswesens gewesen sein; Epikur wandte sich erstmals an Sklaven ebenso wie an Freie, an Frauen ebenso wie an Männer (DL X 3; 5; 25).

Die Philosophenschulen der hellenistischen Zeit schwankten erheblich in ihrer Beurteilung wissenschaftlichen Wissens. Stoiker und Epikureer zogen sich gelegentlich auf die Überlegenheit des philosophischen Lebenskunstmodells zurück und suchten die Wissenschaften abzuwerten oder deren prinzipielle Irrelevanz nachzuweisen (vgl. etwa Us. 227–229a). Andererseits wandten sich die philosophischen Schulen seit der Mitte des 3. Jahrhunderts den Wissenschaften wieder verstärkt zu, wie die Beispiele der epikureischen Mathematik und der stoischen Sprachtheorie belegen (zum Verhältnis von Lebenskunst und Wissenschaft in der hellenistischen Epoche vgl. Dihle 1990). Bei Seneca findet sich wiederum eine ausführliche Zurückweisung nicht-philosophiezentrierten Wissens (ep. 88); sie läßt ex negativo eine wachsende gesellschaftliche Anerkennung einer vielseitigen Bildung erkennen. Offenkundig betrieb man zu Senecas Lebzeiten häufig höhere Studien (*artes liberales*), ohne dabei am psychagogischen Anspruch der Philosophie orientiert zu sein. Seneca wendet sich in scharfer Form dagegen, den in der Antike entwickelten Kanon von sieben Fachdisziplinen (Grammatik, Rhetorik, Dialektik, Arithmetik, Musik, Geometrie und Astronomie) für sich genommen als wichtiges Bildungsgut anzusehen. Im Gegenteil, das eifrige Streben nach den freien Künsten mache die Menschen „lästig, geschwätzig, unleidlich und selbstgefällig“, und es erzeuge „Leute, die deshalb das Notwendige nicht lernen, weil sie Überflüssiges gelernt haben“ (88,37). Die „freien Studien“ (*studia liberalia*) seien „eines freien Menschen würdig“ – allerdings nur dann, wenn sie sich auf eine vorbereitende Funktion beschränkten (88,20). Im Vergleich zur Philosophie, die als einzige Disziplin wirklich frei mache und die erhaben, stark und großmütig sei, handle es sich bei solchen Wissenschaften um „Kleinigkeiten und Kindereien“ (88,2). Sobald sie, so immer noch Seneca, von der Philosophie abgelöst angestrebt würden, etwa um des Geldes willen, seien diese Künste abzulehnen. Kriterium eines angemessenen Bildungsangebots ist demnach, ob dessen Lehrer in der Lage sind, sittliche Vortrefflichkeit (*virtus*) zu vermitteln und jemanden „gut zu machen“. Mit Poseidonios unterscheidet Seneca vier Arten von Disziplinen (*artes*: 88,21 ff.): (1) gewöhnliche und niedrige (*vulgares et sordidae*), (2) spielerische (*ludicrae*), (3) kindliche (*pueriles*) und (4) freie (*liberales*). Gemeint sind (1) einfache praktische Handwerkstechniken, (2) bestimmte eindrucksvoll wirkende Illusionstechniken (wie sie beim Bau imposanter Holzattrappen eingesetzt werden), (3) die gewöhnlich als *artes liberales* bezeichneten enzyklopädischen Disziplinen und (4) die Disziplinen der Philosophie, also Physik, Ethik und Logik. Ein moralisch folgenloses Wissen, so insistiert Seneca, sei ganz ohne Wert, da es an falschen Gütervorstellungen ausgerichtet sei. Nur innerhalb der Philosophie erlangten die Kenntnisse der *artes liberales* eine sinnvolle Funktion.

Wie diese Argumentation durchscheinen läßt, besaßen professionelle Philosophen im Altertum meist ein hohes Renommee: Im Unterschied zum bloßen Gelehrten (*philologos*) besteht die soziale Rolle, die der Philosoph etwa in der römischen Kaiserzeit spielte, in der Funktion eines „Lehrers der Lebenskunst“ (*magister artis vitae*: Seneca, ep. 95,7 ff.; dazu ausführlich Hahn 1989). Philosophen erhielten von ihren Schülern damals häufig die Bezeichnung „Seelenführer“ (*hêgemôn*, *kathêgetês*, *kybernêtês*). Die Bewunderung für die Figur des Philosophen ist aber wesentlich älter; sie weist einige Ähnlichkeit mit der archaischen Verehrung von Weisheitslehrern wie Chiron oder Orpheus auf (vgl. I. Hadot 1986). In klassischer Zeit ist diese Bewunderung etwa in einer Pythagoras-Anekdote greifbar, mit der Herakleides Pontikos den Ursprung des Philosophiebegriffs erklären wollte: Pythagoras habe sich als erster einen „Philosophen“ genannt; damit habe er die edelste Gruppe von Menschen bezeichnen wollen, nämlich diejenigen, die alles Übrige für nichtig hielten und nur das Wesen der Dinge betrachteten (DL I 12; TD V 8ff.; vgl. Burkert 1960). Als Inbegriff des bewunderungswürdigen Philosophen galt Sokrates, der besonders in den Schilderungen der platonischen Dialoge als intellektuelle und moralische Ausnahmepersönlichkeit erscheint. Sokrates' Philosophieren soll auf ein Orakel des delphischen Apollon zurückgegangen sein; er soll eine göttliche „innere Stimme“ (*daimonion*) besessen haben, zudem besonders selbstbeherrscht, ausdauernd und unerschrocken gewesen sein. Hauptsächlich scheint er aber durch seine eindringliche Art, philosophische Fragen zu stellen, durch seine entwaffnende Aporetik und durch seine Ironie gegenüber selbstzufriedenen Besserwissern fasziniert zu haben. Platon hat mit besonderer Intensität den Gleichmut des Sokrates gegenüber seiner ungerechten Verurteilung und seine Gelassenheit gegenüber der Hinrichtung dargestellt.

Nun zeigen freilich die Anklage gegen Sokrates und seine Verurteilung, daß Philosophen auch Argwohn und Mißtrauen auf sich zogen; im klassischen Athen scheint eine negative Sicht der Philosophen sogar vorherrschend gewesen zu sein (Dover 1974, 10–13). Platon berichtet von dem Vorurteil gewisser Leute, Sokrates führe unerfahrene Leute in seinen Gesprächen durch unmerkliche, kleine Tricks hinters Licht; Philosophen würden von solchen Leuten überhaupt als üble Figuren betrachtet (Rep. 487a ff.). Einige dächten, die Philosophen hätten genau das verdient, wonach sie laut Sokrates strebten: den Tod (Phd. 65b). Das ausführlichste Zeugnis einer bissigen Philosophenkarikatur ist Aristophanes' Komödie *Die Wolken*: Dort erscheint Sokrates als ein wortverdreherischer Sophist, der im *phrontistêrion* („Denkerbude“) von einer Hängematte aus die Sonne beobachtet und traditionelle Werte und Begriffe durcheinanderbringt; Aristophanes läßt einen enttäuschten Kunden das *phrontistêrion* am Ende anzünden. Platon reagiert mehrfach auf diese Form von Kritik, die offenbar nicht nur von Aristophanes stammt. Im platonischen

„Gleichnis vom wahren Steuermann" (Rep. 488a ff.) und im Höhlengleichnis (Rep. 514a–521b) erscheint der Philosoph als der wahre Wissende, der den Leuten nur wegen ihrer eigenen Schlechtigkeit wie ein Taugenichts vorkomme. Der Philosoph werde verkannt, weil er außerhalb seiner Polis und außerhalb ihrer oberflächlichen Werte lebe und weil er in seinem öffentlichen Auftreten unbeholfen wirke; so sei etwa Thales, der beim Betrachten der Sterne in einen Brunnen gefallen sei, dem Lachen einer thrakischen Magd ausgesetzt gewesen (Tht. 173c ff.). In Wahrheit sei der Philosoph durch sein hintergründiges Prinzipienwissen als einziger in der Lage, die Polis sachgerecht zu regieren. Platon macht bekanntlich die Realisierung der bestmöglichen Staatsform davon abhängig, daß entweder die Philosophen herrschen oder die Herrschenden zu philosophieren beginnen (Rep. 473c–d; *VII. Brief* 326a–b). Der Philosoph bildet für den Staat den „Urheber von Besonnenheit und Gerechtigkeit" (*demiourgos sôphrosynês te kai dikaiosynês*: Rep. 500d), ebenso wie der Gott der gestaltende Demiurg des ganzen Kosmos sein soll.

Figuren wie Thales, Pythagoras und besonders Sokrates bestimmten das Bild des Philosophen in der Folgezeit. An ihnen war ablesbar, daß das philosophische Lebensideal von Menschen tatsächlich erreicht werden kann. Das Philosophenbild wurde in hellenistischer Zeit zudem geprägt durch die Figur des kynischen Wanderpredigers, der einen struppigen, ungepflegten Bart hatte und einen ärmlichen „Philosophenmantel" (*tribôn*) trug und dem man ebenfalls meist mit Respekt begegnete. Therapeutische Konzeptionen ergeben ja nur dann einen Sinn, wenn sich der Erfolg, der sich aus ihnen ergeben soll, wenigstens anhand einiger Individuen belegen läßt. Auch wenn gewöhnliche Schüler nicht bis zur höchsten Stufe gelangen sollten, liegt der Akzent der Übungspraxis doch darauf, daß alle zumindest das Niveau einer philosophisch gereiften Persönlichkeit erreichen. Das für jeden mögliche Ziel liegt in einer autonomen, urteilsfähigen Persönlichkeit. So stellt Seneca fest, es sei für einen fortgeschrittenen Philosophenschüler nicht mehr angemessen, die Aussprüche bedeutender Persönlichkeiten auswendig zu lernen. Seneca schreibt: „Beschämend nämlich ist es für einen alten Mann oder für den, der das Greisenalter vor sich erblickt, aus dem Notizbuch seine Weisheit zu beziehen. ‚Das sagte Zenon': und was sagst Du? ‚Das sagte Kleanthes': und was Du? Wie lange bewegst Du Dich unter dem Diktat eines anderen? Übernimm das Kommando und sag selbst etwas, das der Nachwelt überliefert werde, bringe auch von dem Deinen etwas vor!" (ep. 33,7). Es komme darauf an, vom Memorieren zum Wissen überzugehen, von Vorbildern unabhängig zu werden und die eigene Mündigkeit zu erlangen. „Jene, die vor uns solche Überlegungen angestellt haben, sind nicht unsere Herren, sondern unsere Führer. Allen ist die Wahrheit zugänglich" (33,11; Übers. F. Loretto). Wie man sieht, legt Seneca besonderen Wert auf die emanzipierende Wirkung philosophischen Trainings, und zwar auf die Wirkung bei jedem einzelnen. Er leitet aus dem therapeutischen Philosophiebegriff zudem eine individuelle Verpflichtung gegenüber den Nachgeborenen ab, wenn er schreibt: „Ich arbeite im Interesse der Nachwelt. Für sie zeichne ich manches auf, was ihr zugute kommen kann; wohltuende Mahnungen, gleichsam Rezepte für nützliche Heilmittel, halte ich schriftlich fest, nachdem ich ihre Wirksamkeit an meinen Geschwüren erprobt habe, die, auch wenn sie nicht völlig ausgeheilt sind, um sich zu greifen aufgehört haben" (ep. 8,2; Übers. F. Loretto). Auch Mark Aurel vertritt eine bescheidene Konzeption philosophischen Fortschritts, wenn er sagt: „Hoffe auch nicht auf einen platonischen Staat, sondern sei zufrieden, wenn es auch nur ein klein wenig vorwärts geht, und halte auch einen solchen kleinen Fortschritt nicht für unbedeutend" (SB IX 29). Der kleine philosophische Trainingserfolg, von dem Seneca und Mark Aurel sprechen, ist allerdings erheblich vom Ideal des Weisen entfernt.

Der Skeptiker Sextus Empiricus hat die philosophische Lebenstechnik dagegen für ganz und gar unvermittelbar erklärt (PH III 250ff.). Man ist versucht, Sextus wenigstens zum Teil recht zu geben: Die Figur des platonischen Philosophen oder die Gestalt des stoischen Weisen geht weit über das hinaus, was

Seneca in dem zitierten Text als Teilerfolg skizziert. Bei Platon wie bei den älteren Stoikern kann man den Eindruck gewinnen, es sei nicht von erreichbaren Persönlichkeitsstandards die Rede, sondern von maßlos überzeichneten Idealgestalten. Platon charakterisiert den Philosophen in der *Politeia* durch Merkmale wie sicheres Wissen, ja geradezu Irrtumsfreiheit, durch den Besitz der Tugend, durch ein prudentiell richtiges und moralisch angemessenes Handeln, durch die höchste Form von Genuß (nämlich ein rein geistiges Vergnügen) und durch ein glückseliges jenseitiges Leben. Die Stoiker schlossen sich diesem scheinbar übertriebenen Persönlichkeitsideal an. Sie erklären den „Weisen" (*sophos*) für irrtumsfrei, für frei von allen (falschen) Affekten und Vorstellungen, für moralisch ausnahmslos gut, für immun gegenüber Schädigungen aller Art und für vollkommen glücklich. Hat ein solches Idealbild irgendeinen praktischen Sinn?

Tatsächlich verstanden Platon und die Stoiker die Figur des Weisen nicht als fiktive Idealgestalt, sondern als ein normatives Persönlichkeitsbild, das im Zentrum ihrer Therapiekonzeption stand. Diese Normativität galt so strikt, daß die Stoiker im Umkehrschluß behaupteten, jeder Nicht-Weise sei „verrückt" (*pas aphrôn mainetai*). Nur der Weise soll psychisch gesund sein; alle Existenzformen, die hinter der Tugend zurückblieben, seien dagegen von Wahnsinn gekennzeichnet. Die Stoiker betrachteten den Zustand des Weisen mithin als ein konkretes Entwicklungsziel, das sich mithilfe der Philosophie erreichen läßt; aber es handelt sich um ein Ziel, das für die wenigsten tatsächlich erreichbar sein soll. Auch diese Aussagen wirken reichlich überpointiert. Die stoische Vorstellung von der vollkommenen moralischen Persönlichkeit läßt sich allerdings wie folgt verteidigen (vgl. Nussbaum 1994, 365f.). Angenommen, jemand habe einen unbeherrschten Charakter, blinde Emotionen und üble Neigungen. Dann wird ihm sein Leben als Handwerker, Soldat oder Bauer vermutlich wenig Gelegenheit bieten, diese moralisch bedenklichen Antriebsmomente in wirkliche Handlungen umzusetzen; der Betreffende wird dann wohl ein unauffälliges, „tadelloses" Leben führen. Wäre dieselbe Person dagegen der unangefochtene Regent eines Staates, so könnte er seine falschen Antriebe in verheerende Taten umsetzen, und er würde dies – sollte es ungestraft möglich sein – auch gewiß tun. Nach stoischer Auffassung macht es nun für die moralische Qualität einer Person keinen Unterschied, ob jemand schlechte Antriebe und Motive lediglich mit sich herumträgt oder ob er sie tatsächlich ausführt. Cicero referiert den stoischen Standpunkt so, daß es moralisch gesehen gleichgültig sei, ob man sein Vaterland verrate, seinen Eltern Verletzungen zufüge und Heiligtümer ausraube oder ob man „nur" ängstlich, traurig und begehrlich sei (fin. III 32). Auch „ohne die Ausführung" (*sine effectu*), also „nicht erst in den Handlungsfolgen, sondern von allem Anfang an" liege ein moralisches Vergehen vor. Moralisch depraviert ist nicht erst der Übeltäter, sondern bereits jedes Individuum, das ein desorganisiertes Seelenleben aufweist.

Die zitierte Stelle deutet noch ein zweites Moment der stoischen Theorie an: Ob jemand extreme Fehlhandlungen begeht – wie etwa Landesverrat, Respektlosigkeit gegenüber den Eltern oder Tempelraub – oder ob er bloß ängstlich, traurig und begehrlich ist, soll ganz und gar auf dasselbe hinauslaufen. Alle Fehler wiegen gleich schwer, behaupten die Stoiker. Umgekehrt sind sie der Auffassung, daß auch alle richtigen Handlungen gleichwertig seien (*isa ta hamartêmata kai ta katorthômata*). Die größte Wohltat gegenüber der Menschheit gilt also nicht als bedeutender als die scheinbar geringfügigste; Zeus übertrifft den Weisen an Tugend nicht. Die stoische Theorie läßt sich wie folgt verstehen: Im Blick auf eine bestimmte Person kann es kein isoliertes richtiges oder falsches Handeln geben; vielmehr geht jede Einzelhandlung darauf zurück, wie die Person in moralischer Hinsicht überhaupt verfaßt ist. Aus einem unvollkommenen Charakter kann folglich niemals eine moralisch gute Tat hervorgehen; was wir bei einem schlechten Menschen für eine gute Handlung halten mögen, ergibt sich in Wahrheit aufgrund moralisch zweifelhafter Motive und Antriebe. Nach stoischer Auffassung bemißt sich die Qualität einer Handlung somit allein an der Qualität ihres

Motivs; Motive gehen aber aus Charakteren hervor; also können nur Charaktere gut oder schlecht sein. Folglich ist niemand gut, der nicht insgesamt einen guten Charakter aufzuweisen hat. Oder anders gesagt: Niemand ist gut, der nicht immer und ausnahmslos gut ist.

Hieraus wird klar, weshalb die Stoiker in der Figur des Weisen eine radikal von allen gewöhnlichen Menschen unterschiedene Persönlichkeit sehen konnten. Nur der Weise ist vernünftig und gut, während alle anderen verrückt und schlecht sein sollen. Der Weise tut mit jeder seiner Handlungen etwas Gutes; er steht, wie die Stoiker meinen, mit allen anderen Weisen und mit den Göttern in unmittelbarem Austausch, verbunden durch die „kosmische Sympathie". Zu dieser Weisheit kann man aber nicht einfach durch einen graduellen Fortschritt gelangen, es bedarf zudem einer radikalen Kehrtwendung im eigenen Leben, eines punktuellen Ereignisses, nach dem man sich im unverlierbaren Besitz der Tugend befindet. Die Stoiker fassen dies so auf, daß die vernünftige Seele, das *hêgemonikon*, in einem bestimmten Augenblick ihre Rationalität vollendet und von da an nur noch rational handelt. Das bedeutet natürlich nicht, daß der stoische Weise „allwissend" im extensiven Sinne wäre; er ist aber irrtumsfrei in seinem praktischen Wissen (vgl. Reesor 1989). Das stoische Persönlichkeitsideal hört damit nicht auf, extrem anspruchsvoll zu sein; aber immerhin wirkt es so betrachtet nicht mehr wie eine Absurdität.

2. Glück, Wohlergehen und gelingendes Leben

Philosophische Bildung war in der Antike in erster Linie gehobenen Bevölkerungskreisen zugänglich; der Unterrichtsbetrieb des Altertums erweist sich im Vergleich zum modernen Bildungswesen als elitär. Andererseits orientierte sich die Philosophie ungleich direkter an ihren Rezipienten, als dies für die Universitätsphilosophie der Gegenwart gilt, und zwar sowohl hinsichtlich der Methoden wie der behandelten Inhalte. Es wirkt daher nur folgerichtig, daß eines der Hauptthemen der antiken Philosophie in der Frage nach dem Glück bestand. Das persönliche Glück bildet ja den Inbegriff dessen, was jemand zu seinem eigenen Vorteil verfolgen kann. Für den modernen Leser ergibt sich daraus allerdings eine Schwierigkeit. Anscheinend wendet sich die antike Glückskonzeption zu sehr an kluge Egoisten, als daß man von einer „Ethik" sprechen könnte. Spiegelt sich in dieser Themenstellung ihr elitärer Adressatenkreis? Kant brachte das moderne Unbehagen in den Worten zum Ausdruck, „das Prinzip der eigenen Glückseligkeit" sei in der Ethik „am meisten verwerflich" (*Grundlegung zur Metaphysik der Sitten*: AA IV 442). Wer mittels der Philosophie nur sein Glück verfolgt, bewertet scheinbar alle Handlungsziele und Güter, fremde Personen eingeschlossen, aus einer glücksfunktionalen Perspektive. Wir kommen auf diesen Einwand noch ausführlich zurück (vgl. Kap. 5).

Der Verdacht, die Glückssuche könnte eine unangemessene Auffassung von Ethik beinhalten, ist aber nur einer der Gründe, weshalb die neuzeitliche Philosophie das Thema Glück zurückgestellt, vernachlässigt oder sogar preisgegeben hat. Ein anderer, mindestens ebenso wichtiger Grund liegt darin, daß man dem Glücksbegriff in der Neuzeit – im Gegensatz zur Antike – eine stärker private, subjektive und psychologische Bedeutung zuweist. Auffällig ist zunächst, daß sich das moderne Wortverständnis von einem „übergreifenden" zu einem „episodischen" Glücksbegriff verschoben hat. Das bedeutet, der Glücksbegriff wird weniger auf einen Lebensabschnitt oder auf das ganze Leben einer Person angewendet als auf hervorgehobene Augenblicke, die von Hochgefühlen geprägt sind (vgl. zu diesem Begriffspaar Seel 1995, 62ff.). Zudem versteht man das, was ein glückliches Leben insgesamt ausmachen würde, tendenziell als eine Summe solcher Hochstimmungen. Das subjektive Wohlbefinden ist nach moderner Auffassung wichtiger als das objektive Wohlergehen. Nun sind erfüllte Augenblicke aber theoretisch kaum faßbar und in der Lebenspraxis weitgehend unverfügbar. Aus diesem Grund scheint es uns Heutigen schwer nachvollziehbar, daß jemand den Anspruch erhebt, er könne das Thema Glück objektivierend und zudem handlungsanleitend untersuchen. So meinen wir zwar, daß bestimmte Güter, Ereignisse oder Situationen glücksfördernd sind, glauben aber nicht, es gebe irgendwelche definitiv angebbaren Glücksfaktoren. Insbesondere halten wir es für ausgeschlossen, die Beschreibung eines glücklichen Menschen aus der Außenperspektive zu geben. Wir nehmen beispielsweise keinen Anstoß daran, wenn jemand, dem jedes Unternehmen gelingt und dessen Leben ausschließlich Erfolge aufweist, uns dennoch eingesteht, er fühle sich todunglücklich. Umgekehrt finden wir es vielleicht überraschend, aber nicht absurd, von jemandem, dessen Leben von schweren Schicksalsschlägen bestimmt ist, zu hören, er betrachte sich selbst als vollkommen glücklich. Unser Glücksverständnis ist soweit privatisiert, daß wir jeder Person nicht nur eine primäre, sondern sogar eine ausschließliche Autorität in der Feststellung ihres Glücks oder Unglücks zugestehen.

2.1 Die traditionelle und die philosophische Auffassung von *eudaimonia*

Um so befremdlicher muß es uns erscheinen, in antiken Texten Bemerkungen von der Art zu lesen, die Philosophie und nur sie führe zum glücklichen Leben, weil „allein sie das richtige Urteil und die unfehlbare, handlungsleitende Einsicht einschließt“ (Aristoteles, *Protreptikos* B9). Bei Platon heißt es, das schönste und wichtigste Wissen sei die Erkenntnis, „wer glücklich sei und wer nicht“ (Gorg. 472c). Ähnlich irritierend wirkt Epikurs Bericht, er gewinne „täglich etwas Nützliches hinzu“, um schließlich zum Glück zu gelangen und „gottgleich“ zu werden (*Brief an die Mutter*), oder Ciceros Ansicht aus dem *Hortensius*, wer ein glückliches Leben führen wolle, müsse philosophieren (u.a. bei Quintilian, *Institutiones* V 14,13). Denn abgesehen von dem uns ungewohnten Philosophiebegriff, der hier gebraucht wird, bedeuten solche Aussagen ja, daß Glück zum Thema einer objektivierenden Betrachtungsweise werden kann. Mehr noch, bei dieser Objektivierung des Glücksthemas soll die Philosophie nicht nur zu zutreffenden, sondern sogar zu allgemein befolgenswerten, also zu normativen Einsichten gelangen. Die Philosophie erscheint hierbei als handhabbares Mittel zu einem objektiv verstandenen Glück.

Es wäre allerdings falsch, wollte man der antiken Philosophie vorwerfen, ihre Glücksauffassung ignoriere die „innere Einstellung“ einer Person zugunsten äußerer Faktoren des Wohlergehens. Im Gegenteil, die persönliche Zufriedenheit bildet in den Glückstheorien des Altertums gerade das zentrale Element. Bezeichnend für die Antike ist aber, daß auch die Erlangung einer positiven Selbsteinschätzung auf objektivierbare Elemente zurückgeführt wurde, nämlich auf einen objektiv beschreibbaren Einstellungswandel. Die antiken Konzeptionen des Glücks sind nie bloß subjektiv und situativ und niemals idiosynkratisch. Sie zielen sowohl auf das Wohlergehen als auch auf ein Wohlbefinden mit der Tendenz, das „innere“ Wohlbefinden als den entscheidenden Faktor herauszustellen. In der hellenistischen Zeit verstärkte sich diese Tendenz zur Subjektivierung. So findet sich bei den Stoikern etwa der Ratschlag, bei der philosophischen Seelenschulung müsse man Rücksicht auf persönliche Besonderheiten nehmen (vgl. Forschner 1981, 43 ff.). Aber hier wie im Fall der epikureischen Betonung der subjektiven Lustempfindung sind typische, nicht individuelle Persönlichkeitsmerkmale gemeint. Im Hintergrund der antiken Auffassung stehen also auch beim verinnerlichten Glücksbegriff allgemeine Charaktere oder Menschentypen, nicht unverwechselbare, unnachahmliche Einzelpersönlichkeiten wie in der Moderne. Dem romantischen Begriff des singulären Genies oder dem existenzialistischen Pathos von der autonomen Wahl eines Selbst entsprechen keine antiken Persönlichkeitsideale.

Noch zwei weitere Bedenken gegen die Glückstheorien der antiken Philosophie kann man von vornherein ausschließen. Einerseits beruhen sie sicher nicht darauf, daß die antiken Glückstheoretiker das weite Feld unterschiedlicher individueller Glücksvorstellungen ignoriert hätten. Andererseits gehen sie keineswegs darauf zurück, daß die Glücksphilosophien des Altertums einfach den faktischen Konsens widerspiegeln würden, der in bestimmten Traditionen, Kulturen oder Lebensgemeinschaften bestand. Beide Punkte lassen sich durch ein Aristoteles-Zitat entkräften, das die Aspekte auseinanderhält, in welchen unter den Zeitgenossen ein Konsens bzw. ein Dissens in der Frage nach dem Glück bestand. Aristoteles schreibt: „In der Bezeichnung [für das höchste Strebensgut] besteht nahezu Übereinstimmung. Das Glück geben sowohl die gewöhnlichen Leute an als auch die Gebildeten, wobei gutes Leben und gutes Handeln mit dem Glücklichsein gleichgesetzt werden. Aber was das Wesen des Glücks ist, darüber ist man unsicher, und die Antwort der Menge lautet anders als die der Philosophen. Die Menge stellt sich etwas Offenkundiges und Augenfälliges darunter vor, z.B. Lust, Reichtum oder Ehre, und zwar jeder etwas anderes. Bisweilen wechselt sogar ein und derselbe seine Meinung: Wird er krank, so sieht er das Glück in der Gesundheit, ist er arm, dann im Reichtum. Im Bewußtsein der eigenen Unwissenheit bestaunen die Leute jene, die etwas vortragen, was bedeutsam klingt und über ihre Fassungskraft hinausgeht" (EN 1095 a 17-26).

Nach Aristoteles besteht ein weitgehender Konsens darin, daß das Glück das höchste Strebensziel darstellt, dagegen ein erheblicher Dissens in der inhaltlichen Glücksbestimmung. Trotz der unterschiedlichen Meinungen, von denen Aristoteles spricht, kann er feststellen, man setze mit dem Glück allgemein das „gute Leben" (*eu zên*) und das „Wohlergehen" (*eu prattein*) gleich. Anders als moderne Philosophen verfügt Aristoteles über eine Basis, um *inhaltliche* Glückskriterien, allgemeingültige Maßstäbe für die Klärung der Glücksfrage, angeben zu können: Er geht davon aus, daß man unter Glück die objektive Erfüllung menschlicher Lebens- und Handlungsmöglichkeiten verstehen könne. Darin ist Aristoteles' Position repräsentativ für die Antike. Dem modernen „Empfindungsglück" tritt – etwas zugespitzt formuliert – ein antikes „Erfüllungsglück" gegenüber. Der Begriff *eudaimonia* steht für ein gelingendes oder „blühendes" Leben, für eine Einheit aus Wohlergehen und Wohlbefinden (für eine Wiedergewinnung dieses Glücksbegriffs vgl. Seel 1995, 75ff.).

Der deutsche Ausdruck „Glück" ist bekanntlich doppeldeutig und trifft daher diesen Punkt noch schlechter als das englische Wort *happiness* oder das französische *bonheur*. Der philosophische Begriff *eudaimonia* (lat. *beatitudo*) meint, anders als der Ausdruck „Glück", keinesfalls den günstigen Zufall, den unverdienten Erfolg oder das überraschende Gelingen (griech. *eutychia*, lat. *fortuna*). Die Wortbildung *eudaimonia* geht auf die Vorstellung zurück, daß jemand „einen guten Daimon hat", und das bedeutet, das jemand ein wohlgeratenes, gesegnetes, wunschgemäßes und preisenswertes Leben führt. Günstige Zufälle oder Erfolge sind zwar Faktoren, die zur *eudaimonia* beitragen können. Aber es ist unmöglich, diese Faktoren bereits für sich als *eudaimonia* zu bezeichnen (vgl. Pol. 1323b 27–29). Nicht zu verwechseln mit dem Zufallsglück, das im deutschen Sprachgebrauch so irritierend wirkt, ist der religiöse Aspekt eines gottgeschenkten Lebenserfolgs. Auch im Altertum ist dieser Aspekt für das vorphilosophische Glücksverständnis von einiger Bedeutung. Jedoch vergeben die Götter ein solches „Glück" nach antiker Auffassung keineswegs zufällig oder unverdient. Sie haben Gründe, einem bestimmten Menschen Erfolg zu schenken oder zu versagen; solche Gründe sind menschliche Überheblichkeit, mangelhafte Frömmigkeit oder generationenübergreifende Sympathien und Feindschaften. Übrigens verliert dieser religiöse Aspekt auch in der philosophischen Interpretation des *eudaimonia*-Begriffs seine Bedeutung nicht ganz. So bringt Demokrit das Glück ausdrücklich mit einem in der menschlichen Seele wohnenden Daimon in Verbindung (DK 68B171). Auch Aristoteles zieht ernsthaft die Ansicht in Betracht, man könne die *eudaimonia* als Geschenk der Götter bezeichnen (EN 1099b 11–13). Umgekehrt entscheidet nach Heraklits Feststellung „Der Charakter des Menschen ist sein Schicksal" (*êthos anthrôpô daimôn*: DK 22B119) ausschließlich das Verhalten eines Menschen über seinen Lebenserfolg. Platon macht den Erfolg einer Handlung (*eutychia*) einerseits allein von Tugend und Einsicht abhängig (*Euthydemos* 279d ff.). Andererseits gebraucht er für eine solche philosophische Lebenshaltung auch eine religiöse Sprache: Der Einsichtige diene dem *daimôn*, der in ihm wohne, und sei eben deshalb glücklich (*eudaimôn*: *Timaios* 90c).

Das entscheidende Merkmal der philosophischen Glückskonzeptionen zeigt sich bereits in Demokrits Diktum vom Daimon in der Seele. Demokrit erklärt nämlich Glück und Unglück für seelische Phänomene (*eudaimoniê psychês kai kakodaimoniê*: DK 68B170). Damit nimmt er eine Akzentverschiebung vor, bei der ein äußeres durch ein verinnerlichtes Glücksverständnis ersetzt wird. An die Stelle der Glücksfaktoren Ruhm, Macht, Besitz, gute Abstammung und erfolgreiche Nachkommenschaft treten die Faktoren seelische Ausgeglichenheit und Zufriedenheit. Verglichen mit dem vorphilosophischen griechischen Glücksverständnis der Frühzeit bedeutet die Position Demokrits eine bemerkenswerte Innovation. Ziehen wir zum Vergleich eine bekannte Erzählung Herodots heran, die als repräsentativ für die ältere bzw. populäre Glücksauffassung gelten kann.

Herodot berichtet in seinem Geschichtswerk (*Historiae* I 29ff.) vom Besuch des athenischen Gesetzgebers Solon bei dem Lyderkönig Kroisos; er läßt damit zwei grundverschiedene Lebensmodelle aufeinandertreffen. Solon verkörpert als einer der „Sieben Weisen" eine Ethik der Besonnenheit und des Maßes; König Kroisos soll zum Zeitpunkt des Besuchs auf dem Gipfel seiner Macht und seines Reichtums gestanden haben. Kroisos reizt es, sich von Solon bestätigen zu lassen, daß er „der glücklichste Mensch auf der Erde“ sei. Solon freilich spricht diesen Rang einem gewissen Tellos zu. Dieser sei der glücklichste Mensch, weil er in einer prosperierenden Stadt gelebt, tapfere Söhne und gesunde Enkel besessen habe, wohlhabend gewesen und einen besonders ehrenvollen Tod als Soldat gestorben sei. Den zweiten Rang in der Frage des Glücks erkennt Solon den Brüdern Kleobis und Biton zu, die das Privileg besessen hätten, direkt nach einer uneigennützigen und ruhmvollen Tat zu sterben. An den enttäuschten Kroisos richtet Solon dagegen die Warnung, man dürfe sich selbst nicht vorschnell als glücklich betrachten; vor seinem Tod könne niemand als glücklich gelten, weil der Lebenserfolg sich als allzu unzuverlässig erweise. Bald darauf bewahrheitet sich Solons Warnung durch die ungünstige Wendung, die Kroisos' Schicksal nimmt: Kroisos muß nacheinander eine verheerende militärische Niederlage und seine Gefangennahme erleben und entgeht nur knapp der Hinrichtung.

Für Solons Auffassung, wie Herodot sie referiert, ist die Vorstellung zentral, das Glück bestehe aus günstigen Lebensumständen, die sich über die gesamte Lebensdauer erstrecken. Solon erklärt Reichtum ausdrücklich für ein Glücksgut, macht den Wert des Besitzes aber von seiner Dauer abhängig. Hinzu kommen Faktoren wie der Erfolg des sozialen Umfelds, besonders der Erfolg der eigenen Familie. Eine zentrale Rolle spielen auch die Todesumstände und der Nachruhm einer Person. In der Erzählung von Kleobis und Biton liegt die göttliche Belohnung für die uneigennützige Tat der beiden Helden in ihrem frühen, schmerzlosen Tod. Gemeint ist gerade nicht, daß Kleobis und Biton *nach* ihrem Tod belohnt werden, gemeint ist, daß sie *mit* dem Tod belohnt werden. Denn auf diese Weise ist ihr Leben im Augenblick ihres größten Glücks und höchsten Ruhms beendet, und es kann keine Wendung zum Schlechteren mehr eintreten.

Natürlich enthält die von Herodot referierte Position eine gedankliche Schwierigkeit. Wenn niemand vor seinem Tod als glücklich gelten darf, dann kann streng genommen überhaupt niemand glücklich sein: als Lebender nicht, weil vor seinem Ende immer noch ein Unglück eintreten könnte; als Toter erst recht nicht, weil es abwegig wäre, ihn dann noch als glücklich zu bezeichnen. Man bezeichnet diese Schwierigkeit gelegentlich als das „Paradox des Solon". Es wirkt merkwürdig, daß Solon darauf beharrt, man dürfe niemanden *vor seinem Ende* glücklich nennen; hinterher kann man ja nur noch sagen, er sei glücklich *gewesen*. Dann aber scheint es problematisch, wie jemand glücklich gewesen sein kann, von dem man zuvor nie sagen konnte, er sei im jetzigen Augenblick glücklich. Aus moderner Sicht wirkt es unplausibel, warum Solon die Feststellung zurückweisen würde „Jemand kann heute glücklich sein, auch wenn er morgen vielleicht unglücklich sein wird". Freilich ist das Paradox des Solon auflösbar, wenn wir den historischen Wandel des Glücksbegriffs beachten. Offenkundig meint Solons Glücksverständnis das vollständige Gelingen der zentralen Lebensumstände und ist darum nur retrospektiv auf Menschen anwendbar. Ein solches Verständnis ist vielleicht befremdlich, aber keineswegs unsinnig. An der Solon-Episode wird deutlich, wie weit der Auffassungsunterschied zwischen Antike und Moderne tatsächlich reicht.

Die Schilderung des Glücks von Kleobis und Biton wirkt sogar noch befremdlicher als die Lebensbeschreibung des Tellos. Denn sie enthält einerseits die Behauptung, daß eine gute Handlung ihren Lohn in sich trägt. Andererseits spiegelt sie die Ansicht wider, daß der Tod, auch der verfrühte Tod, ein wünschenswertes Gut darstellt, wenn er auf dem Höhepunkt des Lebens eintritt. Wir würden wohl zwei Einwände gegen diese Auffassung richten. Zum einen scheint uns, daß das Glück nicht bereits in einer uneigennützigen Handlung, sondern erst in der Belohnung für die erlittenen Mühen oder allenfalls in dem gehobenen Gefühlszustand liegen kann, der eine gute Handlung begleitet. Zum anderen wären wir wohl der Meinung, daß der Tod ein Übel ist, weil er weitere Glückserfahrungen unmöglich macht. Wir würden es als absurd ansehen, wenn jemand sterben wollte, nur weil er glaubt, keinen vergleichbar großen Triumph mehr erleben zu können. Was hindert ihn daran, sich künftig mit kleineren Erfolgsmomenten zufrieden zu geben? Nun ist aber in der Erzählung Herodots ein Glücksbegriff im Spiel, demzufolge ein Leben, das mit einer Heldentat endet und keine späteren Demütigungen enthält, eine besonders günstige Gesamtbilanz aufweist und außerordentlichen Nachruhm einbringt.

Die philosophische Reaktion auf den bei Herodot greifbaren älteren bzw. populären Glücksbegriff unterscheidet sich erheblich von solchen modernen Einwänden. Sie besteht nicht in einer Zurückweisung der Forderung, von *eudaimonia* könne nur bei einem dauerhaften Lebenserfolg die Rede sein; im Gegenteil findet sich eine philosophische Verteidigung der Auffassung Solons bei Aristoteles (EN 1100a 10ff.) und bei Cicero (fin. II 87). Vielmehr liegt die philosophische Innovation in einer Umdeutung derjenigen Faktoren, die den dauerhaften Lebenserfolg ausmachen, sowie der Verhaltensweisen, die ihn herbeiführen. Diese Umdeutung läßt sich grob als Verinnerlichung kennzeichnen; insbesondere kommt es zu einer moralischen Deutung des Glücks (dazu genauer unten Kap. 2.3). Eine solche Tendenz ist ansatzweise bereits bei Heraklit (DK 22B4; B112) und bei Empedokles (DK 31B132) erkennbar. Auch Anaxagoras soll auf die Frage, wer der glücklichste Mensch sei, geantwortet haben, es sei niemand, an den man gewöhnlich denke, sondern eine ungewöhnliche Person (*atopos*); folgt man Aristoteles, so weist Anaxagoras mit diesem Diktum äußere Güter zugunsten einer gerechten und rational orientierten Lebensführung zurück (EE 1215b 6ff.). Bei Demokrit findet sich – wohl unabhängig von Sokrates – die These, der Unrechttuende sei unglücklicher (*kakodaimonesteros*) als der Unrechtleidende (DK 68B45). Am nachdrücklichsten ist die Verinnerlichung und die Moralisierung des Glücksverständnisses aber von Sokrates vertreten worden. Im platonischen *Gorgias* scheint Sokrates beinahe auf die Kroisos-Erzählung anzuspielen, wenn er sagt, ein reicher und mächtiger König sei dann, aber auch nur dann glücklich, wenn er über sittliche Bildung und Gerechtigkeit verfüge (470e). Allein der, der ein sittlich gutes Leben führe, könne als gesegnet und glücklich gelten (507c). Für das gute und glückliche Leben soll allein entscheidend sein, ob jemand Weisheit erlangt (*Euthydemos* 282a). Von Demokrit und Sokrates ausgehend ist die zentrale Stellung dieses verinnerlichten, intellektualistisch und moralisch verstandenen Glücksbegriffs bei nahezu allen nachfolgenden Philosophen anzutreffen, nämlich bei Platon und – mit leichter Einschränkung – Aristoteles, bei den Kynikern, den Stoikern, den Epikureern, den Skeptikern, den Akademikern und Peripatetikern sowie bei den hellenistischen und kaiserzeitlichen Platonikern.

Erwähnenswert ist aber auch eine frühe Opposition gegen das verinnerlichte Glücksverständnis bei Aristipp von Kyrene. Aristipp war Schüler des Sokrates und wie dieser ein Philosoph, der vornehmlich an Fragen der richtigen Lebensführung interessiert war. Dennoch kulminiert dieses Interesse nicht im Glücksbegriff. Die von Aristipp begründete Schule der Kyrenaiker bildet vielmehr die Ausnahme von der Regel, wonach sämtliche antiken Philosophenschulen – bei allen Differenzen in Einzelheiten – der *eudaimonia* den Stellenwert des höchsten Lebensziels beigemessen haben. Die Kyrenaiker nehmen stattdessen eine Position ein, die der modernen Bevorzugung des Empfindungsglücks gegenüber dem Erfüllungsglück noch am nächsten kommt. Sie vertreten die Ansicht, daß die Diskussion um das Glück als Gesamtziel des menschlichen Lebens verfehlt sei; erstrebenswert sei vielmehr, möglichst viel Lust im jeweiligen Augenblick zu erreichen. Im Unterschied zur Moderne erklären die Kyrenaiker die augenblickliche Lust jedoch nicht selbst zum Glück. Vielmehr bestreiten sie den zentralen Rang des Glücks und stufen es zum abgeleiteten Gut herab. Diogenes Laertios berichtet: „Die Kyrenaiker lehren, daß das höchste Gut vom Glück verschieden sei. Denn das höchste Gut sei die einzelne Lust, das Glück dagegen eine Anhäufung einzelner Lüste, denen sowohl die vergangenen als auch die künftigen hinzugezählt werden. Die einzelne Lust sei aber um ihrer selbst willen wählenswert, das Glück nicht um seiner selbst willen, sondern um der einzelnen Lüste willen" (DL II 87f.).

Für die Kyrenaiker ergibt sich das Glück also günstigstenfalls aus einer Verbindung zahlreicher Lustmomente. Da dies aber schwer zu erreichen sei, soll das Ziel der *eudaimonia* überhaupt nicht in sich wertvoll sein; das Glück bildet ein zu hochgegriffenes Ziel.

Demgegenüber dürften für das Glücksverständnis des historischen Sokrates, sofern man es aus dem Frühwerk Platons erschließen kann, drei Überzeugungen kennzeichnend sein: die Suffizienzthese, die Identitätsthese und die Vernunftthese (für die ersten beiden Begriffe vgl. Vlastos 1991). Gemäß der ersten Auffassung bildet Moralität die hinreichende Bedingung für das Glück des Menschen; es bedarf also keines zusätzlichen Mittels zur Glückserlangung (*Euthydemos* 280b). Die zweite These geht noch einen Schritt weiter; ihr zufolge besteht sogar Identität zwischen Moralität und Glück. Sittliches Verhalten führt nicht nur zum erfüllten Leben, es *ist* das erfüllte Leben (vgl. Gorg. 470e und 507b–c; Rep. 354a). Die dritte These besteht in der Behauptung, daß moralisch angemessenes Verhalten soviel bedeutet wie eine Lebensführung gemäß der Vernunft. Für die Erlangung des Glücks ist also ein philosophisches Leben sowohl notwendig als auch hinreichend; die *eudaimonia* wird nicht nur als Thema, sondern zugleich als Resultat der Philosophie aufgefaßt. Sokrates versteht das Glück als etwas, das jedem offensteht; die *eudaimonia* ist keineswegs den Reichen, Mächtigen, Vornehmen oder den von den Göttern Begünstigten vorbehalten. Es bedarf einzig der Tugend (*aretê*), um das Glück zu erlangen; diese soll sich aus der richtigen philosophischen Einsicht ergeben. Vor diesem Hintergrund stellt Sokrates im platonischen *Euthydemos* einen direkten Zusammenhang zwischen philosophischer Einsicht und gelingendem Leben her (278e ff.). Ebenso gelten im *Charmides* die „wissend Lebenden" (*epistêmonôs zôntes*) zugleich als glücklich (173d ff.). Bereits in der *Apologie* heißt es, man dürfe nicht auf sein Leben oder Sterben achten, sondern allein darauf, ob man gerecht oder ungerecht handle (28b); im *Kriton* bezeichnet Sokrates als wirklich schätzenswert nicht das Leben, sondern das „gute Leben" (*eu zên*), worunter er allein eine moralische und gerechte Lebensführung verstehen will (48b). Und im *Gorgias* vertritt er die auch für Demokrit belegte These, daß „Unrecht leiden besser als Unrechttun" sei (469b–c u.ö.). Sokrates skizziert dafür eine Begründung in Analogie zur Gesundheit des Körpers: Gerechtes Handeln erzeuge ebenso eine „gesunde Seele", wie angemessene Arzneien und geeignete Sportübungen körperliche Gesundheit herstellten (Gorg. 503d ff.). Die These vom Glück des Gerechten wird zudem mit der Harmonie des gesamten Kosmos in Verbindung gebracht (Gorg. 507e f.).

Dieses Ethikmodell ist von Sokrates' Schüler Antisthenes weniger theoretisch ausgefeilt als vielmehr zu einer bestimmten Lebensform ausgestaltet worden. Zwar vertritt auch Antisthenes die Überzeugung, für das Glück sei allein eine angemessene Lebensführung maßgeblich; sie liege ausschließlich in der Tugend und diese wiederum werde einzig durch die Philosophie vermittelt (frg. 10 und 12 Nestle). Aber die Anwendung des Tugendideals auf die Lebenspraxis scheint für ihn vorrangig gegenüber ihrer theoretischen Fundierung gewesen zu sein. Er kann daher feststellen: „Die Edlen und die Tugendhaften sind dieselben. Tugend genügt vollkommen zum Glück und bedarf lediglich einer sokratischen Kraft; sie ist eine Sache der Tat, und es braucht dazu weder vieler Worte noch vieler Kenntnisse" (DL VI 11). Das sokratische Tugendwissen, wie Antisthenes es darstellt, ist also kein entlegenes Experten-, sondern ein eher handfestes Handlungswissen. Philosophische Erkenntnis ist einfach und eindeutig; sie ist unverlierbar und begründet einen festen Habitus. Der Weise ist deshalb fehlerfrei (frg. 16 Nestle). Auf Antisthenes geht die kynische Schulrichtung zurück, die in der antiken Überlieferung mehr durch Anekdoten und zugespitzte Aussprüche als durch Argumente präsent ist. Antike Berichte, die sich auf die Kyniker beziehen, besonders auf den berühmten Diogenes, haben ihre Pointe meist in der extremen Bedürfnislosigkeit oder in der provokativen Zurückweisung gutbürgerlicher Konventionen. Denn der Kynismus beruht auf einem Autarkieideal, das das Glück einer einfachen Lebensführung propagiert. Für Diogenes ist zudem ein konsequenter Kosmopolitismus belegt; sein Weltbürgertum geht nicht auf eine Ablehnung der konventionellen Staats- und Gesetzesordnung zurück, sondern auf die Überzeugung, es gebe für Vernunftwesen nur eine einzige beachtenswerte Ordnung, die der Moralität.

Platon vertritt in der Nachfolge des Sokrates die Ansicht, Glück ergebe sich allein aus einer angemessenen seelischen Verfassung des Menschen. Auch er versteht darunter eine gerechte, sittlich orientierte Lebensführung. Maßgeblich bleibt für ihn die Überzeugung, daß glücklich ist, wer „gut lebt" (*eu zôn*), und unglücklich, wer nicht gut lebt (Rep. 353 e f.). Der beste Mensch ist zugleich der glücklichste, der schlechteste der unglücklichste (Rep. 580 c). „Besser" soll es aber sein, gerecht als ungerecht zu leben (354 a). Platon bemüht sich in erheblichem Umfang darum, diese These philosophisch zu rechtfertigen; sein zentrales Werk *Politeia* dient in seiner Rahmenargumentation genau dieser Aufgabe. Übrigens will noch der späte Platon das Glücksproblem dadurch bewältigen, daß er bestimmt, welche „Haltung oder Beschaffenheit der Seele" dem Menschen angemessen ist (*hexin psychês kai diathesin*: *Philebos* 11 d). Die Antwort auf die Frage „Welches Leben soll man führen, um glücklich zu werden?" soll also in der Gerechtigkeit liegen. Platon widerspricht damit der Auffassung einiger Sophisten, der Gerechte sei ein Schwächling oder ein „gutmütiger Trottel" (*euêthês*: 349 b). Gerechtigkeit, so die Dialogfigur Thrasymachos, wirke sich zum fremden Vorteil (*allotrion agathon*) und zum eigenen Schaden aus (*oikeia blabê*: 343 c). Thrasymachos empfiehlt folgerichtig die Ungerechtigkeit und lobt das Verhalten eines konsequent eigennützigen Tyrannen. Es scheint schwer, Thrasymachos nicht rechtzugeben. Warum sollte eine moralische Lebensführung *vorteilhaft* sein gegenüber einem amoralischen Lebensstil? Man muß sich klarmachen, daß es Platon nicht um den Nachweis geht, moralisches Handeln sei allen Nachteilen zum Trotz *verbindlich* oder *geboten*. Er will zeigen, daß es im wohlverstandenen Interesse eines jeden liegt: Gerechtigkeit zahlt sich aus. Und das ist natürlich äußerst kontraintuitiv.

Es wirkt zunächst alles andere als klar, worin der Zusammenhang von richtiger seelischer Verfassung, Moralität und Glück für Platon bestanden haben mag. Führt die *aretê* zum Glück wegen der sozialen Achtung, die sie einbringt? Dann würde es sich um eine äußere Form von Belohnung handeln. Man kann diese Deutung definitiv ausschließen; nach Platons Ansicht darf Gerechtigkeit gerade nicht wegen ihrer sozialen Folgen gepriesen werden (Rep. 366e). Der platonische Gerechte ist also keineswegs wie Tellos in der Solon-Episode deswegen glücklich, weil seine äußeren Lebensumstände dauerhaft günstig wären. Platon geht es im Gegenteil darum zu zeigen, daß sich die These vom Nutzen der Gerechtigkeit selbst bei extremen sozialen Nachteilen, die ein Gerechter unter Umständen hinnehmen muß, aufrechthalten läßt (Rep. 360e ff.). Meint Platon mit dem Glück des Tugendhaften dann eine Belohnung nach dem Tod, wie wir sie besonders aus der christlichen Tradition kennen? Diese religiöse Vorstellung enthält zwar auch eine äußere Form von Belohnung; für Platon bildete sie aber eine akzeptable Idee, die er in seinen Mythen vom Totengericht wiederholt dargestellt hat. Wer sein Leben gerecht und heilig geführt hat, so heißt es im *Gorgias*, der gelangt nach seinem Tod zu den „Inseln der Seligen", wo er in vollkommener Glückseligkeit frei von allen Übeln lebt (523a ff.; ähnlich Rep. 608c ff.). Freilich liegt in der ewigen Glückseligkeit des Gerechten eher eine nachgeschobene und sekundäre, nicht die zentrale Begründung, die Platon im Sinn hat.

Besteht diese Begründung darin, daß sich das Glück bei der gerechten Persönlichkeit im Sinn einer seelischen Lustempfindung einstellt? Dies wäre eine innere Form von Belohnung, die von allen Außenumständen unberührt bliebe. Tatsächlich meint Platon, der Gerechte zeichne sich durch eine maximale seelische Harmonie und Selbstübereinstimmung aus (Rep. 443c ff.). Platon parallelisiert die Gerechtigkeit der Seele ausführlich mit dem, was Gesundheit für einen Körper bedeutet (Rep. 444c–e). Allerdings zeigt sich erst im neunten Buch der *Politeia*, inwiefern in diesem Punkt ein wichtiger Teil des Zusammenhangs zwischen Gerechtigkeit und Glück liegt. Platon kommt erst dort auf das Thema einer Gegenüberstellung des vollkommen Gerechten und des vollkommen Ungerechten zurück (576b–592b) und entwickelt dabei drei Argumente für die These vom Glück des Gerechten. Die Argumente 2 und 3 stellen dem Gerechten oder Philosophen, gleichgültig wie sein äußeres Leben verläuft, eine höchst positive Lustbilanz in Aussicht, und zwar im Sinn eines geistigen Genusses. Platon sagt nämlich zum einen, der Tugendhafte oder Philosoph führe das lustvollste Leben, weil sein an der Erkenntnis orientiertes Leben den höchsten Grad von Lustempfindung mit sich bringe (580d–583a). Zum anderen ergibt eine Betrachtung der Qualitätsgrade verschiedener Vergnügungen, daß der Philosoph eine „729mal größere Lust" als der Nichtphilosoph empfinde (583b–588a). Der Philosoph kann mit dieser überlegenen Lustempfindung offenbar jeden sozialen Nachteil und andere widrigen Außenumstände ausgleichen.

Dennoch hat Platon noch eine andere Begründung im Sinn, wie sich am ersten der drei Argumente aus Buch IX zeigt. Dieses gründet sich nicht auf eine Belohnung durch Lust; um das Argument verständlich zu machen, ist ein kleiner Umweg nötig. Am Beginn des zweiten Buchs der *Politeia* stellt Platon fest, die Gerechtigkeit gehöre zu jenen Gütern, die nicht allein um ihrer Folgen willen, sondern überdies um ihrer selbst willen anzustreben seien (Rep. 358a). Man weiß aber, daß Platon die Auffassung, Lust sei etwas in sich Gutes, also „intrinsisch wertvoll", abgelehnt hat. Er macht geltend, daß es auch schlechtes Vergnügen gebe, so daß Lust nur soweit erstrebenswert sein soll, wie sie sich tatsächlich als gut erweisen läßt (Gorg. 499b ff.). Wenn Platon mithin zeigen will, daß Gerechtigkeit etwas intrinsisch Wertvolles ist, darf er es weder bei bestimmten jenseitigen Belohnungen bewenden lassen noch bei der Lust an der seelischen Harmonie. In beiden Fällen würde es sich ja um Annehmlichkeiten handeln, die der Gerechte als Folge seiner Gerechtigkeit, erhielte. Die Lustempfindung als Verbindungsmoment zwischen Tugend und Glück kennzeichnet eine hedonistische Position, etwa diejenige Epikurs. Platon muß den intrinsischen Wert der Gerechtigkeit auf andere Weise zeigen. Tatsächlich stellt sich bei näherem Hinsehen heraus, daß der innere Lustgewinn des Gerechten nur eine Zugabe darstellt. Entscheidend ist das erste platonische Argument, das auf dem Vergleich eines gerechten und eines ungerechten Lebens beruht (Rep. 580a–c), nämlich darauf, daß der Gerechte – der Philosoph – seine Gerechtigkeit durch die Betrachtung und Nachahmung der Ideenordnung erhält. Der Philosoph, so Platon, wird dadurch gerecht, daß er auf die Ideen, also auf etwas Wohlgeordnetes und Gleichbleibendes schaut und deren Ordnung imitiert (Rep. 500c; vgl. Kraut 1997). Inwiefern aber macht die Ideenordnung die Gerechtigkeit zu etwas intrinsisch Wertvollem, und inwiefern führt ihre Betrachtung und Nachahmung zum Glück?

Zur Klärung dieser Fragen trägt eine Passage aus dem *Symposion* entscheidend bei. In diesem Dialog läßt Platon die Priesterin Diotima den Eros durch dessen „Verlangen nach dem Schönen" kennzeichnen; die Liebe richte sich stets auf etwas Schönes (204d). Platons Interesse gilt dieser Strebensrelation; „Streben" heißt soviel wie „etwas erreichen wollen". Was aber bedeutet es für den, der etwas anstrebt, das Erstrebte zu erreichen? Die Frage wird allgemeiner formuliert, indem der Begriff des Schönen durch den Ausdruck „das Gute" oder „die Güter" (*tagatha*: 204e) ersetzt wird. Unter einem *agathon* ist nicht etwas moralisch Richtiges, sondern etwas Vorteilhaftes oder Wertvolles zu verstehen. Streben bedeutet also grundsätzlich, etwas Vorteilhaftes anzustreben; der Inbegriff des Vorteilhaften ist so gesehen „das Gute". Angenommen nun, jemand würde etwas schlechterdings Wünschenswertes erreichen: Was hätte er davon? Platon antwortet, daß der Betreffende dann glücklich sei; es sei der Besitz des Guten, der die Glücklichen glücklich mache (205a; vgl. 202c; Gorg. 478c). Die Strebensrelation kommt nämlich in dem, was schlechthin erstrebenswert ist, zu einem Abschluß (*telos*). Denn, so läßt Platon Diotima sagen, man kann nicht weiterfragen, weshalb jemand glücklich sein wolle. Was immer unter Glück zu verstehen ist, es ist eben das, worin jedes Streben, Begehren, Wünschen usw. zu einem Ende kommt.

Die Stelle ist deshalb so bedeutend, weil Platon hier erstmals in der Philosophiegeschichte eine „teleologische Glückstheorie“ skizziert. Diese Konzeption bildet das Zentrum der meisten späteren Versionen des Eudämonismus. Das Glück wird als ein Ziel erwiesen, das man nicht als nur teilweise gut auffassen kann; es ist schlechterdings gut. Deshalb kann es auch nicht als Mittel oder Instrument zu einem weiteren Ziel begriffen werden; vielmehr handelt es sich um ein letztes oder abschließendes Ziel. Daraus folgt: Was immer dafür in Betracht kommt, das Glück inhaltlich zu bestimmen (z.B. Reichtum, Macht, Lust, Erkenntnis, Tugend), muß ebenfalls unter allen Umständen gut sein, und es darf ebenfalls keine Instrumentalisierung zulassen. Folgt man dem *Gorgias*, so kann Platon die Lust nicht für eine geeignete Glückskandidatin gehalten haben, weil es nicht von vornherein klar sei, ob eine bestimmte Lust gut oder schlecht, also vorteilhaft oder nachteilig ist.

Platon bringt das Glück als höchstes und abschließendes Strebensziel mit der „Nachahmung“ der Ideen in Verbindung, und zwar besonders mit der höchsten Idee, der „Idee des Guten“ (*idea tou agathou*), von der die Bücher VI und VII der *Politeia* handeln. Platons Glückstheorie basiert also nicht auf der Überzeugung, daß Gerechtigkeit glücklich macht, weil das Leben des Philosophen die größtmögliche Lust mit sich bringt, sei es in diesem Leben, sei es nach dem Tod – obwohl er dem Gerechten beide Formen der Lust als Belohnung in Aussicht stellt. Vielmehr ist Platon der Ansicht, unter dem Glück des Gerechten sei die endgültige Erfüllung des gesamten menschlichen Strebens zu verstehen, nämlich die Erlangung des höchsten Guts. Darunter soll nicht Lust, sondern ein oberstes Prinzip der Wirklichkeit verstanden werden. Die Pointe dieser Theorie liegt darin, daß es sinnlos wäre zu fragen, welchen Nutzen man davon hat, das oberste Prinzip zu erlangen, ob sich daraus z.B. ein Lustgewinn ergebe. Indem der Gerechte sich für ein Leben nach den Ideen entscheidet, erfüllt er genau die in ihm angelegte Strebenstendenz. Das Kennzeichen des höchsten Strebensziels ist es also, das Glücksstreben zu beenden; eine Belohnung durch Vergnügen, Macht, Wissen oder

Reichtum würde diese Pointe verderben. Zwar bietet das Erlangen der Idee des Guten nach Platon *auch* erhebliche Vorteile. Von der „geistigen Lust“ des Philosophen abgesehen ist etwa davon die Rede, die Idee des Guten bilde insofern die „größte Einsicht“ (*megiston mathema*), als sie „erst das Gerechte [...] vorteilhaft und nützlich macht“; wer diese Einsicht nicht besitze, dem könnten auch alle anderen Einsichten nicht helfen (Rep. 505a f.). Auch das Höhlengleichnis betont den zentralen Wert der Idee des Guten für ein vernünftiges Handeln (Rep. 517c). Aber da die Idee des Guten dasjenige ist, „was jede Seele anstrebt und um dessentwillen sie alles tut“ (505e; vgl. Gorg. 468b; 499e), bedeutet ihre Erlangung *eo ipso* die Erfüllung des menschlichen Strebens. Man kann diesen Punkt leichter verstehen, wenn man ihn mit Platons Ethik der „Angleichung an Gott“ (*homoiôsis theô*: vgl. oben S. 25f.) in Zusammenhang bringt. Die gemeinte Angleichung bezeichnet dann die Nachahmung der Ideenordnung und besonders die Nachahmung der obersten Idee in religiöser Ausdrucksweise.

Die Glückskonzeption des Aristoteles erscheint auf den ersten Blick als anti-platonisch. Für Platon kann der Philosoph jeden sozialen Nachteil durch sein inneres Lustempfinden ausgleichen. Aristoteles hingegen schreibt: „Wenn aber manche Leute sagen, der Gefolterte oder der von Schicksalsschlägen Betroffene sei glücklich, wenn er nur gut sei, so behaupten sie mit oder ohne Absicht Unsinn“ (EN 1153b 19–21). Während Platon den Philosophen gegen alle äußeren Widrigkeiten immunisiert, schließt Aristoteles in seine Liste der Glücksbedingungen auch äußere Güter ein (*ektos chorêgia*). Bei Aristoteles heißt es: „Es gibt ferner gewisse Güter, deren Fehlen die reine Form des Glücks beeinträchtigt, etwa vornehme Geburt, wohlgeratene Kinder oder Schönheit; denn es dürfte niemand vollständig glücklich sein, wenn er ein ganz abstoßendes Äußeres oder eine niedrige Herkunft hat oder ganz allein im Leben steht und kinderlos ist. Noch weniger kann man von Glück sprechen, wenn jemand ganz schlechte Kinder oder Freunde besitzt oder gute durch den Tod verloren hat. Wie gesagt, gehören also zum Glück auch solche günstigen Umstände, weshalb denn manche die Gunst der äußeren Umstände auf eine Stufe stellen mit dem Glück – während andere der Tugend diesen Platz einräumen“ (EN 1099b 2–8; vgl. *Rhetorik* 1360b 19ff.). Offenkundig enthält das Zitat eine gewisse Rehabilitation des frühen und populären Glücksverständnisses, als dessen Repräsentanten wir die Figur des Solon bei Herodot kennengelernt haben. Nach Aristoteles gehören auch soziale Güter und günstige äußere Umstände zu den relevanten Glücksfaktoren; sie sind zwar nicht maßgeblich für das Glück, ihr Fehlen schließt aber aus, daß man jemanden glücklich (*eudaimôn*) nennt. An anderer Stelle bezeichnet er Vermögen, Gesundheit, Ehre und ähnliche Güter sogar als „Teile des Glücks“ (EN 1129b 18). Überdies rehabilitiert Aristoteles Solons Ansicht, jemand könne auch noch nach seinem Tod das Prädikat *eudaimôn* einbüßen, indem nämlich seine Nachkommen ein widriges Schicksal erleiden (EN 1100a 10ff.).

Doch auch wenn sich Aristoteles gegen Aspekte der sokratisch-platonischen Glückstheorie wendet, steht er dieser dennoch näher als der Position des Solon. Aristoteles räumt materiellen, körperlichen oder sozialen Gütern anders als Solon nur den Status von notwendigen, nicht von hinreichenden Glücksfaktoren ein. Wiederholt stellt er fest, äußere Güter und günstige Umstände seien allein von instrumentellem Wert (EN 1096a 5–7; Pol. 1323b 7f.). Nach aristotelischer Auffassung entfalten solche Güter zudem nur dann eine glücksfördernde Wirkung, wenn sie im richtigen Umfang zur Verfügung stehen. Ein Übermaß an Reichtum soll sich ebenso schädlich auswirken wie ein Mangel an Wohlstand (z.B. EN 1153b 21–25; Pol. 1295b 5ff.; vgl. Nussbaum 1986, 343ff.). Als zentrales Gut erscheint bei Aristoteles nicht anders als bei Platon die theoretische Existenz (*bios theôrêtikos*), also besonders das Leben des Philosophen, sowie sekundär eine moralisch-politische Lebensführung. Ganz abgelehnt wird dagegen ein genußorientiertes Leben (*bios apolaustikos*: 1095b 17ff.) sowie ein geldorientiertes Leben (*chrêmatistês bios*: EN 1096a 5ff.). Aristoteles bringt die Frage nach der *eudaimonia* mit den Gütern des

Charakters und der Überlegung in Zusammenhang (Pol. 1323a 36ff.). Er legt sich die Frage vor, welche Arten von Tätigkeit in der menschlichen Natur zu finden und wie sie zu bewerten sind. Seine Urteile über *bioi* ergeben sich dann aus der Vorstellung, Menschen besäßen glücksrelevante Anlagen unterschiedlichen Niveaus, die sie zudem in verschiedenen Graden entwickeln könnten.

Aristoteles will also die Bedingungen eines guten oder gelungenen menschlichen Lebens (*eu zên*) im Unterschied zu den Umständen des bloßen Lebens (*zên*) aufdecken. Ein gelungenes Leben kommt dadurch zustande, daß jemand möglichst häufig und intensiv die bestmögliche in der menschlichen Natur angelegte Tätigkeit ausführt; von dieser Tätigkeit soll die Lebensführung insgesamt geprägt sein. Soweit beruht das aristotelische Modell auf einer Anthropologie. Noch wichtiger für die Frage nach dem Glück sind aber die Elemente einer Strebenstheorie; sie finden sich bei Aristoteles mit einer ähnlichen Intention wie bei Platon. Beide Philosophen stützen ihre Lösung des Glücksproblems auf eine Untersuchung teleologischer Handlungsstrukturen. Ebenso wie im *Symposion* gilt auch für Aristoteles die *eudaimonia* als höchstes, abschließendes Gut. Damit ist das Glück zwar nur formal charakterisiert. Es bleibt zu klären, worin es inhaltlich besteht, d.h. welche Güter in welchem Maß glücksfördernd sind. Nach Platon und Aristoteles ist aber eine Analyse des logischen Verhältnisses, in dem Güter oder Ziele relativ zueinander gewählt werden, von zentraler Bedeutung für die inhaltliche Bestimmung des Glücks. Aristoteles formuliert drei teleologische Merkmale, die das Glück auszeichnen (EN 1097a 25–b 22): Es ist (a) das vollkommenste oder auch vollständigste Gut (*teleiotaton*), es ist (b) für sich hinreichend (*autarkes*), und es ist (c) das wählenswerteste Gut (*hairetôtaton*).

(a) Das „vollkommenste" Gut ist das Glück deswegen, weil es nicht um eines anderen Gutes oder Zieles willen gewählt wird. Aristoteles schreibt: „Denn dieses (sc. das Glück) wählen wir immer um seiner selbst willen, nie um einer anderen Sache willen. Ehre, Vergnügen, Geist und die gesamte Tugend wählen wir dagegen sowohl um ihretwillen [...] als auch um des Glükkes willen, weil wir annehmen, durch sie glücklich zu werden. Niemand wählt aber das Glück um ihretwillen und überhaupt auch um keiner anderen Sache willen" (EN 1097b 1–6). Das Glück wird also ebenso wie einige weiteren Güter als intrinsisches Gut erstrebt; es unterscheidet sich von allen anderen Zielen aber darin, daß es nur um seinetwillen erstrebt werden *kann*. Das *teleiotaton*-Merkmal besagt also, daß das Glück das letzte oder abschließende Ziel darstellt. (b) „Für sich hinreichend" ist ein Gut dann, wenn es ein bestimmtes Leben „wählenswert und in keiner Hinsicht mangelhaft" macht (EN 1097b 14f.). Daß das Glück etwas In-sich-Hinreichendes ist, heißt also, daß es als Faktor genügt, um ein Leben gelingen zu lassen. Dabei ist allerdings auszuschließen, daß das *autarkes*-Merkmal ein Plädoyer gegen äußere Güter bedeutet; denn andernfalls wäre Aristoteles' Position ja kraß inkonsistent. Gemeint ist somit, daß die *eudaimonia* immer dann, wenn sie zu einem gut ausgestatteten Leben *hinzukommt*, dieses Leben abschließend gelungen macht. (c) Als „wählenswertestes" Gut gilt das Glück schließlich, weil es zu anderen Gütern „nicht hinzugezählt" werden kann; wäre es mit anderen Gütern verrechenbar, so müßte es durch Hinzufügung des geringsten Gutes wählenswerter werden (EN 1097b 16–20). Erneut kann nicht gemeint sein, daß man zum Glück nicht auch äußerer Güter bedürfe. Das *hairetôtaton*-Merkmal bedeutet vielmehr, daß das Glück in sich bereits alles Wertvolle einschließt und nicht verbesserungsfähig ist.

Aristoteles charakterisiert also die *eudaimonia* als abschließendes Strebensziel als hinreichend für ein gutes Leben und als nicht verbesserungsfähig. Er erklärt andererseits auch andere Güter für intrinsisch wählenswert, z.B. Lust, Ehre oder moralische Tugend. Dazu sagt er, diese würden immer zugleich um der *eudaimonia* willen gewählt. Wie aber kann etwas ein intrinsisches Gut sein und doch um des Glücks willen gewählt werden? Nach dem *hairetôtaton*-Merkmal ist Glück nicht als Gut neben anderen Gütern zu verstehen; es enthält bereits in sich alles Erstrebenswerte. Aristoteles sagt zudem, die *eudai-*

monia setze sich aus bestimmten Gütern zusammen; sie sei nicht etwas von diesen Güter Getrenntes, sondern mit ihnen identisch (MM 1184a 26–29). Der Zusammenhang zwischen intrinsischen Gütern und Glück läßt sich also wie folgt erläutern: Wir wählen einige Güter instrumentell, andere dagegen um ihrer selbst willen. Die ersteren können allenfalls indirekt glücksrelevant sein. Nur die letzteren kommen als eigentliche Glückkonstituentien in Betracht. Denn dasjenige Gut, das zum Glück führt, muß ein intrinsisches, kein instrumentelles Gut sein; sonst würde es dem formalen Charakter der *eudaimonia* nicht entsprechen. Glück ist so betrachtet kein Gut neben anderen Gütern, sondern der Inbegriff all dessen, was intrinsisch erstrebenswert ist.

Aristoteles' inhaltliche Lösung des Glücksproblems orientiert sich also an der Frage, welche Güter und Ziele um anderer willen gewählt werden (d.h. für die Klärung der Glücksfrage uninteressant sind) und welche sich als intrinsisch wählenswert erweisen. Er kennt eine ganze Reihe solcher Güter; neben den genannten sind das etwa der Besitz von Freunden oder eine gute Gesundheit (vgl. *Rhetorik* I 6). Aber natürlich sind nicht alle intrinsischen Güter gleichermaßen glücksrelevant. Aristoteles nimmt pointierte Wertungen vor. Es gibt für ihn unter- und übergeordnete Anlagen, Neigungen und Tendenzen, und folgerichtig gibt es auch unterschiedliche Dignitätsgrade intrinsischer Güter. Den Besitz von zwei Tugenden zeichnet er vor allen anderen Gütern aus. Zum einen betrachtet er die intellektuelle Tugend, die *sophia*, als höchstes in sich wählenswertes Gut, und zum anderen erklärt er die praktische Einsicht (*phronêsis*) für das zweithöchste Gut dieser Art; die *phronêsis* soll sekundär sein, weil sie sich lediglich auf den Teil der rationalen Seele bezieht, der es mit beweglichen Gegenständen zu tun hat (vgl. EN 1139a 3–17). Wie wir bereits sahen, gehen solche Wertungen darauf zurück, daß Aristoteles die *eudaimonia* mit der Erfüllung der spezifischen Anlagen des Menschen in Verbindung bringt. Er interpretiert das Glück als ein Aktivieren der arttypischen menschlichen Möglichkeiten (vgl. EN 1176a 33ff.). Aristoteles meint, es gebe eine arttypische menschliche Leistung (*ergon tou anthrôpou*: EN I 6), nämlich die Tätigkeit der Vernunft gemäß einer der beiden genannten Tugenden.

Das Leben eines Menschen soll also in dem Maß glücklich ausfallen, in dem es von theoretischer Tätigkeit geprägt ist. Das bedeutet allerdings nicht, daß Aristoteles ein einseitig intellektualistisches Glücksverständnis verträte. Denn zum einen sieht er natürlich, daß niemand ein ausschließlich theoretisches Leben führen kann (EN 1177b 28f.); auch das Leben eines Philosophen schließt sinnliche, emotionale oder soziale Anteile ein. Zum anderen hält Aristoteles theoretische Aktivitäten zwar für erstrangig glückstauglich, gesteht aber einer moralischen Lebenspraxis ebenfalls einen hohen Wert für das Glück zu (EN 1117b 9–11; 1178a 9ff.). Aristoteles hätte es wohl kaum für richtig gehalten, in einem Moment Philosophie zu betreiben, in dem man einen Ertrinkenden aus einem Fluß retten kann. Dennoch bleibt die relative Hervorhebung des *bios theôrêtikos* noch recht befremdlich. In der Forschung gibt es daher eine breite Diskussion darüber, ob Aristoteles die philosophisch-kontemplative Lebensform direkt mit dem ethisch-politischen Ideal verbinden wollte und ob er vielleicht daran dachte, auch die anderen intrinsischen Güter in eine dann „ganzheitliche", holistische Glückskonzeption als Bestandteile einzubeziehen.

Eine denkbare Lösung ist von John Ackrill (²1995) vorgeschlagen worden. Folgt man Ackrill, so bezeichnet Aristoteles das Glück deshalb als wählenswertestes Ziel sowie als nicht verbesserungsfähig, weil es alles oder zumindest vieles, was in sich selbst wünschenswert ist, in einer geeigneten Weise einschließt. Man spricht hier von einer „inklusiven Interpretation" der aristotelischen Glückstheorie. Aristoteles betont, wie wir sahen, daß die *eudaimonia* nicht im Sinn eines Produkts oder Resultats als das Ziel menschlichen Lebens zu verstehen sei. Zwischen dem höchsten Gut und den verschiedenen Einzelgütern bestehe vielmehr ein Zusammenhang des Ganzen zu seinen Teilen. Daraus kann man mit Ackrill schließen, daß alle einzelnen Güter, die ihr Ziel in sich tragen, an einem insgesamt gelingenden Leben mitwirken. Gemeint ist folgendes: Angenommen, jemand wollte die konstitutiven Faktoren eines gelungenen Urlaubs zusammenstellen. Dann könnte er beispielsweise den Genuß einer schönen Landschaft oder eine angenehme Lektüre als solche Faktoren anführen (Teil-Ganzes-Relation). Die Frage, aus welchen weiteren Bestandteilen sich ein gelungener Urlaub zusammensetzt, ob z.B. ein angenehmes Tennisspiel dazugehört, wäre dann von gänzlich anderer Art als die Frage, was ich tun muß, um tatsächlich ein erfreuliches Tennisspiel zu erreichen; eine Frage der zweiten Art wäre etwa, wie ich den Tennisschläger richtig halten muß (Zweck-Mittel-Relation). Aristoteles hätte dann nur sagen wollen, daß theoretische Aktivitäten innerhalb der Teil-Ganzes-Relation den wichtigsten Glücksbeitrag leisten, ohne daß er die Meinung vertreten hätte, die anderen intrinsischen Güter seien vergleichsweise unerheblich oder nur instrumentell von Belang. Ein vollständig glückliches Leben müßte alle wesentlichen Güter einschließen und miteinander verbinden; falls ein zentrales menschliches Gut überhaupt nicht vorkäme, läge kein glückliches Leben vor.

Dem Wortlaut der Texte nach läßt sich allerdings auch eine „dominante Interpretation" gut verteidigen. Folgt man dieser Auffassung, so zeichnet Aristoteles den *bios theôrêtikos* stark gegenüber den anderen Glücksgütern aus (z.B. Heinaman 1988). Tatsächlich betont er den Vorrang intellektueller Aktivität an einigen Stellen mit Nachdruck (besonders in EN X 6–8). Die Tätigkeit des Geistes ist demnach allein konstitutiv für die *eudaimonia*; aus ihr ergibt sich das „vollkommene Glück" (EN 1177a 12ff.). Nur sie – und in viel geringerem Maß die moralische Lebensführung – erweist sich als tatsächlich glückserzeugend. Glücklich soll jemand primär nach der Häufigkeit und der Intensität theoretischer Aktivitäten sein. Auch wenn viele andere Güter, etwa die Lust, unverzichtbar sein mögen, tragen sie zum Glück dennoch nicht maßgeblich bei (vgl. EN 1153b 17ff.; 1178a 23–25; Pol. 1329a 34–39). Auch zwischen theoretischer und moralischer Aktivität soll genau hierin der Unterschied liegen: Erstere beruhe anders als letztere nicht auf äußeren Gütern; so brauche man etwa Geld, um großzügig sein zu können usw. (EN 1178a 28–34). Für Aristoteles liegt darin ein bedeutender Nachteil ethischer Tugend; denn das Glück ist ja von der Art, daß es durch die Hinzufügung weiterer Güter nicht verbesserungsfähig ist. Die ethische Tugend entspricht dem nur eingeschränkt. Im Sinn der dominanten Interpretation bedeutet dies, daß nur das Glück der theoretischen Lebensführung vollkommen ist, weil weitere Güter es nicht steigern können. Sollte die dominante Interpretation richtig sein, wäre der Unterschied zwischen den Positionen Platons und Aristoteles' viel weniger kraß, als es auf den ersten Blick schien.

2.2 Glückstheorien in der hellenistischen Zeit und der Spätantike

Ließe sich hingegen die „inklusive Interpretation" als richtig erweisen, dann wäre Aristoteles' Standpunkt stark platon-kritisch; intuitiv wäre er aber besonders leicht nachvollziehbar. Die aristotelische Version eines „Erfüllungsglücks" bestünde dann darin, Glück auf ein Leben zu beziehen, das alle wesentlichen, um ihrer selbst willen wünschenswerten Güter einschließt. In diesem Fall würde Aristoteles' Glückstheorie auf einer breiten und umfassenden Anthropologie beruhen. Eine pointierte Antithese zu dieser Position läge dann im Glücksbegriff der Stoiker. Tatsächlich hat sich das stoische Glücksverständnis historisch gesehen in direkter Auseinandersetzung mit dem aristotelischen Standpunkt entwickelt (vgl. Irwin 1986); bis in die römische Kaiserzeit finden sich Auseinandersetzungen zwischen Peripatetikern und Stoikern zur Glücksfrage, besonders zur Relevanz äußerer Güter. Die älteren Stoiker, also Zenon von Kition, Kleanthes und Chrysipp, wollen mit ihrer Glückskonzeption zu Sokrates zurückkehren. Sie vertreten also sowohl die Suffizienz- als auch die Identitäts- als auch die Vernunftthese. Anders als Platon stützen sich die Stoiker dabei nicht auf eine idealistische, sondern auf eine materialistische Metaphysik.

Für die Glückskonzeption der Stoiker sind also wiederum die pointierten sokratischen Ansichten maßgeblich. Zunächst soll die Tugend dazu ausreichen, das Glück zu erzeugen; weitere Güter sind dazu nicht erforderlich (Suffizienzthese: SVF III 30ff.; 49ff.). Sodann vertreten die Stoiker die Auffassung, daß Tugend und *eudaimonia* identisch sind; zwischen ihnen besteht lediglich eine begriffliche, keine sachliche Differenz (Identitätsthese: SVF III 53f.). Und schließlich nehmen die Stoiker die aristotelische Differenzierung ethischer und intellektueller Tugenden wieder zurück: unter der ethischen Tugend ist nichts anderes als „aufrechte Vernunft" oder „vollendete Vernunft" zu verstehen (Vernunftthese: SVF III 198; 200a). Auf den ersten Blick wirkt ein solches Modell reichlich unplausibel. Die von den Stoikern ausgehende Provokation für ein landläufiges Glücksverständnis liegt einmal darin, daß die Tugend für die Erlangung der *eudaimonia* das zentrale Mittel darstellen soll; mehr noch, Tugend und Glück sollen deckungsgleich sein. Überdies ist der Tugendbegriff ausschließlich intellektualistisch gemeint; das Zentrum der Tugend bilden keineswegs moralische Eigenschaften wie Selbstlosigkeit und Opferbereitschaft, sondern eine angemessene Vernunfthaltung. Äußere Güter sollen zudem für das Glück keinerlei Rolle spielen, ebensowenig Schmerzfreiheit, Gesundheit, Lust oder angenehme Gefühlszustände. Ein so pointiertes Glücksideal wirkt unrealistisch und nahezu unmenschlich. Schon Cicero läßt einen Gegner der Stoiker mit der Bemerkung auftreten, daß deren Bestimmung des höchsten Gutes nicht einmal für ein reines Geistwesen geeignet sei (fin. IV 27).

Die stoische Position scheint einerseits zu optimistisch zu sein: Denn daß wir uns nur um einen vernunftgemäßen Einstellungswandel und sonst um nichts kümmern müssen, also etwa nicht um materielle Güter, wirkt wie ein unglaubwürdiges Versprechen. Andererseits wirkt sie zu moralistisch. Sie wird scheinbar der Erfahrung nicht gerecht, daß es tugendhaften Personen keineswegs besser geht als Leuten mit einem üblen Charakter. Man kann einwenden, daß erfahrungsgemäß kein moralischer Tun-Ergehens-Zusammenhang besteht, sondern allenfalls ein nicht-moralischer. Der Verdacht – der bei Platon in der Figur des Thrasymachos in Szene gesetzt wurde – drängt sich auf, daß jemand um so besser dasteht, je ungeschminkter er seinen Vorteil sucht. Daß alle äußeren Güter gleichgültig sein sollen, wie die Stoiker meinen, ist ein Postulat, das in einer Pflichtethik des kantischen Typs einen Sinn haben mag, aber innerhalb einer Glücksethik befremdlich wirkt.

Es wäre aber voreilig, die stoische Glückskonzeption vom Standpunkt des common sense aus zurückzuweisen. Denn die Stoiker entwickeln ihre Auffassung vom Glück nicht aus moralischer Schwärmerei, sondern vor dem Hintergrund einer komplexen und reflektierten Theorie. Ebenso wie die platonische und die aristotelische Konzeption basiert das stoische Glücksverständnis auf einem Strebensmodell. Danach ist die *eudaimonia* das höchste menschliche Handlungsziel (*telos*), nämlich das, was um keiner anderen Sache willen erstrebt wird, während alles andere um seinetwillen gewählt wird (SVF III 2; 16). Die ethische Tugend ist für die Stoiker eben dieses höchste und zudem das einzige Gut (SVF I 190; III 76). Zwar müssen sie folgerichtig behaupten, es gebe nichts, was geeignet wäre, dieses einzige Gut zu erweitern oder zu verbessern. Genau genommen bestreiten sie aber nicht, daß es bestimmte äußere sowie körperliche Vorzüge gibt; sie sagen nur, solche Vorzüge vergrößerten das höchste Gut nicht. Es gibt Vorziehenswertes; nur verblaßt es im Vergleich zur Tugend. Cicero erklärt diesen Punkt so: „Denn wie das Licht einer Laterne vom Licht der Sonne verdunkelt und überstrahlt wird und wie ein Tropfen Honig sich in der Weite der Ägäis verliert, wie ein Pfennig mehr in den Reichtümern des Kroisos und ein einziger Schritt auf dem Weg von hier nach Indien keine Rolle spielt, so muß, wenn das das höchste Gut ist, was die Stoiker so nennen, jede Wertschätzung körperlicher Dinge angesichts des Glanzes und der Bedeutung der Tugend verblassen, verschwinden und vergehen" (fin. III 45). Etwas später im Text läßt Cicero einen Gesprächsteilnehmer sagen: „Es scheint mir manchmal ein Witz zu sein, wenn die Stoiker behaupten, falls zu dem tugendhaft verbrachten Leben ein Salbfläschchen und ein Striegel hinzukomme, so werde der Weise eher das Leben wählen, zu dem dies noch hinzugekommen sei, glücklicher werde er deshalb jedoch nicht sein" (fin. IV 30; Übers. H. Merklin). Konsequenterweise sind die Stoiker der Auffassung, daß dem, der die Tugend besitzt, alle anderen Güter fehlen können, ohne daß er eine Einbuße erleidet. Der Tugendhafte ist auch auf der Folterbank glücklich. Denn für die Stoiker handelt es sich bei Faktoren wie Gesundheit, Körperkraft und Schönheit (körperliche Güter) oder Reichtum, Macht und Ansehen (äußere Güter) nicht um wirkliche Güter. Sie ordnen solche Größen, denen man gewöhnlich Wert zuschreibt, in die Kategorie des Indifferenten oder Gleichgültigen (*adiaphora*) ein und gestehen ihnen lediglich zu, gegenüber Krankheit, Häßlichkeit, Armut und Abhängigkeit etwas „Vorziehenswertes" (*prohêgmenon*) zu sein. Man kann also kaum behaupten, es handle sich um eine rigoristische Position, in der alle Güter entwertet würden.

Man muß sich zudem klarmachen, daß die Stoiker unter Tugend und Glück soviel wie Affektfreiheit (*apatheia*) verstehen. Da nämlich die Vernunft durch die Wirkung der Affekte zu falschen Urteilen veranlaßt wird, ist die Vernunft erst dann ganz bei sich, wenn die Seele affektfrei ist. Warum aber sollte jemand glücklich sein, wenn seine Vernunft ganz bei sich ist? Die Stoiker antworten: Solange jemand affektgeleitet handelt, bewertet er seine Lebensumstände falsch. Er setzt sich also z.B. unerreichbare Handlungsziele oder nimmt verfehlte Unterscheidungen zwischen Gütern und Übeln vor, die sich auf sein seelisches Wohlbefinden verheerend auswirken. Indem er als Tugendhafter zur *apatheia* gelangt, wird er frei von allen falschen Urteilen und hält nur noch das für erstrebenswert, was tatsächlich erreichbar ist. Denn unverfügbare Güter erweisen sich zugleich als nicht notwendig. Diese These hat zunächst einen kosmologisch-theologischen Hintergrund. Die Stoiker sind davon überzeugt, der Kosmos stelle eine vollkommene Vernunftordnung dar; die menschliche Glücksfähigkeit ist bereits im Kosmos angelegt. Der Weltverlauf wird als determiniert gedacht; das Schicksal (*heimarmenê*) erzwingt aber nichts Unvernünftiges oder Anstößiges. Man kann die stoische Position also nicht so wiedergeben, als ließe sie dem Menschen nichts anderes übrig als ihr zuzustimmen. Ihre Pointe liegt vielmehr darin, daß der Mensch mit Zeus, d.h. der Weltvernunft, aufgrund seiner eigenen Vernunft immer schon übereinstimmt. Daher lautet die zentrale stoische Lebensregel seit dem Schulgründer Zenon, man solle „in Entsprechung mit der Natur" oder „in Harmonie mit dem Kosmos" leben (*homologoumenôs tê physei zên*: SVF I 179; III 4; 12). Die erstrebte Affektfreiheit soll zu einem „Wohlfluß des Lebens" führen (*euroia biou*: SVF III 16). Anders ausgedrückt, der Mensch ist von der Natur oder der göttlichen Vorsehung (*pronoia*) so eingerichtet, daß er nur braucht, was er tatsächlich erreichen kann; deshalb hat er allen Grund, sich an die Weltordnung aus freier Einsicht anzupassen. Den Zustand einer freiwilligen Übereinstimmung mit der Welteinrichtung erreicht er freilich erst dann, wenn sein Leben ausschließlich vernunftbestimmt ist. Erst dann befindet sich sein Leben mit den Prinzipien des Kosmos in Einklang. Die Götter verweigern keinem Menschen dic Möglichkeit einer ebenso vollständigen *eudaimonia*, wie sie selbst sie besitzen.

Die These von Glück und Tugend als Affektfreiheit besitzt aber auch ohne ihren kosmologisch-theologischen Hintergrund einige Plausibilität. Die Stoiker nehmen vier hauptsächliche Affekte (*pathê*) an, nämlich Furcht (*phobos*), Begierde (*epithymia*), Lust (*hêdonê*) und Unlust (*lypê*). Daß jemand bei sich diese Affekte feststellt, soll ein sicheres Kennzeichen dafür sein, daß er von Tugend und Glück weit entfernt ist. Denn Furcht, Begierde und ein übertriebenes Empfinden von Lust und Unlust treten immer nur dann auf, wenn jemand einem Gegenstand, der für ihn genau genommen unverfügbar ist, besonderen Wert beimißt. Wer z.B. Reichtum für ein großes Gut hält, wird gierig, neidisch und geizig sein, solange er nicht wohlhabend ist. Kommt er überraschend zu Geld, freut er sich maßlos und wird unbesonnen. Und als Reicher empfindet er ständige Furcht vor dem Verlust seines Vermögens und versucht, es abzusichern oder zu vergrößern. Nach der stoischen

Affekttheorie sind Triebe und Emotionen also keineswegs nur die Folgen falscher Wertungen. Sie sind vielmehr unmittelbarer Ausdruck eines falschen Vernunfturteils oder sogar dieses selbst (vgl. Kap. 4.2). Tugend oder Glück werden also nur erreicht, wenn sich jemand die richtige Vernunft (*orthos logos*) zur stabilen persönlichen Haltung oder Überzeugung (*diathesis*) gemacht hat. Dabei kommt es allein auf die Durchsetzung der Einsicht an, daß äußere sowie körperliche Güter gleichgültig sind; man müsse von ihnen prinzipiell Abschied nehmen. Die Stoiker bezeichnen die Tugend daher konsequenterweise als Einsicht (*phronêsis*).

Im Gegensatz dazu vertraten hellenistische Aristoteliker die Ansicht, der richtige Umgang mit dem emotionalen Bereich bestehe in einer Art „Mittellage der Emotionen" (*metriopatheia*). Sie meinten auf diese Weise der stoischen Forderung nach *apatheia* angemessen zu widersprechen. Die stoische Position verlangt allerdings keine Emotionslosigkeit, sondern lediglich Affektfreiheit. Auch nach stoischer Meinung gibt es vernunftgemäße Emotionen (*eupatheiai*); seit Chrysipp wurden diese dem Weisen zugeschrieben. Der Weise ist zwar frei von Lust, Unlust, Begierde und Furcht, wie das vierteilige stoische Affektschema sie beschreibt. Diese Affekte haben sich bei ihm nicht in nichts aufgelöst, sondern zu Freude (*chara*), vernünftigem Streben (*boulêsis*) und Achtsamkeit (*eulabeia*) verwandelt (vgl. SVF III 431 ff.). Eine emotionale Mittellage scheint somit in gewisser Weise mit der stoischen Position vereinbar. Erwägenswert ist daher eher die Feststellung des Plutarch, die stoische *apatheia* konvergiere in Wahrheit mit der aristotelischen Empfehlung einer Mittellage der Affekte (*De virtute morali* 449 a–b). Das Mißverständnis der stoischen *apatheia* im Sinn völliger Emotionsfreiheit scheint sich erst aus der perpatetisch-platonischen Polemik gegen diese Vorstellung ergeben zu haben (vgl. Dillon 1983).

Epikur und seine Schule (die man als *kêpos*, also „Garten", bezeichnete) bilden die andere große philosophische Richtung der hellenistischen Zeit. Epikur steht der Stoa mit seiner Auffassung von der *eudaimonia* im Grunde nahe. Auch er vertritt eine teleologische Glückskonzeption, und er lehrt ebenfalls eine asketische Lebenspraxis. Epikureer und Stoiker teilen die Auffassung, das höchste Gut des Menschen sei das Glück (*Brief an Menoikeus* 128f.). Sodann verbindet sie mit diesen – und darüber hinaus auch mit den Kynikern und den Pyrrhoneern – die Ansicht, das Lebensglück hänge allein vom Menschen selbst ab. Stoiker und Epikureer sind davon überzeugt, daß das Glück „in unserer Macht liegt". Epikur legt großen Wert auf die Feststellung, das Glück sei in der menschlichen Lebenszeit und mit menschlichen Mitteln zu erlangen. Er selbst soll für sich in Anspruch genommen haben, dieses Ziel erreicht zu haben. Wie bei den anderen hellenistischen Schulen spielt auch für die Epikureer die Vernunft die Schlüsselrolle beim Übergang vom unglücklichen Zustand zur *eudaimonia*. Die Vernunft korrigiert die Lebensführung durch die Aufdekkung der wahren Güter und die Verwerfung falscher Ziele und führt auf diese Weise zum Glück. Weiter gibt es enge Parallelen zwischen den therapeutischen Praktiken von Stoikern und Epikureern (vgl. Kap. 1.2). Und schließlich besteht die *eudaimonia* nach epikureischer Auffassung ebenfalls in einer bestimmten vernünftigen „Charakterhaltung" (*diathesis*), nämlich in der vollkommenen inneren Ruhe. Epikur wählt zur Kennzeichnung dieser Ruhe den Begriff *ataraxia* („Unaufgeregtheit"), der sinngemäß dem stoischen *apatheia*-Begriff vergleichbar ist. Soweit die Ähnlichkeiten zwischen den Positionen. Epikurs Glückskonzeption beruht jedoch auf einer anderen theoretischen Basis. Hinter den ähnlichen Auffassungen stehen divergierende philosophische Grundannahmen, so daß es immer wieder zu stoisch-epikureischen Schulkontroversen kam. Epikur bestimmte das erstrebte *telos*, also das Glück, als die Lust (*Brief an Menoikeus* 128).

Grob gesprochen stützt sich das epikureische Glücksideal auf zwei Elemente: auf die Idee einer souveränen Weltorientierung und auf die einer reflektierten Genußfähigkeit. Beides soll man durch philosophische Einsicht und durch gezielte Übung erlangen können. Epikur tritt also einerseits für eine aufgeklärt-selbstbewußte und andererseits für eine überlegt-hedonistische Lebensform ein. Er ist der Überzeugung, daß das Haupthindernis für das menschliche Glück in den überzogenen Sorgen besteht, die Menschen sich gewöhnlich machen. Der Kern seiner Position liegt in der Ansicht, daß das Glück mit der Empfindung von Lust (*hêdonê*) identisch ist. Epikur denkt freilich nicht an jede Spielart von Vergnügen; vielmehr schenkt er einer Theorie der glückserzeugenden Kultivierung angemessener Lust besonders große Aufmerksamkeit. Um sein Glücksverständnis plausibel zu machen, muß man sich Epikurs Abwehr falscher Formen von Besorgnis verdeutlichen. Er hält besonders vier Typen von Sorgen wegen ihrer weitreichenden Konsequenzen für lustmindernd: (I) die Furcht vor Erscheinungen am Himmel (moderner ausgedrückt: die Furcht vor beunruhigenden Naturphänomenen); (II) die Angst vor dem Tod, (III) die Furcht vor einer Unstillbarkeit und Rastlosigkeit der eigenen Begierden und (IV) die Furcht vor maßlos großen Schmerzen. Er entwickelt zu ihrer Therapie eine Art von wissenschaftlicher Disziplin, die abschließende und verläßliche Erkenntnisse über die Stellung des Menschen in der Welt vermitteln soll; er bezeichnet sie als *Kanonik*. Diese wendet sich in aufklärerischer Absicht gegen das, was Epikur als „Mythologie" bezeichnet, zudem gegen eine verfehlte Form von „Physiologie" (Naturlehre).

Punkt (I) können wir heute nicht mehr leicht nachvollziehen. Naturphänomene enthalten für uns nichts Erschreckendes, jedenfalls soweit es um Fragen ihrer Interpretation geht. Offenkundig hängt dies mit der neuzeitlichen Form der Naturerklärung zusammen. Die moderne Naturwissenschaft entfaltet ziemlich genau jene Wirkung, die die von Epikur zu therapeutischen Zwecken entworfene Naturlehre ausüben sollte. Sie verwirft unnatürliche, dramatische und exaltierte Naturdeutungen zugunsten von natürlichen, einfachen und gesetzmäßigen Erklärungsmodellen. Insofern ist ihre Wirkung auf das menschliche Gemüt beruhigend (vgl. *Brief an Herodot* 76ff.). Zwar antizipiert Epikurs Naturlehre die neuzeitliche Naturwissenschaft methodisch und inhaltlich nicht wesentlich – auch nicht durch seine berühmte Atomtheorie – (Epikur war ein Verächter nicht-philosophischer Gelehrsamkeit). Aber seine Deutung der Himmelserscheinungen und anderer Naturphänomene weist immerhin eine vergleichbare sachliche Nüchternheit auf. Himmelserscheinungen kündigen beispielsweise keine göttlichen Strafen an. Für Epikur ist die Zurückweisung abergläubischer Weltbilder so wichtig, daß er den Sinn seiner eigenen Physiologie allein darin sah, sich um seines Glückes willen nicht weiter irritieren zu lassen (KD 11). Auch nach stoischer Auffassung weist der Kosmos nichts Anstößiges oder Vernunftwidriges auf; aber anders als bei den Stoikern ergibt sich dies bei Epikur nicht aus anspruchsvollen metaphysischen Hintergrundannahmen von der Harmonie des Kosmos, sondern im Gegenteil daraus, daß er spekulative Annahmen dieser Art – etwa Platons Astronomie im *Timaios* – zurückweist.

Damit hängt ein weiterer Differenzpunkt gegenüber den Stoikern zusammen: Epikur lehnt den stoischen Schicksalsbegriff, die *heimarmenê*, vehement ab. Der Mensch ist für ihn kein Schauspieler in einem Theaterstück, das von höheren Mächten inszeniert wird; der Weltlauf ist nicht göttlich determiniert. Glück läßt sich folglich nicht auf dem Weg einer Anpassung des Menschen an die kosmische Vernunft und Ordnung erreichen, sondern einzig dadurch, daß der Mensch sich selbst aus seiner bestehenden Unmündigkeit herausführt. Der epikureische Philosoph erreicht eine solche Souveränität zumindest in den zentralen Lebensfragen: „Nur in unbedeutenden Dingen kommt dem Weisen der Zufall in die Quere; die größten und wichtigsten aber hat die vernünftige Überlegung geregelt, regelt sie unaufhörlich im Leben und wird sie immer regeln" (*Brief an Menoikeus* 123f.; Übers. M. Hossenfelder). Gemeint ist ein Souveränitätsideal, das im Vergleich zu seinem stoischen Gegenstück bescheidener und einfacher ausfällt. Insbesondere ist die Theologie Epikurs vom Volksglauben der Antike weiter entfernt als die stoische Auffassung. Abgelehnt wird die Vorstellung, die Götter vergäben Glück oder Unglück an die Menschen (KD 1). Epikurs Göttervorstellung wirkt beinahe rationalistisch konstruiert; die Götter sind weder für die

Welteinrichtung noch für den Weltlauf verantwortlich, und sie kümmern sich nicht um menschliche Angelegenheiten (vgl. etwa Lukrez, *De rerum natura* III 14–24). Götter gelten bei Epikur als unsterbliche Wesen von unbeirrbarer Heiterkeit und teilnahmsloser Gelassenheit. Ihr Lebensgenuß ist der Inbegriff dessen, was Epikur dem Menschen als Strebensziel empfiehlt; daher greift Epikur die platonische Formel von der „Angleichung an Gott" (*homoiôsis theô*) positiv auf. Die Funktion der epikureischen Götter besteht insbesondere darin, Leitbilder für das abzugeben, was der epikureische Philosophenschüler allmählich zu erreichen hofft, die Ataraxie. Trotzdem kann Epikur nicht als areligiös gelten; er soll mit seiner nicht-vorteilsorientierten, verinnerlichten Religiosität den Mysterienkulten nahegestanden haben.

(II) Epikurs Wendung gegen die Todesangst steht mit Punkt (I) in enger Verbindung. Alle beängstigenden Todesvorstellungen sollen zurückgewiesen werden, und zwar in der Absicht, ihre irritierende und glücksmindernde Wirkung aufzuheben. Nach einer verbreiteten antiken Vorstellung müssen die Seelen der Verstorbenen in der Unterwelt mit erheblichen Strafen für ihre Fehlhandlungen und „Befleckungen" während des irdischen Lebens rechnen. Noch älter als der Gedanke, man müsse nach dem Tode Buße leisten, ist die Vorstellung, die Verstorbenen fristeten eine Unterweltexistenz als „Schatten". Bereits der Autor der *Odyssee* schildert diese Lebensform als wenig erfreulich. Der Schatten des Achilleus sagt zu Odysseus: „Suche mich nicht über den Tod zu trösten, berühmter Odysseus! Lieber wollte ich über der Erde um Taglohn bei einem ärmlichen Bauern, der selber nur dürftig dahinlebt, mich schinden, als im Kreise aller Verstorbenen König zu heißen!" (XI 488–491). Nach Epikur wirkt sich eine solche religiös begründete Todesfurcht – und zusätzlich die Angst vor den Schmerzen beim Sterben – verheerend auf das menschliche Begehren aus. Die Todesfurcht ruft ein unbegrenztes Vorteils- und Sicherheitsstreben hervor. Sie führt zu falschen Gütervorstellungen und damit zu einer Verfehlung des Glücks. Epikur liegt daher viel daran, die Seele als feinstoffliche Größe zu erweisen, die beim Tod zusammen mit dem Körper zugrunde geht. Folgerichtig könne uns der Tod vollkommen gleichgültig sein; denn er werde von uns nicht empfunden – weder als Gut noch als Übel. Epikur sagt: „Gewöhne dich daran zu glauben, daß uns der Tod nichts angeht. Denn jedes Gut und Übel liegt in der Empfindung, der Tod aber bedeutet den Verlust der Empfindung [...]. Daher ist töricht, wer sagt, er fürchte den Tod nicht deshalb, weil er schmerzen werde, wenn er da sei, sondern weil er schmerze, wenn er bevorstehe. Denn was nicht weh tut, wenn es da ist, das schmerzt in der Erwartung grundlos. Das schaurigste der Übel also, der Tod, geht uns nichts an, denn solange wir sind, ist der Tod nicht da, wenn aber der Tod da ist, dann sind wir nicht mehr. Er geht also weder die Lebenden an noch die Toten, denn bei den einen ist er nicht, und die anderen sind nicht mehr" (*Brief an Menoikeus* 124f.).

(III) Wer wie Epikur den Lustbegriff in den Mittelpunkt der Ethik rückt, sieht sich dem Einwand ausgesetzt, er befürworte ein maßloses Anwachsen der Begierden. Tatsächlich gibt es eine lange Tradition der Fehldeutung Epikurs als eines grobschlächtigen Hedonisten (vgl. z.B. Plotins Epikur-Tadel in *Enneade* II 9 [33] 15). Diese Hedonismus-Kritik bezieht ihre Plausibilität daher, daß grenzenlos wachsende Begierden (die platonische *pleonexia*) mit dem Begriff eines seelischen Gleichgewichts oder inneren Friedens unvereinbar wären. Epikur muß seine Vorstellung von Genuß oder Lust also von einem Lustbegriff der Begehrlichkeit absetzen, wenn er am Ideal der *ataraxia* festhalten will. Er tut dies, indem er behauptet, es gebe ein wohlbestimmtes Höchstmaß an Lust, nämlich die vollkommene Unlustfreiheit (*aponia*); sie steht für einen maximalen Erfüllungszustand (*plêrôma*). Eine bestimmtes Maß an Wohlbefinden läßt sich nach Epikur also nicht steigern, sondern allenfalls verlängern oder wiederholen. Glück kann nicht durch Dauer wachsen, so daß auch die Götter keinen höheren Grad von Lust erreichen; sie haben als unsterbliche Wesen nur den Vorteil, immer glücklich zu sein.

Ein solcher Bestzustand soll sich bei einem Menschen aus einer harmonischen Seelenverfassung und aus körperlicher

Schmerzfreiheit ergeben. Hieraus folgt eine zunächst unplausibel wirkende Lusttheorie. Epikur meint, Lust bestehe nicht im *Prozeß* der Reduzierung von Unlust, sondern in dessen *Resultat*. Die wirkliche Lust werde erst im Zustand *nach* dem Verschwinden von Unlust erreicht; Epikur bevorzugt die „katastematische", die gleichförmig-ruhige, gegenüber der „kinetischen", der veränderlichen Lust. Das widerspricht unserer alltäglichen Wortverwendung, nach der wir sagen würden, der Durstige empfinde beim Trinken wirkliche Lust. Für Epikurs Perspektive spricht aber zum einen, daß es merkwürdig wäre, wollte ein Hedonist behaupten, die Lust werde geringer, je mehr man tue, um sie zu realisieren. Eben das wäre aber die Konsequenz, wollte man Lust nach dem Vorbild des Durstlöschens verstehen. Zum anderen wäre es für den Hedonismus bedenklich, müßte man sich, um Lust zu empfinden und damit das Glück zu erreichen, zunächst in einem Zustand der Unlust befinden. Denn dann wäre man ja nur soweit glücksfähig, wie man zugleich unglücklich wäre. Das Glück der Lust wäre so betrachtet nur im periodischen Wechsel mit seinem Gegenstück, der Unlust, möglich. Beide Schwierigkeiten vermeidet der Hedonismus Epikurs. Auch das Problem der Maßlosigkeit der Begierden, das Epikur zu lösen sucht, dürfte mittels einer Obergrenze des Lustempfindens angemessen beantwortet sein. Wenn eine bestimmte Lust das Maximum an Lustmöglichkeit darstellt, wäre es unvernünftig, ein höheres Maß an Annehmlichkeit erreichen zu wollen. Eben dieses Mißverständnis ist nach Epikur die Ursache maßloser Begierden. Er meint daher: „Keiner der Unvernünftigen begnügt sich mit dem, was er hat, vielmehr quält ihn das, was er nicht hat" (Us. 471). Die Selbstgenügsamkeit (*autarkeia*) gilt ihm dagegen als „der allergrößte Reichtum" (Us. 476).

Epikur bedient sich noch eines damit zusammenhängenden Arguments, das seinen Lustbegriff von dem maßloser Begierden unterscheiden soll. Da Lust nicht im Vorgang der Beseitigung von Unlust bestehe, sei die Art ihrer Beseitigung gleichgültig. Ein reflektierter Hedonist greift nach epikureischer Überzeugung nur auf Brot und Wasser, nicht auf Fisch und

Wein zurück, um seinen Hunger und seinen Durst zu stillen. Da der Epikureer weiß, daß die Lust nicht im Prozeß der Unlustminderung liegt, verzichtet er darauf, diesen Prozeß als solchen zu kultivieren. Lebenspraktisch gesehen liegt hier der zentrale Unterschied zwischen Epikurs Auffassung und einem populär verstandenen Luststreben. Der philosophische Hedonist Epikur lebt gerade nicht wie ein Schlemmer oder Genießer, sondern wie ein Asket. Einfache Güter wie Brot und Wasser haben zudem den Vorteil, leicht beschaffbar zu sein. Wer an einfache Güter gewöhnt ist, kann fast immer und überall lustvoll leben. So erklärt sich Epikurs Diktum: „Dank sei der seligen Natur, daß sie das Notwendige leicht zu beschaffen gemacht hat, das schwer zu Beschaffende aber nicht notwendig" (Us. 469). Auch die Lebenslust der Götter könne unmöglich daraus resultieren, daß sie ihren Hunger oder Durst stillen, sich dem Liebesleben hingeben oder sich mit kurzweiligen Unterhaltungen die Zeit vertreiben. Denn so angenehm solche Tätigkeiten auch sein mögen: Ihr Lustgewinn beruht insgesamt darauf, daß zuvor ein Mangel oder Defizit bestand, nämlich Hunger oder Durst, sexuelles Verlangen oder Langeweile.

Ein zusätzlicher Vorteil einfacher Güter besteht für Epikur darin, daß sich auf solche Güter wie Brot und Wasser, da sie immer leicht verfügbar zu halten sind, keine exaltierten Begierden richten können. Um das Maß der Begierden insgesamt so gering wie möglich zu halten, differenziert Epikur wie folgt: „Man muß sich klarmachen, daß von den Begierden die einen natürlich, die anderen leer sind und daß von den natürlichen die einen notwendig, die anderen nur natürlich sind; von den notwendigen wiederum sind die einen zur Glückseligkeit notwendig, die anderen zur Störungsfreiheit des Körpers, die dritten zum bloßen Leben" (*Brief an Menoikeus* 127). Mit „leeren Begierden" meint Epikur solche, die einem bloßen Wunsch nach Luxus entspringen, etwa die Gier nach erlesenen Speisen und Getränken. Sie entzünden eine beständige Rastlosigkeit und sind daher unbedingt auszuschalten. Zu den natürlichen und zugleich nicht-notwendigen Begierden rechnet Epikur etwa die Sexualität. „Natürlich und notwendig" sind dagegen etwa die Begierden nach Elementargütern wie Essen und Trinken. Als glücksnotwendig gelten nur solche Begierden, die sich unmittelbar auf die wahre Lust, die *ataraxia*, richten.

Bereits in der Antike hat man gegen Epikurs Lustbegriff eingewandt, er setze die Begriffe Lust und Schmerzfreiheit zu Unrecht gleich; Schmerzfreiheit sei allenfalls etwas Mittleres zwischen Lust und Schmerz (fin. II 6ff.). Eine solche „Lust" sei nicht besser als der Zustand eines Schlafenden oder gar eines Toten. Schmerzfreiheit ist jedoch bei Epikur keineswegs als Empfindungslosigkeit zu verstehen; gemeint ist wohl im Gegenteil ein Zustand intensiv empfundener Freude. Wie Platons *Philebos* lehrt auch Epikur, daß Lust weder allein in der Beseitigung eines Mangels noch in der bloßen Empfindungslosigkeit bestehen kann. Es muß daneben vielmehr eine „reine Lust" geben, die auch Epikur mit einem Moment geistiger Aufmerksamkeit verbindet (Us. 423; vgl. *Philebos* 51a–53b). Mit dieser Konzeption richtet sich Epikur gegen die Lusttheorie des Kyrenaikers Aristipp.

(IV) Epikur betrachtet die Lust als höchstes Gut und den Schmerz als größtes Übel (fin. I 29). Jedes abgeleitete Gut geht folglich darauf zurück, daß es zur Lust beiträgt. Und ebenso läßt sich jedes abgeleitete Übel auf Schmerz zurückführen. So gesehen müßte es aus epikureischer Sicht angebracht sein, sich vor großen Schmerzen, etwa vor Krankheit oder Folter, zu fürchten. Doch will auch Epikur daran festhalten, daß die menschliche Glücksfähigkeit in (nahezu) allen Situationen bestehen bleibt. Er geht darin annähernd so weit wie die Stoiker, indem er nämlich behauptet, der Weise könne sein Glück unter allen Lebensumständen aufrecht erhalten, also auch dann, wenn er gefoltert oder lebendig verbrannt werde (Us. 600f.). Anders als die Stoiker kann Epikur aber nicht behaupten, das Glück sei für den Weisen deshalb konstant, weil es immer von dessen Entscheidung abhänge, tugendhaft zu sein. Vielmehr kommt er um das Zugeständnis nicht herum, daß auch der Weise von unverfügbaren Wirkungen der Außenwelt betroffen ist. Sein Glück ergibt sich aus einer Mischung von Einstellungs-, Körper- und Umweltfaktoren. Epikur ist daher gezwungen, zwischen göttlichem und menschlichem Glück zu differenzieren: Während die Götter permanent das vollkommene Glück der Schmerzfreiheit genießen, soll es für den Begriff eines menschlichen Glücks ausreichen, daß die Lust ständig die Unlust überwiegt. Mehr läßt sich in einem menschlichen Leben nach Epikur nicht erreichen; das freilich soll vollkommen genügen. In der Tat handelt es sich auch hierbei noch um eine anspruchsvolle Forderung: Es geht für Epikur nicht nur darum, im gesamten Leben eine positive Lustbilanz zu erreichen; er zielt zudem auf den Nachweis, man könne in jedem Augenblick mehr Lust als Unlust empfinden. Wie kann der epikureische Weise der Lust immer ein Übergewicht verschaffen?

Epikur will die Vorstellung, man müsse unter Umständen maßlos große Schmerzen erleiden, ins Reich der irrigen Überzeugungen verweisen. Das führt zu der berühmten Feststellung, entweder dauere der Schmerz nur kurze Zeit oder er sei gering. „Der Schmerz tritt nicht lange Zeit ununterbrochen im Fleisch auf, sondern der äußerste dauert ganz kurze Zeit, derjenige, der das Lustvolle im Fleisch bloß überwiegt, bleibt nicht viele Tage. Bei den langandauernden Leiden dominiert das Lustbetonte im Fleisch gegenüber dem Schmerz" (KD 4). Epikur behauptet also, heftiger leiblicher Schmerz sei stets nur von kurzer Dauer, um dann wieder in Lust überzugehen – oder aber um mit dem Tod zu enden. Ob diese Behauptung dem Phänomen starker Schmerzen tatsächlich gerecht wird, mag dahingestellt bleiben. Auf heutige Leser wirkt diese These bestenfalls therapeutisch sinnvoll: vermutlich mindert die Überzeugung, ein heftiger Schmerz werde schnell vorübergehen, die Gefahr zusätzlicher Erwartungsangst oder Verzweiflung (vgl. Hossenfelder 1991, 96). Freilich gibt Epikur mit dem Hinweis auf die kurze Dauer heftiger Schmerzen implizit zu, daß die Lustbilanz nicht *immer* positiv gehalten werden kann. Ebenfalls nicht zwingend wirkt die epikureische Auffassung, wonach man Schmerzen, die nicht in reiner Form auftreten (die also nicht heftig sind), entweder durch gleichzeitig erzeugte Lust abschwächen oder sogar ganz von Lust überlagern könne.

Es scheint zwar eine richtige Beobachtung zu sein, daß das Auftreten von Schmerz das gleichzeitige Auftreten von Lust keineswegs ausschließt. Aber die Vorstellung, Schmerzen ließen sich durch gleichzeitiges Vergnügen kompensieren, wirkt nicht praktikabel. An welche therapeutischen Handgriffe und Techniken Epikur hier gedacht haben mag, ist übrigens nicht sicher festzustellen.

Auf den ersten Blick mag es überraschen, daß neben den Stoikern, Epikureern, Platonikern und Peripatetikern auch die *skeptischen* Philosophen eine Glückskonzeption vertreten haben sollen. Man würde zunächst vermuten, daß die Skeptiker aufgrund ihrer erkenntniskritischen Prämissen unmöglich zu einer affirmativen Glückstheorie gelangen konnten. Denn ihr Charakteristikum ist ja gerade die strikte Zurückhaltung (*epochê*) gegenüber jedem „dogmatischen" Theorieanspruch; sie gründet sich auf die Überzeugung, man könne entgegengesetzte Meinungen stets gleich gut begründen (*isostheneia*). Tatsächlich findet sich denn auch bei dem Pyrrhoneer Sextus Empiricus eine Zurückweisung jeglicher Lebenskunst (*technê tou biou*: PH III 239–279); für Sextus kann es kein positiv formulierbares Wissen von der richtigen Lebensführung geben. Dennoch verstehen die Pyrrhoneer ihre eigene philosophische Position als einen Weg zur *eudaimonia*. Sie bezeichnen das Glück sogar als das *telos* des menschlichen Lebens (Math. VII 158), nehmen also eine Glücksfinalisierung im Sinn einer Naturanlage oder Naturausrichtung des Menschen an. Seinem Inhalt nach wird das Glück wie bei Epikur als „Unaufgeregtheit" (*ataraxia*) bestimmt. Bei Sextus ist zudem von einer „Mittellage der Affekte" (*metriopatheia*) die Rede (PH I 25f.). Die skeptische Terminologie ist also durchaus eudämonistisch geprägt. Auffällig ist überdies, wie sehr die Schilderung der Lebenshaltung des Pyrrhon von Elis, der Gründerfigur der antiken Skepsis, auf einen vollendeten „Weisen" hindeuten will; Pyrrhon soll alle Widrigkeiten des Alltags mit vollendeter Gelassenheit hingenommen haben (vgl. DL IX 63; 68).

Übrigens ist die Nähe zum Eudämonismus keine Besonderheit des Sextus oder der pyrrhonischen Schule. Sextus bestätigt vielmehr, daß auch der Akademiker Arkesilaos und damit die zweite skeptische Schule der Antike in der Erlangung der *ataraxia* die wichtigste Wirkung skeptischer Urteilsenthaltung erblickte (PH I 232 ff.). Die akademische Skepsis vertrat allerdings eine anders gelagerte, weniger strikte Erkenntniskritik; sie hielt ein objektives Wahrheitskriterium für unerweisbar, akzeptierte aber andererseits Grade von Glaubwürdigkeit oder Wahrscheinlichkeit. Lebenspraktisch gesehen ist damit der akademische Gewißheitszweifel viel weniger einschneidend als der pyrrhonische. Wie kommt es dann unter pyrrhonischen Prämissen überhaupt zu einer Glückskonzeption? Nach Sextus' Darlegungen läßt sich folgender Zusammenhang herstellen: Die *eudaimonia* ergibt sich, wenn jemand auf der Basis einer skeptischen Urteilsenthaltung vorurteilsfrei wird, nämlich wenn man ihn „von der Einbildung und Voreiligkeit der Dogmatiker durch Argumentation heilt" (PH III 280 f.). Zwar sind die pyrrhonischen Skeptiker zurückhaltender, was die Erreichbarkeit und Verfügbarkeit des Glücks angeht; aber in der Überzeugung vom therapeutischen Charakter der Philosophie stimmen sie mit den anderen hellenistischen Schulen überein. Die besondere Pointe der Skeptiker liegt in der These, das Glück werde nicht nur durch „falsche Überzeugungen" behindert, sondern durch den Besitz von Überzeugungen generell. Das wirkt nicht gerade einleuchtend. Warum sollte man dadurch glücklich werden, daß man bezüglich eines strittigen Sachproblems, z.B. des Götter- oder Schicksalsglaubens, unentschieden bleibt? Selbst wenn einem Skeptiker der Nachweis gelänge, daß weder Stoiker noch Epikureer in der Schicksalsfrage im Recht sind, ergäbe sich daraus allenfalls eine Desillusionierung über falsche Glückskonzeptionen und kein eigenständiger Weg zum Glück. Sextus meint jedoch keineswegs, das Glück bestehe im Indifferentismus; nach seiner Auffassung ergibt es sich aus der aktiven Zurückweisung aller dogmatischen Theorien.

Der Schlüssel zum Verständnis der skeptischen Position liegt in der These des Sextus, es gebe einen Zusammenhang zwischen dem Anspruch, über objektives Wissen zu verfügen, einer objektiven Wertorientierung und einer falschen Lebensführung (PH I 25–30). In Sextus' Beispiel gesprochen: Wenn jemand ein besonderes Interesse daran hat, medizinisches Wissen zu erwerben, dann sucht er dieses Wissen meist nicht um des Wissens willen, sondern weil er den Tod für ein schlimmes Übel hält und sich ein langes Leben wünscht. Setzt man nun die Möglichkeit objektiven Wissens außer Kraft, so suspendiert man gleichzeitig die Objektivität aller inhärenten Gütervorstellungen; in diesem Fall wird also die Einschätzung des Todes als eines Übels aufgehoben und ebenso der Wunsch, ein hohes Alter zu erreichen. Das heißt nicht, daß alle Gütervorstellungen nunmehr belanglos wären; gezeigt ist nur, daß die Ansetzung objektiver Güter (äußerer oder innerer Art) kein hinreichendes theoretisches Fundament besitzt. Der Skeptiker schließt von hier aus weiter auf den nicht-absoluten, individuellen Charakter solcher Präferenzen und Abneigungen. Sextus läßt also persönliche Gütervorstellungen weiterhin gelten, wenn auch bloß als subjektive „Erscheinungen" (*phainomena*). Sobald aber jemand weiß, daß sein Wunsch nach einem langen Leben bloß einer subjektiven Vorstellung entspringt, verfolgt er nach Sextus den Wunsch ohne intensives Verlangen, gleichsam mit innerer Distanz. Eben jene Intensität (*syntonos*), die für das Festhalten an dogmatischen Überzeugungen charakteristisch ist, erweist sich nach dieser Auffassung als verantwortlich für die Ausrichtung des Lebens nach starken Gütervorstellungen. „Die seelische Unruhe ist nur zu vermeiden, wenn wir zeigen [...], daß es von Natur weder ein Gut noch ein Übel gibt" (Math. XI 140) – genau das soll aber die Skepsis leisten. Wegen der Angst, die aus dem intensiven Streben hervorgehe, erzeuge ein theoretischer Dogmatismus persönliches Unglück. Unglück ergibt sich für Sextus nicht erst daraus, daß jemand sein Leben durch Sorgen um äußere Güter belastet, sondern bereits daraus, daß er überhaupt auf etwas „objektiv Gutes" ausgerichtet ist und diesem nachjagt (vgl. McPherran 1989). Auf die pyrrhonische Skepsis geht so gesehen die Überzeugung zurück, Glück lasse sich paradoxerweise nur erreichen, indem man es nicht anstrebt; jedes willentliche

Intendieren des Glücks verfehlt sein Ziel. Zur Illustration dieser These erzählt Sextus die Anekdote vom Maler Apelles. Dieser habe sich vergeblich bemüht, den Schaum eines Pferdes auf einem Gemälde nachzubilden. Daraufhin habe Apelles einen Schwamm gegen das Bild geschleudert, um die Farben abzuwischen; und erst der auftreffende Schwamm habe den Pferdeschaum richtig dargestellt. Sextus fährt fort: „Auch die Skeptiker hofften, die Seelenruhe dadurch zu erlangen, daß sie über die Ungleichförmigkeit der erscheinenden und gedachten Dinge entschieden. Da sie das nicht zu tun vermochten, hielten sie inne. Als sie aber innehielten, folgte ihnen wie zufällig die Seelenruhe wie der Schatten dem Körper" (PH I 28f.; Übers. M. Hossenfelder).

Eine ganz andersartige Konzeption des Glücks finden wir bei Plotin und in der weiteren Tradition des spätantiken Neuplatonismus. Seiner Intention nach beruht der Neuplatonismus darauf, Platons philosophische Position vor falschen Auslegungen zu bewahren und gegen Kritik zu verteidigen; mit Sextus Empiricus setzt sich Plotin auseinander, allerdings nur, um dessen Metaphysikkritik, besonders seine Kritik des Ideen- und Prinzipienbegriffs, zurückzuweisen. Das neuplatonische Verständnis von *eudaimonia* stützt sich zentral auf das platonische Diktum von der „Angleichung an Gott" (*homoiôsis theô*: *Enneade* I 2 [19] 1; I 4 [46] 16). Diese „Angleichung" soll als ein Aufstieg des Individuums zum ersten Prinzip zu verstehen sein. Zur Erläuterung dieser Auffassung muß man auf Plotins anspruchsvolle spekulative Metaphysik zurückgreifen. Danach läßt sich die gesamte Wirklichkeit als Derivat eines einzigen, höchsten und unüberbietbaren Prinzips, des „Einen" (*hen*), verstehen. Dieses soll einen stufenartigen Kosmos erzeugt haben, der sich grob gesprochen in die beiden Bereiche intelligible Welt (*kosmos noêtos*) und sensible Welt (*kosmos aisthêtos*) gliedert. Dem höheren, geistigen Bereich des Kosmos gehören näherhin der „Geist" und die „Seele" an, dem unteren, wahrnehmbaren Bereich hingegen die sichtbare, materielle Welt mit ihren belebten und unbelebten Entitäten. Unter dem Geist (*nous*) ist nicht ein menschliches Vermögen, sondern eine kosmische Realität zu verstehen, nämlich die zweithöchste Entität nach dem ersten Prinzip. Ebenso steht der Ausdruck Seele (*psychê*) hier nicht für das Lebens- und Bewegungsprinzip des Menschen, sondern meint die drittrangige geistige Entität, die Weltseele. Plotins Zweiteilung der Wirklichkeit in eine geistige und eine sinnliche Realität ist allerdings nicht dualistisch zu verstehen: Vielmehr soll es eine lückenlose Kontinuität zwischen allen Realitätsgraden sowohl in ihrer Entstehung als auch in ihrem Wiederaufstieg geben. Auch wird die sichtbare Welt immer nur relativ geringer bewertet und nicht als ein intrinsisches Übel betrachtet.

Der Mensch nimmt nach Plotin eine charakteristische Zwischenstellung ein. Er ist einerseits ein sinnlich-körperliches Wesen und hat andererseits Anteil an der geistig-seelischen Realität. Wie jedes andere Seiende weist er nach plotinischer Auffassung „Spuren" (*ichnê*) seiner Herkunft vom ersten Prinzip auf; und wie jedes andere Seiende tendiert er zur Rückkehr (*epistrophê*) zu seinem Ursprung. Für den Menschen bedeutet dies, daß er über eine unverlierbare geistige Ausstattung verfügt, mit deren Hilfe er eine solche Rückkehr, seine zentrale Lebensaufgabe, vollziehen kann: Das metaphysische Eine ist das höchste Strebensgut. Der Mensch soll der irdischen Realität in Richtung auf das Eine „entfliehen" (VI 9 [9] 11). Unter *eudaimonia* versteht Plotin also jenen graduellen Erfüllungszustand, der sich aus der Wendung zur höheren Welt und einem schrittweisen Aufstieg zum höchsten Prinzip ergibt. Der Ausgangspunkt eines Aufstiegs liegt darin, daß jemand auf seinen – gewöhnlich der Vergessenheit anheimgefallenen – geistigen Ursprung aufmerksam wird (V 1 [10] 1; V 5 [32] 12). Der Mensch soll nämlich einen Seelenteil besitzen, der „nicht mit abgestiegen" ist, sondern sich ständig in der oberen Welt aufhält (IV 8 [6] 8). Unter dem Aufstieg des Menschen ist dann folgerichtig dessen „Geistwerdung" zu verstehen (V 3 [49] 4), also der schrittweise Übergang zu einer theoretischen Existenzform verbunden mit einer moralisch-asketischen Lebensführung.

Der plotinische Weise ist somit durch eine „gesteigerte Intensität des Lebens" charakterisiert (*to agan zên*: I 4 [46] 3), zudem durch einen festen Zustand von Ruhe und Ausgeglichenheit (I 4 [46] 12) und dadurch, daß er Platons Idee des Guten immer präsent hat (vgl. das *megiston mathêma* in I 4 [46] 13). Von den hellenistischen Glückskonzeptionen unterscheidet sich der plotinische Standpunkt dadurch, daß sein Besitz des Guten *aus metaphysischen Gründen* unangreifbar ist (vgl. Bussanich 1990); es bleibt aber bei einer philosophisch begründeten Glückskonzeption. Plotin gesteht die Möglichkeit einer Vergöttlichung jedem zu; die höhere Welt soll sich niemandem aufdrängen oder verweigern. Sie erschließt sich exakt nach Maßgabe des philosophischen und moralischen Entwicklungsniveaus eines Menschen. Offenkundig ist Plotins Konzeption in ihrem moralischen Intellektualismus mit den klassischen und hellenistischen Glücksphilosophien eng verwandt. Auch die zentrale Funktion der teleologischen Deutung des Glücksbegriffs findet sich bei Plotin wieder. In seinen Argumentationen gegen konkurrierende Glücksauffassungen, etwa gegen die Stoiker (I 4 [46] 2), die Epikureer (II 9 [33] 15) und die Peripatetiker (I 4 [46] 15), stützt er sich auf die Überlegung, daß abgeleitete oder instrumentelle Güter als inhaltliche Bestimmungen des Glücks nicht in Betracht kommen.

Mit seiner ähnlichen Position gehört auch der christliche Kirchenvater Augustinus noch zur Tradition der antiken Glücksphilosophie. Unter dem Eindruck von Ciceros *Hortensius* und aufgrund seiner Lektüre der Neuplatoniker beurteilt noch Augustinus das Glücksstreben als grundlegendes und unveränderliches menschliches Merkmal: Die Feststellung „Wir wollen glücklich sein" (*beatos nos esse volumus*: *De beata vita* 2,10; *De trinitate* XIII 4,7) bildet auch für ihn den Ausgangspunkt der Moralphilosophie. Wie Plotin versteht er unter dem Glücksstreben die Tendenz, „zu Gott zurückzukehren" (*ad deum reditus*). Das Glück, nämlich ein Leben bei Gott, bildet für ihn das höchste Ziel menschlichen Handelns. In seiner Frühschrift *De beata vita* verteidigt er diese christlich-neuplatonische Konzeption gegenüber den konkurrierenden Schulmeinungen. Glück ist demnach das, worin alles Handeln und Begehren zum Stillstand kommt; niemand könne glücklich sein, wenn er etwas Begehrtes nicht habe. Nun mache aber nicht alles, was begehrt und erlangt werde, tatsächlich glücklich. Deshalb bedürfe es der Philosophie, die eine kritische Betrachtung der Glücksrelevanz von Strebensgütern unternimmt. So insistiert Monnica – Augustins Mutter, die als Dialogfigur in *De beata vita* auftritt –, Glück ergebe sich erst aus dem Besitz von etwas Gutem. Doch auch der Besitz des jeweiligen Guten ist nur vorübergehend. Will man von wirklichem Glück sprechen, so muß die Dauerhaftigkeit dieses Besitzes garantiert sein. Also muß das Gute ständig im Besitz dessen sein, den man glücklich nennen kann, und zudem muß das Gut, das ein gleichbleibendes Glück sicherstellen soll, ewig und unwandelbar sein (2,11). Als das Gute, das ein permanentes Glück herbeiführt, kommt daher allein Gott in Betracht; erst die Unveränderlichkeit Gottes kann das menschliche Glück dauerhaft machen (ebd.; vgl. *De libero arbitrio* II 9,27).

Güter wie Genuß oder Reichtum sind wegen ihrer zeitlichen Unbeständigkeit und ihrer häufigen Unverfügbarkeit nicht wirklich glückstauglich. Zudem stellen sie, selbst wenn man sie ständig besäße, das Glücksbedürfnis nicht dauerhaft zufrieden: Ihre Glückswirkung hält selbst bei permanenter Präsenz nur vorübergehend an. Als glücksrelevantes Gut kommt nur etwas in Frage, das alles Handeln und Begehren zum Stillstand bringt; niemand könne glücklich sein, wenn er immer noch etwas Weiteres begehre. Augustinus insistiert darauf, Glück ergebe sich erst aus dem Besitz eines höchst wertvollen und zugleich unerschöpflichen Gutes. Doch kann selbst der Besitz eines vollständig und dauerhaft beglückenden Gutes noch gefährdet sein, nämlich durch die Wandelbarkeit des betreffenden Gutes. Soll man von Glück sprechen können, so muß überdies die Invarianz dieses Gutes garantiert sein. Augustinus stellt hier mindestens fünf Teilforderungen auf: Erstens muß das gesuchte Gut immer existieren. Zweitens muß es ständig und unverlierbar im Besitz dessen sein können, den man glücklich nennen kann; d. h. es muß unter allen Lebensbedingungen zugänglich und festhaltbar sein. Drittens muß es den, der es hat, sozusagen wunschlos glücklich machen (er darf nichts darüber hinaus erstreben wollen). Viertens muß das Gut, das ein gleichbleibendes Glück sicherstellen soll, unerschöpflich sein (seine Glückswirkung darf nicht nachlassen). Dazu kommt fünftens, daß das gesuchte Gut in sich ewig und unwandelbar sein soll. Als das Gute, das ein solches permanentes Glück herbeiführt, kommt dann klarerweise allein Gott in Betracht; nur die Unveränderlichkeit Gottes soll das menschliche Glücksstreben zufriedenstellen können.

Auf den Gedanken, daß das menschliche Glücksstreben zum Postulat eines ewigen Betrachtungsobjekts führt, dessen „Schau" oder „Genuß" das gesuchte Glück darstellt, kommt Augustinus immer wieder zurück. Das neuplatonische Motiv des Gott-Habens oder Gott-Genießens erlangt bei ihm eine bleibende und für die spätere christlich-metaphysische Tradition zentrale Bedeutung. Nach diesem Modell geht nicht nur alles aus dem ersten Prinzip hervor, sondern es hat überdies die Tendenz, zu diesem Ausgangspunkt zurückzukehren. Daran anknüpfend sagt auch Augustinus, es gebe in allen Geschöpfen eine Tendenz zur Rückkehr in den göttlichen Ursprung (*omnia in unum tendunt*). Augustins Version der neuplatonischen Rückkehr-Konzeption versteht den Gedanken einer im Menschen angelegten Tendenz ganz wörtlich: In allen Geschöpfen bestehe eine Art Schwerkraft oder Gewicht (*pondus*), das in eine bestimmte Richtung ziehe. Dieses Gewicht wird im Fall der menschlichen Seele als Freude (*delectatio*) bestimmt. Nach dieser Theorie versucht der Mensch zunächst, auf einer noch vormoralischen Ebene, Unlust zu vermeiden und seine Lust zu steigern, indem er sinnliche Güter anhand des Kriteriums der *delectatio* prüft. Beim Gebrauch der Vernunft stoße er zudem auf die Tatsache, daß eine tiefere Freude mit einem rationalen und moralischen Leben verbunden sei. Schließlich mache er die Entdeckung, daß seine Seele wesentlich auf Gott zustrebe. Genau betrachtet erweist sich die Liebe zu Gott, so Augustinus, als das Gewicht der Seele (vgl. *pondus meum amor meus*: *Confessiones* XIII 9,10). Diese Ausrichtung der Seele ist mit den berühmten Aussagen am Beginn der *Confessiones* gemeint, Gott habe den Menschen „auf sich hin geschaffen", und unser

Herz sei unruhig, bis es Ruhe in Gott finde. Das antike Strebensmodell ist damit in christliche Begriffe übersetzt, seinem Geist nach aber präzise beibehalten (vgl. Beierwaltes 1981).

2.3 Antikes und modernes Glücksverständnis

Zwischen antikem und neuzeitlichem Glücksverständnis hat ein beträchtlicher historischer Wandel stattgefunden. Der Ausdruck *eudaimonia* steht in der antiken Philosophie für ein Erfüllungsglück, nicht für ein Empfindungsglück. Während man im Altertum bestimmte objektiv glückskonstitutive Faktoren anzugeben suchte (seien diese äußere Güter oder innere Haltungen), überläßt die moderne Auffassung das Feld weitgehend subjektiven Bewertungen (ob diese nun auf Aspekte des äußeren Wohlergehens gerichtet werden oder auf solche des persönlichen Wohlbefindens). Zu diesem auffälligen Epochenwechsel hat Malte Hossenfelder (1992) die These vertreten, daß bereits der Individualismus der hellenistischen Philosophie als Wegbereiter der modernen Subjektivierung und Privatisierung zu betrachten sei. Während nämlich die klassischen Autoren des Altertums den Glücksbegriff von der Stellung des Menschen im Kosmos her gedeutet hätten, setze mit Aristipp von Kyrene ein Begriffsverständnis ein, das den Besitz des Glücks vom individuellen Empfinden abhängig mache. Man könnte Hossenfelders These vielleicht noch durch den Hinweis auf die metaphysische Wendung des Glücksverständnisses in Spätantike und Mittelalter erweitern; eine solche Spiritualisierung des Glücks scheint seiner Privatisierung zusätzlichen Vorschub zu leisten.

Andererseits läßt sich gegen diese These ein Einwand erheben. Das individualistische Glückverständnis der hellenistischen Philosophie (und die metaphysische Auffassung späterer Jahrhunderte) erklärt noch nicht, weshalb das Glücksthema in der Neuzeit der arbiträren Bewertung durch den Einzelnen überlassen wird. Für das neuzeitliche Begriffsverständnis scheint ja insgesamt kennzeichnend, daß man sich Glücksempfinden nur in Abhängigkeit vom persönlichen Begriff des guten Lebens vorstellen kann. Dafür dürften typisch moderne Erfahrungen wie die konfessionelle Spaltung Europas oder die geographisch-ethnologischen Entdeckungen verantwortlich gewesen sein. Welche historischen Gründe aber auch immer maßgeblich gewesen sein mögen, in jedem Fall hat eine objektivierende Behandlung der Glücksfrage bis heute einen schweren Stand. Die antike Philosophie wirkt so betrachtet überholt; sie scheint allenfalls noch für die private Wertschätzung von „Weisheitslehren" interessant zu sein. Die enorme Bedeutung der modernen Subjektivierung des Glücks wird etwa im politischen Liberalismus erkennbar. Zentrale Merkmale der liberalen Demokratie sind ja ihre Offenheit gegenüber unterschiedlichen Auffassungen vom guten Leben und ihre prinzipielle Neutralität gegenüber divergierenden Glücksvorstellungen.

In jüngerer Zeit gibt es allerdings ernstzunehmende Plädoyers dafür, zu einer objektivistischen Auffassung des gelingenden Lebens zurückzukehren (vgl. etwa Griffin 1986, Höffe 1988, Nussbaum/Sen 1993). Das subjektive und episodische Glücksverständnis der Neuzeit scheint keineswegs konsistent. Zum einen hat Richard Kraut (1979) zu Bedenken gegeben, daß auch in der Neuzeit niemand, der einem anderen Lebensglück wünscht, damit zufrieden wäre, wenn sich der Betreffende glücklich fühlen würde, ohne daß dies durch objektive Faktoren begründet ist. Der Wunsch nach eigenem oder fremdem Glück stützt sich vielmehr unverändert auf die Voraussetzung, daß dieses Glück auf nachvollziehbaren Grundlagen beruht. Zum anderen lassen sich die Grenzen der Subjektivität moderner Glücksauffassungen durch ein bekanntes Gedankenexperiment markieren (vgl. Smart 1973, 20f. und Nozick 1974, 42ff.). Angenommen, subjektive Glückszustände ließen sich dadurch erzeugen, daß man sich an eine Lustmaschine anschließen ließe; angenommen weiter, der so erreichte Glückszustand würde bis ans Lebensende nicht abnehmen und nicht langweilig werden. Vor die Wahl gestellt, sein bisheriges Leben aufzugeben oder weiterzuführen, würden sich dennoch wohl nur wenige für ein solches Leben entscheiden. Vielmehr scheint einem bewußten, autonomen und realitätsnahen Leben, zumal einem, in das andere Personen wesentlich einbezogen sind, auch dann der Vorzug zu gehören, wenn die hedonistische Bilanz eines solchen Lebens deutlich ungünstiger ausfallen sollte als diejenige der Lustmaschine.

In der modernen Glücksauffassung treffen, näher betrachtet, zwei unterschiedliche Tendenzen zusammen. Einerseits würde ein Vertreter des neuzeitlichen Modells nicht akzeptieren, daß bestimmte Güter definitiv dazu geeignet sind, Individuen glücklich zu machen. Er würde vielmehr Gütervorstellungen für privat und subjektiv und daher für grundsätzlich disparat erklären. Nach dieser Auffassung sind Menschen so verschieden (z.B. aufgrund ihrer sozialen und kulturellen Herkunft sowie im Hinblick auf ihr Geschlecht und ihr Lebensalter), daß Glückswirkungen nicht planbar oder prognostizierbar sind. Glücksgüter können so gesehen nur formal oder negativ formuliert werden, etwa als Menschen- oder Bürgerrechte. Andererseits beruht die Wirtschaftsform der Neuzeit und die Konzeption eines technischen Fortschritts in hohem Maß auf der Vorstellung, zumindest die materiellen Bedingungen des Glücks könnten eindeutig bestimmt und gesichert werden. Der Güterbegriff hat daher in der Neuzeit einen stark ökonomischen Beiklang angenommen und erscheint dann von allen weltanschaulichen, religiösen oder metaphysischen Anteilen losgelöst.

Nun weist aber bereits John Rawls' Werk *Eine Theorie der Gerechtigkeit* (1971) eindringlich auf die Unzulänglichkeit wohlfahrtsökonomischer Überlegungen hin. Die Frage nach dem, was in einer gerechten Gesellschaft verteilt werden soll, entpuppt sich als komplexes Problem. Rawls zeigt mit guten Argumenten, daß die utilitaristische Auffassung, zu verteilen sei nur ein einziges Gut, eben Wohlfahrt oder Wohlergehen, unhaltbar ist. Er stellt dem utilitaristischen Gütermonismus eine Liste aus Primärgütern entgegen, in die er bestimmte Grundrechte, Chancen, berufszogene Privilegien, Einkommen und Besitz sowie „weitere soziale Grundlagen der Selbstachtung“ aufnimmt. Rawls betont auf diese Weise zunächst die Bedeutung der Grundrechtssicherung, sodann die der fairen Chancengleichheit und schließlich die der sozioökonomischen Position, der relativen sozialen Stellung. Die Primärgüter kennzeichnet er zum einen dadurch, daß es für jeden vorteilhaft sei, sie in möglichst großem Umfang zu besitzen, und zum anderen dadurch, daß sie als unentbehrliche Mittel innerhalb gleichgültig welcher Auffassung des guten Lebens fungieren. In seinen späteren Arbeiten hat Rawls zudem auf die Bedeutung „höherrangiger Interessen“ hingewiesen; wichtiger als das „Glück“ des materiellen Wohlstands sei einem Individuum erstens das Interesse daran, eine Gerechtigkeitsvorstellung zu entwickeln, zweitens eine Vorstellung des guten Lebens entfalten zu können und drittens daran, gemäß den beiden Konzeptionen erfolgreich zu sein. Mit seiner These von der höherrangigen Bedeutung des gerechten und guten Lebens kehrt Rawls wenigstens partiell zur vormodernen Auffassung des gelingenden Lebens zurück.

Kommt nun die Rawlssche Konzeption einer fairen Verteilung von Primärgütern unserer Glücksvorstellung nahe? Amartya Sen hat (besonders in seinen Tanner Lectures *Equality of What?* 1979) gegen das Rawlssche Modell folgendes Bedenken geltend gemacht: Auch Rawls beachte noch zu wenig, daß es erhebliche Unterschiede bei der Wirkung von Rechten und Gütern auf Individuen gebe. Solange man etwa das Verteilungsproblem an der Distribution von Primärgütern festmache, bleibe außer Betracht, daß Güter für Personen mit unterschiedlichen Funktionszuständen einen unterschiedlichen Wert besäßen. So seien häufig verschiedene Gütermengen und Güterarten erforderlich, um dasselbe Bedürfnis bei verschiedenen Individuen zu erfüllen. Auszugleichende Unterschiede bestünden somit bereits viel früher, nämlich im jeweiligen Entwicklungsgrad menschlicher Grundfunktionen bei einem Individuum. Sen bestimmt daher ein hohes Niveau und eine autonome Verfügung über solche Grundfunktionen als Zielpunkt gerechter Distribution. Anders gesagt, er plädiert dafür, die Aufmerksamkeit nicht primär auf die faire Verteilung von

Rechten, Chancen, materiellen Gütern zu richten, sondern auf die Gleichheit der realen Fähigkeit, eigene Lebenspläne zu verfolgen (*equality of capability*).

Man kann kaum behaupten, es handle sich bei Sens Ansatz um ein paternalistisches Modell der Erzeugung subjektiver Zufriedenheit. Vielmehr geht es ihm um die Aufdeckung grundlegender menschlicher Lebensbereiche und ihrer Erfüllungsgrade mit dem Ziel, individuelle Autonomie beschreibbar zu machen. Offenkundig berührt sich seine Konzeption in diesem Punkt mit dem Güterverständnis der antiken Ethik. Zwei ihrer zentralen Charakteristika sind die Betrachtung des Lebens als einer Ganzheit und die Deutung des Glücksbegriffs im Sinn eines Erfüllungszustands, nicht im Sinn enthusiastischer subjektiver Empfindungen. Sen selbst sieht durchaus die Affinität seiner Position zu Aristoteles (1993, 44f.); zudem hat Martha Nussbaum Sens Modell mit einer stark aristotelischen Ausrichtung fortentwickelt. Danach benötigt man kein formales, sondern gerade ein gehaltvolles Menschenbild, das die Bedeutung angeborener Eigenschaften, von Einkommen, Besitz, sozialer Stellung, Freundschaft, Familie, Beruf, Gesundheit, Bildung usw. angemessen berücksichtigt (vgl. Kap. 6.2).

3. Die antike Konzeption der Tugend

Unter einer Tugend versteht man eine vorzügliche Charaktereigenschaft. In der Antike beschrieb man die Rolle, die Tugenden für die moralische Lebensführung besitzen, in groben Zügen wie folgt: Eine Tugend versetzt ihren Träger in die Lage, mehr als nur situativ richtig zu handeln. Der Tugendhafte tut das Richtige habituell, d.h. gewohnheitsmäßig und dauerhaft. Wer etwa die Tugend der Tapferkeit besitzt, von dem sind in gefährlichen Situationen grundsätzlich mutige, furchtlose und unerschrockene Handlungen zu erwarten – vorausgesetzt, solche Handlungen sind tatsächlich angemessen und hilfreich. Dazu muß eine Tugend beim Handelnden mindestens zwei Fähigkeiten sicherstellen. Zum einen muß sie ihm ein korrektes moralisches Urteil verschaffen; jemand verdient die Bezeichnung „tugendhaft" nur, wenn er in jeder Situation weiß, welche Handlung richtig oder falsch ist. Zum anderen muß eine Tugend dazu befähigen, das Richtige wirklich auszuführen; der Betreffende muß stets hinreichend motiviert sein, dem Guten den Vorzug vor anderen Handlungsoptionen zu geben, und er muß über einen Realitätssinn und über genügend Erfahrung für die Ausführung des Richtigen verfügen. Für den antiken Tugendbegriff ist weiterhin kennzeichnend, daß er sich nur auf erworbene Eigenschaften anwenden läßt. Vielleicht bringt jemand „gute Anlagen" für den Erwerb von Tapferkeit mit. Aber grundsätzlich werden Tugenden durch Gewöhnung, Übung oder Training erlangt; jemand wird dadurch tapfer, daß er seine Furcht, unter Risikobedingungen das Richtige zu tun, überwinden lernt. Natürlich hätte man im Altertum nicht alle antrainierten Eigenschaften als Tugenden gelten lassen; der Ausdruck ist untrennbar mit dem Aspekt sozialer Billigung oder moralischer Hochschätzung verbunden. Spricht man von der Tapferkeit als einer Tugend, so müssen trotz gefährlicher

Umstände löbliche, wünschenswerte oder moralisch gute Handlungen ausgeführt worden sein. Andernfalls hätte man eher einen neutralen Ausdruck wie Mut angewandt oder solche negativen Wertungen wie Verwegenheit oder Dreistigkeit; mit letzteren läßt sich etwa die Furchtlosigkeit eines Verbrechers kennzeichnen. Soweit eine grobe Skizze der antiken Tugendkonzeption.

Die aufgezählten Theorieelemente wirken heute befremdlich. Aus dem gegenwärtigen Alltagssprachgebrauch ist der Ausdruck Tugend weitgehend verschwunden; ihm haftet eine biedere und zudem unangenehm moralistische Aura an. Oft fristet er nur eine Schattenexistenz, nämlich zur Bezeichnung von funktionalen Qualitäten; man kann im Deutschen (ähnlich wie in den Alten Sprachen) von den Tugenden eines Spürhunds, eines Autos oder einer Fußballmannschaft sprechen. Doch auch wenn der Ausdruck veraltet scheint: Der Sache nach kann man auf den Tugendbegriff sicherlich auch in seinem moralischen Sinn nicht verzichten; wir brauchen einen Ausdruck dafür, daß Personen bisweilen bemerkenswerte Charaktereigenschaften aufweisen. Freilich besteht dann immer noch ein eklatanter Unterschied zwischen Altertum und Gegenwart in der Bewertung des Tugendphänomens: In der Antike bildete der Tugendbegriff den Kern der alltäglichen wie der philosophischen Moralauffassung. In der Gegenwart schätzt man zwar unverändert persönliche Eigenschaften wie Ehrlichkeit, Fairneß oder Besonnenheit; man wäre aber kaum bereit, den Tugendbegriff zu einem Kernthema der Ethik zu machen. Eine Tendenz zur Rehabilitierung der Tugendkonzeption besteht immerhin seit einer Reihe von Jahren in der angelsächsischen Moralphilosophie (vgl. etwa die Textsammlung von Crisp und Slote 1997).

3.1 Tugendethiken: Vorzüge und Nachteile

Die Tugendkonzeption ist gegenwärtig einem zeittypischen Mißverständnis ausgesetzt: Scheinbar handelt es sich bei ihr um einen Kampfbegriff von Traditionalisten. Von Tugenden scheint man nur sprechen zu können, wenn man auf diese Weise sein Bedauern über den (angeblichen oder tatsächlichen) Niedergang von Höflichkeitsformen, von Gemeinwohlorientierung oder von gewissenhafter Pflichterfüllung zum Ausdruck bringen will. Der Verdacht legt sich nahe, mit dem Tugendbegriff werde das moralisch unreflektierte, vielleicht sogar pseudo-moralische Ideal des „guten Jungen" oder des „anständigen Bürgers" propagiert. Wer sich zugunsten des Tugendbegriffs äußert, wirkt wie ein Befürworter traditioneller sozialer Rollen und wohldefinierter gesellschaftlicher Üblichkeiten, wie dies etwa für den amerikanischen Philosophen Alasdair MacIntyre gilt (vgl. 1987 und 1988). Gegner einer traditionsorientierten Konzeption von Tugenden verweisen auf den bedenklichen Charakter einer solchen Kontextabhängigkeit: Jemand, der etwa die Tugenden Pünktlichkeit und Pflichterfüllung besitze, sei nur solange eine moralisch gute Person, wie er diese „Sekundärtugenden" zu guten Zwecken einsetze.

Stellen wir skizzenhaft einige weitere Einwände zusammen, wie sie in einer tugendkritischen Position vertreten werden könnten. Einmal kann man zu bedenken geben, daß der Tugendbegriff für die beiden Grundprobleme der Moralphilosophie nutzlos sei: Weder hilft er bei der Aufdeckung des moralisch Richtigen (Was definiert Moral?), noch löst er das Begründungsproblem (Was legitimiert Moral?). Auch in den Fragen von moralischer Motivation und Moralpädagogik wirkt sein Nutzen zweifelhaft. Man könnte einwenden, daß der Besitz von Tugenden zwar die Anzahl moralischer Handlungen erhöhe, zugleich aber unnötig sei und durch leichter handhabbare Motive ersetzt werden könne. Denn daß die Tugenden für eine konstante Motivation und für feste charakterliche Haltung stehen, ist zwar löblich; für die moralische Praxis scheint dies aber sekundär oder gar uninteressant. Wenn jemand einen Ertrinkenden rettet, dann wirkt es im Blick auf das Handlungsergebnis gleichgültig, ob die Rettung aufgrund herausragender und überdies dauerhafter Persönlichkeitsmerkmale geschah oder ob sie lediglich aus einer vorübergehenden moralischen Motivation hervorging – oder ob gar Langeweile das Handlungsmotiv war. Nicht einmal zu dem Zweck, richtige Handlungen möglichst zuverlässig und konstant zu erzeugen, benötigt man den Tugendbegriff; denn man kann geltend machen, wünschenswertes Verhalten lasse sich stabiler dadurch erreichen, daß man ein rechtliches Gebot der Hilfeleistung etabliert (unter Strafandrohung für den Fall der Unterlassung). Ein Rechtsgebot wirkt wegen der konstanten menschlichen Eigennutzorientierung weit eher erfolgversprechend.

Vor allem aber lassen sich Zweifel vorbringen, ob die Frage nach der Verfestigung wünschenswerter Lebenshaltungen überhaupt einen sinnvollen Gegenstand der Ethik darstellt. Sind Fragen der Charakterbildung nicht eine Privatangelegenheit oder allenfalls ein Thema für Moralpsychologie und Moralpädagogik? Ist es sinnvoll abzuwarten, bis jemand das sittlich Richtige aus einer festen charakterlichen Haltung tut? Macht es einen guten Sinn, in die Lebensplanung den Gedanken eines persönlichen moralischen Fortschritts einzubeziehen? Man kann bezweifeln, daß es realistisch und angemessen ist, seine Energien auf das Ziel einer moralischen Selbstvervollkommnung zu richten. Vielleicht handelt es sich dabei sogar um ein insgesamt illusorisches oder inhumanes, ein selbstgerechtes oder pharisäisches Lebensziel. Mehr noch, es scheint fragwürdig, ob sich ein verbindliches Tugendideal überhaupt formulieren ließe. Welche Eigenschaften sollte man in eine verbindliche Tugendliste aufnehmen? Nur moralische oder auch funktionale Qualitäten? Und welche Charaktervorzüge sind moralischer, welche nur funktionaler Art? Sollen nur universell ausweisbare oder auch gruppenspezifische Eigenschaften berücksichtigt werden? Bestehen beim Tugenderwerb Vorrangregeln? Gibt es primäre und sekundäre Tugenden, oder zählen alle gleich? Daß etwa Tapferkeit, Rücksichtnahme oder Großzügigkeit erstrebenswerte Eigenschaften sind, die dem positiven Tugendverständnis entsprechen, dürfte plausibler sein als die Berücksichtigung von Haltungen wie Pünktlichkeit, Akribie, Patriotismus oder Pflichterfüllung. Und schließlich kann man zu bedenken geben, daß selbst dann, wenn jemand eine anerkanntermaßen wünschenswerte Tugend besitzt, damit noch keineswegs sichergestellt ist, daß er immer und in jeder Hinsicht angemessen handelt. Denn einerseits könnte jemand beispielsweise tapfer und zugleich raffgierig und geizig sein. So lobenswert seine Tapferkeit wäre, so fatal würde sich seine Besitzgier auswirken. Andererseits scheint es, als könnte jemand tapfer auch in solchen Fällen sein, in denen Tapferkeit gar nicht die moralisch vorziehenswerte Verhaltensweise ist. Seine Tapferkeit könnte in einem moralischen Sinn leerlaufen oder gar unerwünscht sein. Dann wäre aber sogar mit genuin moralischen Tugenden für die Sache der Moral nichts gewonnen.

Die genannten Einwände lassen sich zu der These zusammenfassen, daß Tugenden weder etwas für die Begründung noch für die Bestimmung des moralisch Richtigen und Falschen hergeben, sondern im Gegenteil die Antwort auf Grundlagenfragen bereits voraussetzen. Der Tugendbegriff besitzt, so scheint es, innerhalb des Themas Moral bestenfalls eine sekundäre, eine implementationstechnische Bedeutung: Er bezeichnet lediglich die ideale Form der Realisierung moralischer Eigenschaften. Damit erlangt er freilich keine starke Stellung; da konkrete Moralität stets ein Handeln unter nicht-idealen Bedingungen bedeutet, erscheint das Tugendthema geradezu als theoretischer Luxus. Nun ist es allerdings möglich, dieser Kritik aus der Perspektive der antiken Tugendethik mit guten Gründen zu widersprechen. Bevor wir diese Tugendkonzeption etwas detaillierter darstellen, scheint es sinnvoll, ihre Grundannahmen so zu skizzieren, daß dabei die Vorteile einer solchen Konzeption im Umriß sichtbar werden. Drei eng miteinander verwobene Aspekte lassen sich hierfür anführen: Der antike Tugendbegriff erlaubt (a) kontextsensible Versionen von Moralphilosophie, (b) die Berücksichtigung von unterschiedlichen persönlichen Motivlagen und (c) die Einbeziehung der Perspektive biographischer Kontinuität.

(a) Der Tugendbegriff ersetzt nicht Begründungs- oder Anwendungsfragen. Er läßt sich aber ebensowenig darauf reduzieren, daß er Moralität als dauerhafte Charaktereigenschaft behandelt. Sein Vorteil besteht vielmehr darin, die Bestandteile üblicher Moralphilosophien mit Fragen der Handlungstheorie, der rationalen Wahl, der Affekttheorie und mit Fragen des sozialen, kulturellen und historischen Kontexts in einen systematischen Zusammenhang zu bringen. Über Fragen des Typs, welche Handlungen aus welchem Grund richtig oder falsch, erstrebenswert, abzulehnen oder gleichgültig sind, geht eine Tugendethik erheblich hinaus. Sie kann zusätzlich untersuchen, welche nicht-aktiven Haltungen (wie Empathie, Selbstbeherrschung oder Wohlwollen) moralisch relevant sind, in welchen Kontexten Auffassungen von richtigem und falschem Handeln erworben und wann sie auf welche Weise wirksam werden. Damit erlaubt sie, individuelles und gemeinschaftliches Handeln direkt zueinander in Beziehung zu setzen. Es scheint kein Zufall zu sein, daß Platon und Aristoteles in ihrem Tugendbegriff Individual- und Polisethik in enger Form miteinander verknüpft haben. Eine solche Kontextsensitivität muß nicht bedeuten, daß bestehende politische Verhältnisse bestätigt, sondern nur, daß sie in die Überlegung einbezogen werden. Eine Tugendethik kann Fragen angemessenen Verhaltens unter den Aspekten sozialer Charakterformung, moralischer und politischer Institutionen, geteilter traditioneller Auffassungen und gesellschaftlicher Üblichkeiten thematisieren. Wichtige Teilfragen sind etwa: Wie erwirbt man einen moralischen Habitus, und wie läßt sich die Einsicht in das Habituellwerden von Einzelhandlungen unter ethischem Aspekt nutzen? Welche Rolle spielt der Gemeinschaftsbezug beim Tugenderwerb, und welche Rolle soll er spielen? Wie verhalten sich persönliches und institutionelles Handeln zueinander?

(b) Ebenso wichtig wie der Aspekt der Kontextsensitivität dürfte der Vorteil sein, der sich aus Tugendethiken für Fragen der moralischen Motivation ergibt. Motivationsfragen erscheinen aus der Perspektive moderner Moralphilosophien oft als sekundär, wenn auch zu Unrecht. Denn moralische Handlungen zu bestimmen oder moralische Prinzipien zu begründen, ist keineswegs schon hinreichend für die Ausführung der betreffenden Handlung. Vielmehr können sich zwischen die Anerkennung der Richtigkeit einer Handlung und die Bereitschaft, sie auszuführen, zahlreiche Hindernisse schieben. Eine handlungsleitende Wirkung ergibt sich erst dann, wenn neben einem Auffindungsprinzip für moralisch Richtiges (*principium diiudicationis bonitatis*) auch ein wirksames Ausführungsprinzip (*principium executionis bonitatis*) besteht, ein Antriebsmoment oder eine Triebfeder. In Tugendethiken ergibt sich ein solches Handlungsmotiv aus normativen Persönlichkeitsbildern; Tugendethiken orientieren sich an herausragenden Beispielen menschlicher Gerechtigkeit, Großzügigkeit, Überlegtheit oder souveräner Gelassenheit. Solche Persönlichkeitsbilder haben den Vorteil, moralisches Handeln in den Kontext eines insgesamt wünschenswerten oder gelungenen Lebens zu stellen. So richtet sich das sokratische Ideal des „geprüften Lebens" auf eine philosophisch-aufgeklärte Lebensform, und ebenso ließe sich an ästhetisch-künstlerische, hedonistische, politische oder religiöse Lebensideale denken, durch die individuelles Handeln ein starkes Antriebsmoment erhält. Für neuzeitliche Ethiken fallen Motivationsfragen hingegen oft in den Bereich eines privaten Ethos; damit kommt es zu einer Subjektivierung oder Bagatellisierung von Persönlichkeitsbildern. Besonders problematisch wirkt die Auffassung, eine Orientierung des Individuums am wohlverstandenen Eigennutz löse das Motivationsproblem. Moralität und Eigennutz scheinen zumindest nicht vollständig kompatibel zu sein. Ohne eine Strafandrohung oder die Drohung mit sozialer Ächtung gäbe es so betrachtet nämlich kein Motiv für moralisches Handeln. Entfallen Klugheitsmotive – wie Platons Gedankenexperiment vom „Ring des Gyges" (Rep. 359d ff.) vorführt –, dann scheint kein Grund übrigzubleiben, sich moralisch zu verhalten. Für einige moralische Probleme könnten auf dieser Grundlage niemals Motive formuliert werden, z.B. im Hinblick auf die Ansprüche künftiger Generationen. Zudem scheint eine Rechts- und Staatsordnung nicht ohne das uneigennützige Engagement ihrer Bürger und ihrer Politiker denkbar zu sein. Tugendethiken sind so betrachtet keineswegs anachronistisch.

(c) Vielleicht der wichtigste Vorzug der antiken Tugendethiken liegt darin, daß sie das persönliche Leben, und zwar zum einen das „Leben als ganzes“ und zum anderen das „Leben im kleinen Maßstab“, in die Betrachtung einbeziehen können. Auf diese Weise unterlaufen sie die neuzeitliche Antithese zwischen ichbezogenen und fremdbezogenen Ethiken. Denn einerseits scheinen moderne Klugheitsethiken das Individuum zu sehr von fremden Interessen zu isolieren; andererseits lassen stark altruistisch orientierte Ethiken, etwa utilitaristische oder kantische Positionen, das Selbstverhältnis des Individuums tendenziell außer Betracht. Eine Konzeption zu besitzen, die das individuelle Leben als ein Kontinuum thematisiert, bedeutet daher einen erheblichen Gewinn gegenüber einzelfallbezogenen und regelgeleiteten Ethiken. Während sich letztere auf Konfliktsituationen beschränken, z.B. auf Fragen der Zulässigkeit von Sterbehilfe, Abtreibung oder Organtransplantation, erlaubt erstere, zusätzlich Fragen nach der Lebensführung oder den Lebenszielen zu stellen. Welche Lebensziele erweisen sich als sinnvoll, in welcher Abfolge und mit welcher Rangordnung? Welchen Platz sollen selbstbezogene, klugheitsorientierte (prudentielle), gemeinschaftsbezogene oder moralische Verhaltensweisen im Lebenskontext erhalten? Zudem ist dieses Ethikmodell vorteilhaft, weil es ermöglicht, die Lebenspraxis im kleinen Detail zu diskutieren. Denn im gewöhnlichen Alltagsleben haben wir es meist nicht mit zentralen ethischen Konfliktfällen zu tun; Fragen einer Alltagsmoral scheinen dennoch von erheblicher Bedeutung. Neben solchen Aspekten lassen sich in eine Tugendkonzeption auch außermoralische Lebensfragen wie Krankheit, Tod, Glück, Zeiterfahrung usw. einbeziehen. Der Mehrzahl moderner Ethiken ist wohl anzulasten, daß sie das Thema einer rationalen Lebensführung und das einer Alltagsmoral vernachlässigen – wenn nicht gar ignorieren. Auf das Thema der Selbstgestaltung zu verzichten, hat aber zur Folge, daß Wurzeln und Grundlagen von Moralität ignoriert, Bagatellfälle als Privatangelegenheiten verstanden werden und daß man durch das Ignorieren zweifelhafter Verhaltensweisen diese in gewissem Umfang legitimiert. Tugendethiken sind überdies imstande, das Problem der Verdienstlichkeit (Supererogation) zu behandeln, d.h. die Frage, ob und gegebenenfalls wie gutes Handeln nach Vorrangregeln einzuteilen ist, beispielsweise in Handlungen, die unbedingt verpflichtend sind, und solche, die über das Verpflichtende hinausgehen. Sie erlauben es auch, den individuellen „moralischen Fortschritt“ zu thematisieren. Tugendethiken können Fragen der „Pflichten gegen sich selbst“ oder Fragen einer angemessenen Rangfolge moralischer Adressaten erörtern, also das Problem einer Nächsten- bzw. „Fernstenliebe“.

Soweit die drei Vorzüge, die sich auf den ersten Blick zugunsten eines Tugendmodells des antiken Typs anführen lassen. Damit sind freilich die genannten Einwände noch nicht vollständig ausgeräumt.

3.2 Vernünftigkeit, Lehrbarkeit und Einheit der Tugenden

Eine Reihe von Einwänden gegen eine Tugendethik beruht, wie wir sahen, auf der Annahme, der Tugendbegriff sei traditionalistisch zu verstehen, also an einer gewachsenen Gruppenmoral ausgerichtet. Man meint häufig, die Philosophen des Altertums artikulierten in ihren Tugendethiken einfach die moralischen Standards ihrer Polis und ihrer Epoche. Dafür lassen sich aber nur wenige triftige Beispiele finden. Betrachtet man die philosophischen Diskussionen um den Tugendbegriff genauer, so muß man im Gegenteil zu dem Schluß kommen, daß sie durchaus revisionäre Ziele verfolgen. Das bedeutet, daß das übliche Tugendverständnis durch eine philosophisch durchdachte Auffassung überprüft, revidiert und ersetzt werden soll.

Ein schönes Beispiel für diese revisionäre Tendenz läßt sich aus einer Stelle bei Platon erschließen (Men. 71 ef.). Im Kontext dieser Stelle bedauert Sokrates, die leitende Dialogfigur, er habe noch niemals eine angemessene Antwort auf die Frage „Was ist Tugend?“ erhalten. Sein Gesprächspartner Menon antwortet darauf: „Aber das ist doch nicht schwer zu sagen, Sokrates. Zuerst, wenn du willst, (nenne ich dir) die Tugend des Mannes. Die Tugend des Mannes besteht einfach darin, öffentlich tätig zu sein und dabei Freunden Gutes, Feinden Schlechtes zu tun sowie aufzupassen, daß einem selbst nichts Schlechtes passiert. Auch die Tugend der Frau ist leicht anzugeben: Sie muß den Haushalt gut versorgen, alles im Haus instand halten und dem Mann gehorchen. Wieder eine andere Tugend ist die des Kindes, des Jungen und ebenso des Mädchens, und die des älteren Menschen, je nachdem, ob er Sklave oder freier Bürger ist". Offenkundig versteht Menon unter Tugend soviel wie die angemessene Erfüllung diverser sozialer Rollen und bestimmt diese Rollenerfüllung traditionell. Platon dagegen erweist die Antwort (unabhängig davon, ob sie inhaltlich richtig ist) zunächst als formal falsch: Mit Menons Antwort ist nichts über das Prinzip gesagt, nach dem man eine Verhaltensweise überhaupt als Tugend bestimmt. Eine Verteidigung des gesellschaftlich Üblichen käme für Platon also nur in Betracht, wenn der Tugendbegriff geklärt und die zeitgenössische Praxis als seine ideale Realisierung erwiesen wäre.

Für Platon ist letzteres natürlich nicht der Fall. Aus mehreren Stellen seines Werks geht hervor, daß er gewöhnliche oder, wie er sagt, „bürgerliche" Tugenden von höheren, „philosophischen" Tugenden unterschieden wissen will (vgl. Phd. 69b und 82a–b; Rep. 429c–e; Leg. 632c u.ö.). Platon hält nicht die soziale Rollenerfüllung für die gesuchte Tugend, sondern ein von moralischer Einsicht geleitetes Verhalten. Im Zusammenhang mit seinem Entwurf einer gerechten Staatsverfassung bezeichnet er den Gehorsam, den die untergeordneten Stände leisten sollen, als ein bloßes „Schattenbild der Gerechtigkeit" (*eidôlon dikaiosynês*: Rep. 443c). Platons Listen genuiner Tugenden umfassen die Eigenschaften Gerechtigkeit, Besonnenheit, Frömmigkeit, Tapferkeit sowie Weisheit, und zwar jeweils in einer starken Wortbedeutung; in dieser Form werden sie im *Symposion* etwa auch dem Gott Eros zugeschrieben (196b ff.). Konstitutiv für solche Eigenschaften sind zwar auch gute Anlagen und Übung, vor allem aber ein langer philosophischer Bildungsgang, der zu einer Ideen- und Prinzipienerkenntnis hinführen soll.

Aber auch Aristoteles darf nicht als Sprachrohr einer traditionellen Polismoral mißverstanden werden. Der irrige Eindruck, er sei ein Befürworter geteilter Werte und Üblichkeiten, entsteht einmal dadurch, daß Aristoteles überlieferte Meinungen mit großem Respekt behandelt und das in ihnen enthaltene Wahrheitsmoment zu würdigen sucht. Sein Anknüpfen an vorhandene Ansichten (*endoxa*) ist ein methodisches Prinzip, keine Sympathieerklärung für Traditionen; *endoxa* sind glaubwürdige Überzeugungen, die sich ebensogut als falsch erweisen können. Richtig ist zwar, daß Aristoteles einen besonderen Akzent auf einen – bereits in den Jugendjahren einsetzenden – Erwerb der Tugenden innerhalb einer Polis legt (vgl. Pol. VIII 1ff.; EN II 1; X 10). Bringt man zudem die aristotelische These ins Spiel, die Polis sei gegenüber dem Individuum ebenso vorrangig wie das Ganze gegenüber dem Teil (Pol. 1253a 18ff.), dann scheint dies auf eine Kontextabhängigkeit der Tugenden hinauszulaufen. Nun sagt aber der Kontextbezug des Tugenderwerbs noch nichts darüber, ob sich Tugenden auf eine Gruppenmoral reduzieren lassen. Aristoteles billigt den Umständen, unter denen Tugenden erworben werden, zwar eine wesentliche moralpädagogische Funktion zu, und er hält den Menschen für ein „gemeinschaftsbezogenes Wesen" (*zôon politikon*: Pol. 1253a 1–3). Dies wirkt sich aber nicht inhaltlich aus. Die Betonung der Gemeinschaftsbindung ändert nichts daran, daß Aristoteles' Tugendbegriff als traditionsunspezifisch, kritisch und revisionär angesehen werden muß. Ein Indiz hierfür ist etwa, daß Aristoteles die Vorzüge und Nachteile unterschiedlicher Traditionen differenziert abwägt; er kann etwa Kritik an Gebräuchen üben, indem er sie als „simpel und barbarisch" bezeichnet (Pol. 1268b 39f.). Wie Platon versteht auch Aristoteles die philosophischen Tugenden nicht geschlechts- oder standesspezifisch. Ferner weist auf seine Traditionsungebundenheit hin, daß er bei seiner Analyse der Tugenden feststellt, die meisten seien bislang noch ohne Bezeichnung und müßten erstmals von ihm benannt werden (EN 1108a 4–19).

Um die anderen Einwände zu entkräften, ist eine genauere Darstellung des philosophischen Tugendbegriffs der Antike notwendig. Die Tugendethik der unterschiedlichen Autoren und Schulen scheint in folgenden sechs Schritten charakterisierbar zu sein (vgl. auch die exzellente Darstellung bei Annas 1993,47–131).

(I) Die Tugend wird als feste Charakterhaltung aufgefaßt, bei der das Einsichtsvermögen und die Emotionen in ein harmonisches Verhältnis zueinander treten. Zwei Fehldeutungen des Tugendbesitzes sind damit von vornherein ausgeschlossen. Einerseits darf man die gemeinte Haltung nicht mit einem Zustand der Selbstbeherrschung (*enkrateia*) verwechseln. Selbstbeherrscht ist jemand dann, wenn er ihm gelingt, seine Begierden, Affekte und Neigungen, kurz seine irrationalen Antriebe, zugunsten rationaler Handlungsweisen im Zaum zu halten. Dem Begriff der Selbstbeherrschung liegt also ein Konfliktmodell zugrunde, bei dem rationale und irrationale Antriebe gegeneinander auftreten. Das begriffliche Gegenteil zur Selbstbeherrschung ist daher Willensschwäche oder Unbeherrschtheit (*akrasia*); dem Unbeherrschten gelingt eine Bändigung seiner irrationalen Antriebe nicht. Im Unterschied dazu beruht die Tugendkonzeption auf einem Harmoniemodell. Der Tugendhafte braucht keinen Widerstand gegen irrationale Antriebe mehr zu leisten; er wählt die richtige Handlungsoption ohne innere Konflikte. Rationale Antriebe sind bei ihm stets problemlos handlungswirksam; er freut sich sogar am richtigen Handeln. Aristoteles charakterisiert den Tugendhaften ausdrücklich dadurch, daß er das Richtige gern tut (EN 1104b 3–8).

Andererseits bedeutet der stabile Zustand, den die tugendhafte Person erreicht hat, keinen Automatismus in Sachen Moralität. Zwar gilt die Tugend als ein unverlierbarer Besitz; wer sie einmal erworben hat, kann sie nicht wieder einbüßen. So sagt etwa der Kyniker Antisthenes: „Die Tugend ist lehrbar und bleibt unverlierbar. Sie ist eine unentreißbare Waffe" (DL VI 12; 105). Ihre Festigkeit oder Stabilität liegt freilich nicht darin, daß jemand eine Verhaltensdisposition erworben hätte, z.B. diejenige, in seiner Gesellschaft alle Rollenerwartungen und Anforderungen mit unbeirrbarer Sicherheit erfüllen zu können, oder die, in allen Situationen so zu reagieren wie Sokrates. Die Invarianz der Tugend besteht vielmehr in einem gleichbleibenden Habitus rationaler Handlungswahl; Aristoteles spricht von einer *hexis prohairetikê* (EN 1106b 36). Der Tugendhafte hat sich also keine starren Verhaltensmuster antrainiert, sondern hat gelernt, unter den sich bietenden Handlungsoptionen stets die vernünftigste herauszufinden und sie auszuführen. So betrachtet kann man der Tugendethik nicht vorwerfen, der Gedanke eines festen moralischen Habitus sei absurd, weil richtiges Handeln von situativen, nicht-habituellen Faktoren abhänge. Im antiken Tugendmodell bedeutet der Tugendbesitz gerade keine geistlose Routine.

(II) Die Tugend gilt in der philosophischen Ethik des Altertums erstens als ein unveränderliches, nicht-ambivalentes Gut und zweitens als ein Gut, das ambivalente Güter konstant gut macht. Zunächst: Ihren Gütercharakter kann sie nicht einbüßen; sie erweist sich nicht unter bestimmten Umständen als wertvoll und unter anderen als wertlos oder dysfunktional. Der Tugendbegriff wird von vornherein so aufgefaßt, daß eine Fehlverwendung von Tugenden ausgeschlossen ist. Unter der Tugend ist die habituell gewordene richtige Wertschätzung aller Güter zu verstehen. Tugend, Wissen und reale Einstellungsänderung bilden eine untrennbare Einheit. Richtet sich der Handelnde dagegen auf falsche Güter oder untergeordnete Ziele, dann besteht keine Tugend. Ein Mißbrauch der Tugend ist undenkbar, weil dem Tugendbesitz ja eine tiefgreifende Veränderung der Persönlichkeit vorhergehen soll. Der Tugendbesitz besteht im richtigen Gebrauch aller Güter, die auf diese Weise ihre werthafte Unbeständigkeit verlieren. Platon etwa sagt ausdrücklich, daß im Fall einer Instrumentalisierung guter Eigenschaften keine echte Tugend vorliegt; er spricht von einer bloß „sklavischen Tugend“ (Phd. 69a–c). Auch Aristoteles erklärt die Tugend für ein Gut, das niemals schlecht verwendet werden könne (*Rhetorik* 1355b 4f.). Noch am Ende der Antike vertritt der Kirchenvater Augustinus die Auffassung vom nicht-ambivalenten Charakter der Tugend. In seiner Schrift *De libero arbitrio* heißt es, daß die Tugend mit der *recta ratio* identisch und daher nicht mißbrauchbar sei (vgl. *virtutibus nemo male utitur*: II 19,50); im Gegenteil leite sie die richtige Verwendung aller anderen Güter an.

Eine ausführliche Darstellung dieses Gedankens findet sich in dem platonischen Frühdialog *Euthydemos* (279a–281e; vgl. Men 87c–89a). Platon sagt dort, es existiere nur ein einziges nicht-mißbrauchbares Gut, die richtige Einsicht (*sophia* als Inbegriff der Tugend). Der Gedanke wird im Kontext der Frage entwickelt, welche Güter zum Glück beitragen. Platon bildet zwei Gruppen von Gütern und gibt folgende Beispiele: Reichtum, Gesundheit, gute Abstammung, Macht und Ansehen einerseits und Besonnenheit, Gerechtigkeit, Tapferkeit und richtige Einsicht andererseits (279a–c). Daran schließt sich die These an, *sophia* sei gleichbedeutend mit dem (noch nicht genannten) wichtigsten aller Güter, dem glücklichen Gelingen (*eutychia*). Denn demjenigen, der etwas fachgerecht verwende, gelinge sein Vorhaben (279e f.). Dies führt weiter zu der Auffassung, der rechte Gebrauch müsse dasjenige sein, was etwas zu einem Gut mache. Denn die aufgezählten Güter (mit Ausnahme der *sophia*) seien dadurch charakterisiert, daß sie entweder gut oder schlecht verwendet werden könnten. Güter, so Platon, gebe es keineswegs schon von Natur aus, sondern allein aufgrund von richtigem Gebrauch (281d). Daraus ergebe sich aber, daß von den genannten Gütern nur die *sophia* als Gut zu betrachten sei, und ebenso, daß nur die Unwissenheit (*amathia*) als Übel angesehen werden müsse (281e).

(III) Die Tugend bildet entweder selbst das höchste Gut; für die Stoiker fallen *aretê* und *eudaimonia* zusammen. Oder sie stellt ein notwendiges Mittel zum höchsten Gut dar; nach Aristoteles kommen zahlreiche weitere glücksrelevanten Faktoren dazu, aber ohne *aretê* kann es für ihn kein gelingendes Leben geben. Oder aber die Tugend stellt zugleich das notwendige und hinreichende Mittel zum höchsten Gut dar, ohne freilich mit diesem identisch zu sein; das dürfte Platons Position sein. Daß die Tugend lust- oder glückserzeugend ist, kann man dabei auf verschiedene Weise behaupten. Eine Möglichkeit besteht in der These, die Tugend ziehe das Glück im Sinn von äußeren Gütern (Erfolg, soziale Achtung, Freundschaft) nach sich. Das ist natürlich äußerst unplausibel, wie Platons Beispiel des scheinbar gerechten Übeltäters und des zu unrecht hingerichteten Gerechten zeigt (Rep. 360e ff.). Eine plausiblere Möglichkeit liegt darin, daß die Tugend außenweltunabhängige Güter erzeugt, also unangreifbare, unverlierbare Vorteile einbringt. Wie wir schon sahen, hält Platon das Leben des Gerechten für „729mal" angenehmer als das eines Tyrannen (Rep. 587e). Denn Tugend, so Platon, sei als „Gesundheit, Schönheit und Wohlbefinden der Seele" zu verstehen (Rep. 444d f.). Ähnlich sagt Epikur, daß „die Tugenden mit dem lustvollen Leben wesentlich verbunden sind, und das lustvolle Leben von ihnen unabtrennbar ist" (*Brief an Menoikeus* 132). Man benötigt also nach Platon wie nach Epikur die Tugenden, um zu einem wohlverstandenen lustvollen oder glücklichen Leben zu gelangen – wobei auf der Hand liegt, daß damit kein ausschweifender Lebensstil gemeint sein kann.

(IV) Die Tugend ist lehrbar (z.B. Men. 87c; MM 1182a 15ff.). Der antike Tugendbegriff schließt die Vorstellung ein, daß es einen Übergang vom Status des Schülers zu dem des Lehrers durch eine bestimmte Wissensvermittlung gibt. Das bedeutet zum einen, daß Tugenden weder nur anlagebedingt sind noch durch Zufall entstehen; sie müssen erworben werden. Zwar spielen gute Anlagen und günstige Außenumstände eine Rolle für den Tugenderwerb; sie bilden aber allenfalls äußerliche, keine zentralen Tugendbedingungen. Zum anderen heißt dies, daß die nicht-kognitive Übungspraxis, die für den Übergang zu tugendhaftem Handeln ebenfalls erforderlich ist, gegenüber dem Anteil kognitiven Lernens stark zurücktritt. Das hängt damit zusammen, daß keine der antiken Tugendphilosophien den Widerstand der Triebe, Instinkte, des „Unbewußten" oder schlechter Angewohnheiten hoch veranschlagt hat (vgl. Kap. 4.2). Am ehesten legt das aristotelische Modell des Tugenderwerbs den Akzent auf die Einübung, die bereits in der Jugend beginnen soll und die auch ein Training angemessener Emotionen beinhaltet. Allerdings besteht auch für Aristoteles die *aretê* primär in Vernunfturteilen.

Die These von der Lehrbarkeit der Tugend wirkt solange befremdlich, wie man den kognitiven Anteil des Tugendbesitzes gering bewertet (und das würden wir wohl gewöhnlich tun). Nach unserem landläufigen Verständnis des Tugendbegriffs wäre dann einzuwenden: Wer sich als tapfer erweist, ist selten zugleich seiner intellektuellen Durchdringung der Tapferkeit wegen zu rühmen; und kaum jemand, der das Phänomen Tapferkeit intellektuell durchdrungen hat, ist zugleich im praktischen Leben tapfer. Platon meint hingegen, eine Furchtlosigkeit ohne Vernunft könne sich mitunter schädlich auswirken und dürfe deshalb nicht als Tapferkeit gelten (Men. 88b); umgekehrt bewirke die vernünftige Einsicht unmittelbar Tapferkeit. Bei dem gemeinten Tugendwissen handelt sich also um ein handlungsorientierendes Wissen. Wer diese *epistêmê* oder *phronêsis* besitzt, kennt sich einerseits im Leben als ganzem wie in den relevanten Details des alltäglichen Lebens aus; er verfügt über ein praktisches Überblicks- und ein anwendungsbezogenes Einzelwissen, einschließlich Lebenserfahrung und Urteilskraft. Andererseits besitzt er ein normatives Prinzipienwissen. Der Handelnde ist dann in der Lage, gemäß dem sokratisch-platonischen Kriterium Rechenschaft über sein Handeln und dessen Prinzipien abzulegen (*logon didonai*). Zudem ist mit dem Tugendwissen ein normatives Persönlichkeitsideal verknüpft. Das gemeinte praktische Wissen ist an die Gestalt einer entwickelten Persönlichkeit, des Philosophen, Weisen, des Tüchtigen (*spoudaios*) oder Einsichtigen (*phronimos*) gebunden. Einem solchen Persönlichkeitsideal liegt die bereits erwähnte Vorstellung zugrunde, es bestehe eine unmittelbare Einheit von Auffindungs- und Ausführungsprinzip der Moralität. Niemand kann ein vollständiges Tugendwissen besitzen, ohne es zugleich auf sich selbst anzuwenden. Und niemand, der nicht vollständig tugendhaft ist, kann über ein wirkliches Tugendwissen verfügen.

(V) Die Tugend ist ein Wissen, und zwar genauer gesagt eine *technê*. Diese sokratische These wird in den frühen Dialogen Platons mehrfach diskutiert (besonders in der *Apologie*, im *Hippias minor*, *Euthydemos*, *Menon*, *Protagoras* sowie im

Gorgias). Sokrates scheint damit die Auffassung der Sophisten von der Lehrbarkeit der *aretê* präzisiert zu haben. Platon problematisiert die sokratische These einerseits: In den Frühdialogen werden Argumente für und wider diese These vorgebracht. Im ersten Buch der *Politeia* scheint die Deutung der Tugend als einer *technê* sogar verabschiedet zu werden; denn Expertenwissen befähige ja auch zum Tun des Gegenteils; folglich müßte der Gerechte zugleich der beste Dieb sein (Rep. 333 e f.). Andererseits findet sich eine sokratische Deutung der *aretê* noch in Platons Spätwerk (vgl. Polit. 298 a ff.). Es ist daher wohl richtiger anzunehmen, Platon habe die Auffassung nur relativieren und modifizieren wollen. Bei Aristoteles fällt die Ablehnung der *technê*-Analogie zwar deutlicher aus; grundsätzlich steht aber auch Aristoteles dem gemeinten Gedanken nahe. Er vergleicht den Tugenderwerb explizit mit dem Erlernen der Baukunst und des Kitharaspiels (EN 1103 a 31 ff.). Durch Sextus Empiricus wissen wir schließlich, daß auch die Stoiker die Tugend als eine *technê* interpretiert haben (vgl. PH III 239–278). Die in hellenistischer Zeit beliebte Bestimmung der Philosophie als einer *technê tou biou* haben wir bereits kennengelernt (Kap. 1); für sie ist der Tugenderwerb gleichfalls zentral.

Im Deutschen übersetzt man *technê* meist mit „Handwerk". Dadurch wird die von Sokrates anvisierte These allerdings so gut wie unverständlich. Sie läßt sich dann weder mit unserem gewöhnlichen Tugendbegriff vereinbaren noch mit unseren Vorstellungen von der Tätigkeit eines Handwerkers. Warum sollten Tapferkeit, Gerechtigkeit oder Mäßigung etwas mit einer manuellen Arbeit zu tun haben, die vielleicht solide und gediegen, aber moralisch und intellektuell nicht sonderlich anspruchsvoll ist? Erst recht führen die vormodernen, antiintellektualistischen und romantischen Konnotationen, die unser Begriff des Handwerks gelegentlich aufweist, in die Irre, vom Ausdruck „Technik" ganz zu schweigen. Platon denkt bei seiner *technê*-Interpretation der Tugend nicht nur an Schuster, Gerber oder Köche, sondern ebenso an Ärzte, Rhetoren oder Feldherren (Gorg. 491 a). Adäquater ist die Übersetzung von *technê* als Kunst, sofern man den Ausdruck so versteht wie innerhalb des Ausdrucks „kunstgerechtes Vorgehen“. Eine Kunst setzt ebenso wie eine *technê* individuelle Begabung voraus, den Erwerb von Fachkenntnissen, die alltägliche Vertrautheit mit den unterschiedlichen Aspekten der jeweiligen Materie und verlangt eine ausdauernde Einübung. Zudem wird eine Kunst nicht arbeitsteilig betrieben, sondern zielt auf ein vollständiges Produkt oder eine ganze Dienstleistung. Um der Bestimmung der Tugend als *technê* näher zu kommen, empfiehlt sich also die Wiedergabe des Begriffs als „Fachkompetenz“ oder ausführlicher als „Fähigkeit, die auf qualifiziertem Fachwissen und auf praktischem Können im Hinblick auf einen ganzen Lebensbereich beruht“.

Insbesondere schließt der *technê*-Begriff die Vorstellung einer bestimmten Leistung, eines Produkts oder Resultats ein (vgl. *Euthydemos* 291e f.). Eine *technê* beinhaltet stets ein angewandtes, praktisches und handlungswirksames, nicht ein theoretisch-folgenloses Wissen. Das Wissen einer *technê* zielt also stets auf ein Ziel (*telos*) und erzeugt ein spezifisches Produkt oder Ergebnis (*ergon*). Damit sind folgende zwei Aspekte verbunden. Zum einen versetzt eine *technê* in die Lage, die geeigneten Mittel für das *telos* oder *ergon* zu bestimmen, herzustellen oder auszuwählen. Zum anderen schließt sie die Fähigkeit ein, die Mittel richtig einzusetzen und so das Ziel tatsächlich zu erreichen. Mit einem beliebten Vergleich gesprochen: Der Arzt versteht sich sowohl auf die Auffindung, Herstellung oder Auswahl von Medikamenten als auch auf ihre optimale Anwendung zur Erlangung der Gesundheit. Auf die Tugend übertragen heißt dies: Als eine *technê* muß sie sowohl dazu imstande sein, die geeigneten Mittel für ihr *telos* oder *ergon* bereitzustellen, als auch dazu, es tatsächlich zu erreichen. Aristoteles hat demgegenüber zu bedenken gegeben, daß die Tugenden auf eine richtige Handlung (*praxis*) zielten, während Künste hervorbringend (*poiêsis*) und daher auf ein externes Werk (*ergon*) gerichtet seien (EN 1140a 10ff.). Daraus ergibt sich freilich nur eine begriffliche Differenzierung, nicht eine Zurückweisung des *technê*-Charakters der Tugenden. Aristoteles selbst interpretiert die Tugend als ein Leben nach der artspezifischen Leistung des Menschen (*ergon tou anthrôpou*: EN I 6). Die für den Menschen kennzeichnende Leistung ist danach die Vernunfttätigkeit; allerdings stellt die Vernunfttätigkeit ein Handeln und kein „Produkt" dar. Eine weitere Grenze des *technê*-Vergleichs liegt darin, daß das Tugendwissen nicht bereichsspezifisch ist, ein Einwand, der von Platon und Aristoteles erhoben wird.

(VI) Die verschiedenen Tugenden bilden eine Einheit (vgl. Prot. 329c–333e) oder schließen einander zumindest wechselweise ein (z.B. SVF III 295; 297; 299). Die erste Ansicht ist klar: Die verschiedenen Charaktermerkmale, die man in Tugendkatalogen zusammenfassen kann, sind nicht nur miteinander vereinbar; sie sollen substantiell identisch sein und allenfalls in beiläufiger Weise voneinander differieren. Näherhin kann diese These entweder bedeuten, daß die verschiedenen Tugendbezeichnungen für eine einzige Tugend stehen, zugleich aber deren unterschiedliche Gegebenheitsweisen zum Ausdruck bringen (extensionale Äquivalenz), oder sie kann besagen, daß verschiedene Tugenden lediglich in der Bezeichnung differieren (intensionale Äquivalenz). Gemeint ist wohl die erste Möglichkeit; denn sonst müßte ja geleugnet werden, daß die unterschiedlichen Bezeichnungen überhaupt sinnvoll sind. In der antiken Tugendethik ist aber unbestritten, daß Eigenschaften wie Gerechtigkeit, Frömmigkeit, Tapferkeit, Besonnenheit und Weisheit sachlich voneinander unterscheidbar sind; sie sollen „Teile" (*moria* oder *merê*: z.B. Prot. 349d) einer einzigen Tugend sein. Hinter ihnen steht als Einheitsmoment das sittliche Wissen (*epistêmê*) oder die praktische Einsicht (*phronêsis*). Die alternative These ist um eine Nuance schwächer; sie behauptet nicht die Identität aller Tugenden, sondern nur ein wechselseitiges Implikationsverhältnis aller Tugenden (*antakolouthia*, *coniunctio mutua*). Demnach kann niemand eine Tugend besitzen, wenn er nicht zugleich über alle anderen verfügt: Wer eine einzige Tugend hat, hat alle, wer eine Tugend nicht hat, hat überhaupt keine. Im Fall der Antakoluthie-These ist der Zusammenhang zwischen den Tugenden nicht nach dem

Art-Gattungs-Schema zu verstehen. Die Einzeltugenden sind nicht Teilmengen der *phronêsis*, sondern deren bereichsspezifische Ausprägungen. Der Zusammenhang zwischen den Tugenden beruht so gesehen auf der *phronêsis* nicht im Sinn eines zusammenfassenden Oberbegriffs, sondern im Sinn einer zugrundeliegenden und erklärenden Grundeigenschaft. Die *phronêsis* steht als die eine praktische Vernunft hinter den verschiedenen vernünftigen Charakterhaltungen.

Daraus folgt, daß es unmöglich sein soll, daß jemand tapfer, aber zugleich habgierig und geizig ist. Nach antiker Auffassung – wichtig scheint hier der Sokrates-Schüler Eukleides von Megara (vgl. DL II 106) – gibt es keinen Partikularbesitz von Tugenden. Bestritten wird mit der These ferner, daß Tugenden je nach sozialem Stand, Beruf, Rolle, Geschlecht, Alter, nach persönlichen Eigenschaften usw. differieren. Antisthenes etwa sagt: „Die Tugend des Mannes und der Frau ist dieselbe" (DL VI 12). Und bei den Stoikern heißt es, die Tugend sei für Götter und Menschen, Mann und Frau, Adlige und Bauern, Freie und Sklaven identisch (SVF III 245ff.). Vor allem folgt aber, daß Teiltugenden niemals miteinander in Konflikt geraten können. Beispielsweise soll es ausgeschlossen sein, daß Tapferkeit und Besonnenheit zu unterschiedlichen oder gar gegenläufigen Verhaltensweisen führen. Echte Tapferkeit beinhaltet vielmehr Besonnenheit ebenso, wie echte Besonnenheit das Moment der Tapferkeit einschließt. Bei der tiefgreifenden Einstellungsänderung, die mit dem Tugenderwerb gemeint ist, soll es sich um den Erwerb einer einzigen, konsistenten, ja sogar homogenen Haltung handeln. Tugenden werden zwar schrittweise, aber nicht additiv erworben. Vielmehr besteht der entscheidende Schritt in einer – mit Kant gesprochen – ebenso plötzlichen wie grundlegenden „Umwandlung der Denkungsart" oder „Revolution in der Gesinnung" (AA VI 47f.).

Soweit ein knapper Überblick über die systematischen Grundlagen der antiken Tugendethik. Die genannten Bedenken dürften damit entkräftet sein. Aber natürlich lassen sich wichtige weitere Einwände gegen die skizzierte Tugendkonzeption vorbringen. Insbesondere scheint der Vernunftbegriff, der der antiken Tugendethik zugrundeliegt, gegenwärtig kaum noch vertretbar zu sein. Es stellen sich gravierende Bedenken dagegen ein, daß es ein Wissen geben soll, das in begrifflicher Form lehrt, was angemessenes Verhalten ist, wie es anzuwenden ist und das überdies sogar habituell tugendhaft macht. Auch scheint die These von der Formbarkeit des Charakters durch Wissen grundsätzlich auf einer zu optimistischen Annahme zu beruhen. Das Problem der psychischen Widerstände scheint auf diese Weise unterschätzt zu sein (vgl. aber Kap. 4).

3.3 Positionen der antiken Tugendethik

Natürlich hat der Tugendbegriff im Altertum nicht allein eine philosophische Bedeutung; auch innerhalb der Alltagsmoral oder in der Literatur spielt er eine zentrale Rolle. Der Ausdruck *aretê* (lat. *virtus*) bezeichnet dabei immer einen Bestzustand. In einem außermoralischen Sinn steht er zunächst für die funktionale Tauglichkeit von Dingen: So wird in der *Ilias* Schnelligkeit als die „*aretê* der Füße“ oder Fruchtbarkeit als die „*aretê* der Erde“ bezeichnet. Im Hinblick auf Personen meint der Begriff dagegen den Lebenserfolg oder bestimmte sozial anerkannte Charakterqualitäten sowie sittliche Vorzüge. In Hesiods bekanntem Vers „Vor die *aretê* haben die unsterblichen Götter den Schweiß gesetzt“ (*Erga kai hêmerai* 289) steht der Ausdruck für den Lebenserfolg eines Menschen und die daraus resultierende soziale Anerkennung. Gelegentlich kann man dem Mißverständnis begegnen, der Aspekt der funktionalen Bestheit bilde insgesamt das Fundament des *aretê*-Begriffs. So meint etwa MacIntyre (1987, 164ff.), am Heldenideal der *Ilias* zeige sich die funktionale Verwurzelung des Begriffs innerhalb der archaischen heroischen Gesellschaft. Jedoch, schon im griechischen Epos kann der *aretê*-Begriff auf eigenwillige und untypische Persönlichkeiten wie Achilleus und Odysseus angewandt werden, nicht nur auf die Idealfiguren einer Helden- oder Adelsethik. Für den römischen Kulturbereich wirkt MacIntyres Ansicht fast triftiger; der Begriff *virtus* drückt dort meist eine Wertschätzung aus, die sich auf die Tatkraft bedeutender Staatsmänner und ihre politisch-militärischen Leistungen richtet (vgl. z.B. bei Sallust sowohl am Beginn der *Coniuratio Catilinae* als auch des *Bellum Iugurthinum*).

Das Problem, bei dem die philosophische Tugendreflexion der Sophisten und des Sokrates einsetzt, liegt in der mangelhaften Klarheit und Konsistenz des traditionellen Begriffsgebrauchs. Sokrates, wie er in Platons Frühdialogen bis hin zur *Politeia* erscheint, stellt die Unzulänglichkeit des gewöhnlichen Redens über Tapferkeit, Frömmigkeit oder Gerechtigkeit scharf heraus. Bereits zuvor findet sich in der Tragödie die Einsicht, daß die überlieferten moralischen Standards erhebliche Widersprüche aufweisen können: In der *Orestie* des Aischylos wird die Frage, ob Orest sich an Klytaimestra rächen soll, als unentscheidbar dargestellt, und ebenso kommt es in der *Antigone* des Sophokles zu einem unaufhebbaren Konflikt zwischen ritueller Moral und Staatsraison. Auch erscheint bereits in der Tragödie der Versuch, traditionelle Auffassungen zu systematisieren. In Aischylos' *Sieben gegen Theben* (Vers 610) taucht erstmals eine Liste von vier zentralen Tugenden auf. Diese Tendenz bestimmt auch die sokratische Tugendkonzeption; in Platons Frühwerk finden sich Tugendlisten mit der Tendenz zur Standardisierung (Men. 74a und 88a; Prot. 330a f.). Der mittlere Platon hat dann das später als „Kardinaltugenden" bezeichnete Viererschema von Weisheit, Tapferkeit, Besonnenheit und Gerechtigkeit geprägt (*sophia*, *andreia*, *sôphrosynê*, *dikaiosynê*; vgl. North 1966). Demgegenüber repräsentiert Aristoteles mit seinen längeren und gänzlich undogmatischen Tugendlisten (EN II 7ff; *Rhetorik* 1366b 1ff.) die traditionelle und populäre Auffassung, wonach es wesentlich mehr Charaktervorzüge geben soll.

Dem historischen Sokrates ist die These von der Lehrbarkeit der Tugend zuzuschreiben (vgl. Prot. 361a; Men. 89d). Im Unterschied zum Sophisten Protagoras, der seine Vorstellung einer philosophischen Bildung programmatisch in den drei Begriffen Naturanlage, Lehre und Übung zusammenfaßt (*physis*, *didaskalia*, *askêsis*: DK 80B3), legt Sokrates ausschließlichen

Wert auf die kognitive Schulung. Dies hängt mit dem bekannten „moralischen Intellektualismus" des Sokrates zusammen, demzufolge „niemand freiwillig schlecht" handelt (Men. 77b ff.; Gorg. 466e; Prot. 358d u.ö.). Unmoralisches Verhalten ist so betrachtet ein Zeichen von Unwissenheit. Wie es dann aber möglich ist, daß jemand lügt, also wissentlich die Unwahrheit sagt, ist schon vom frühen Platon, vielleicht sogar vom historischen Sokrates diskutiert worden (*Hippias minor* 376b; vgl. Kap. 4.2). Sokrates zufolge beruht Tugend allein auf einem Tugendwissen, und dieses soll, wie wir sahen, im Sinn einer *technê* zu verstehen sein. So gelangt er dazu, im Wissen die notwendige und zugleich hinreichende Bedingung richtigen Handelns zu sehen (vgl. Men. 87c). An die Stelle eines Adels- oder Heldenethos setzt Sokrates ein philosophisches Tugendideal, das von Faktoren wie Herkunft, sozialer Stellung, körperlichen Vorzügen usw. unabhängig ist und das prinzipiell von jedem erreicht werden kann. Bereits Aristoteles hat Sokrates allerdings vorgeworfen, seine Tugendkonzeption sei einseitig intellektualistisch und mißachte die Existenz eines irrationalen Seelenteils (MM 1182a 19ff.).

Möglicherweise hat Sokrates die Tugend als ein bloßes Mittel aufgefaßt, nämlich als Instrument zur Erlangung der *eudaimonia*; unter dem Glück hätte er dann wohl Lust oder Vergnügen verstanden. Diese These von Terence Irwin (1977 und 1995) stützt sich auf die Beobachtung, daß erst der platonische Dialog *Gorgias* die Gleichsetzung von Lust und Gut ablehnt. Der Sokrates des Dialogs *Protagoras* versteht dagegen noch Lust als das erstrebenswerte Gut. So betrachtet wäre der historische Sokrates ein „Instrumentalist" gewesen, während Platon diese Ansicht nach und nach zugunsten einer eigenen, nicht-instrumentellen Auffassung der Tugend zurückgewiesen hätte. Plausibler als Irwins These ist jedoch die Ansicht, Sokrates habe die Tugend als ein eindeutiges, nicht-ambivalentes Gut verstanden, durch das der Gebrauch aller anderen Güter berichtigt wird und das deshalb notwendig zum Glück hinführt. So betrachtet hätte er die *aretê* nicht als bloßes Mittel gutgeheißen, sondern als Mittel und Ziel zugleich. Er hätte sie als erstrebenswert um ihrer selbst willen angesehen, und zwar insofern, als die nützlichen Folgen konstant und zuverlässig eintreten. Ähnlich kann man auch den Zusammenhang von Tugend und Glück bei Platon und Aristoteles und erst recht bei den Stoikern nicht als „instrumentell" bezeichnen.

Der frühe Platon scheint weitgehend sokratisch geprägt zu sein. In seinem Dialog *Protagoras* wird die These von der im Wissen begründeten Einheit der Tugenden zwar einem Einwand ausgesetzt: Einzeltugenden könnten einander widersprechen (329c f.). Beispielsweise könne es zum Konflikt zwischen Besonnenheit und Tapferkeit kommen (349d ff.). Platon hält dennoch an der intellektualistischen Einheitsthese fest. Es wird aber nicht besonders klar, wie die These im *Protagoras* oder im *Laches* zu verstehen ist. Mit der fraglichen Einheit könnte einerseits eine strikte Identität der Tugenden anvisiert sein (so Penner 1973); nach einer konkurrierenden Deutung hat Platon Einzeltugenden für Teile eines Ganzen gehalten (so Vlastos ²1981). Die Lehrbarkeit und Einheit der *aretê* macht die Tugend für Platon jedenfalls nicht zu einer leichthin erreichbaren Größe; er läßt seinen Sokrates bekennen, das Tugendwissen weder selbst zu besitzen noch jemanden zu kennen, der es besitzt (Men. 71b f.). Zieht man das typisch sokratische „Versteckspiel" ab, seine Ironie (*eirôneia*), so dürfte gemeint sein: Unter den Zeitgenossen erreicht niemand außer Sokrates die Tugend tatsächlich. Sokrates' Weisheit, Tapferkeit und Besonnenheit werden ausführlich im *Symposion* geschildert, seine Gerechtigkeit in der *Apologie* und im *Kriton*.

Eine neuartige theoretische Grundlage für seinen Tugendbegriff entwickelt Platon in der *Politeia*, und zwar im Ausgang von einem funktionalen Begriffsverständnis, das er am Beispiel von Pferden, Rebscheren oder Augen erläutert (Rep. 352d–354d). Einige Entitäten, so Platon, besitzen eine artspezifische Leistung (*ergon*), etwas, das von der betreffenden Art entweder ausschließlich oder doch am besten zustande gebracht wird. Ein solches Ding erfülle seine Funktion aber entweder gut oder schlecht. Daher könne man für jede Art von Entität, die ein *ergon* besitze, eine entsprechende optimale Tauglichkeit, eben ihre Tugend (*aretê*) angeben. Im vierten Buch der *Politeia* knüpft Platon bei seiner Deutung personaler Tugend an diese Deutung des *aretê*-Begriffs an. Die Gerechtigkeit sei als Tugend der gesamten Seele zu verstehen; folgerichtig sei eine Seele (und analog dazu ein Staat) dann gerecht, wenn sie (bzw. der Staat) ein funktionales Optimum erreiche. Das soll in dem Augenblick der Fall sein, wenn die Seele „das Ihrige tut" (*ta hautou prattein*: 433a), also ihre spezifische Funktion erfüllt. Platon deutet die so verstandene Gerechtigkeit als Einheitsmoment der drei weiteren Tugenden Besonnenheit, Tapferkeit und Weisheit, die er den drei von ihm unterschiedenen Seelenteilen *epithymêtikon* (begehrlicher Teil), *thymoeides* (Strebevermögen) bzw. *logistikon* (rationaler Teil) zuordnet. Die Tugenden der Seelenteile werden dabei ebenfalls als deren jeweiliges funktionales Optimum gedeutet. Die vier Tugenden stehen also in einem notwendigen Verhältnis zueinander; gemäß der Antakoluthiethese kommt keine ohne die andere vor (428a). Allerdings sind die Einzeltugenden nach dem Modell der *Politeia* weder als miteinander identisch noch als Ausprägungen einer einzigen Tugend zu verstehen. Die vollkommene *aretê* besteht vielmehr im optimalen Zusammenspiel der drei bestmöglich orientierten Seelenteile eines Individuums (bzw. der drei Stände eines Staates). Platon vertritt also die Einheitsthese nicht mehr im sokratischen Sinn. Nach seiner eigenen Version sind die Tugenden als eine harmonische Ordnung unterschiedlicher Vermögen aufzufassen. Das Einheitsmoment der Tugenden beruht aber noch immer auf der philosophischen Einsicht, und zwar insofern, als die Einzeltugenden durch die Wirkung der Vernunft auf die Seelenteile zustande kommen und bestehen bleiben. Damit gelangt Platon zu einer Auffassung, die der des Sokrates zumindest verwandt ist (s. unten S. 169ff.)

Der späte Platon rollt das Problem eines Konflikts zwischen den Teiltugenden Tapferkeit und Besonnenheit erneut auf (Polit. 306a ff.): Auch hier kann es aber kaum um eine Widerlegung der Einheitsthese gegangen sein; Platon scheint eher zeigen zu wollen, daß die „königliche Staatskunst" zur Beachtung bestimmter seelischer Tendenzen von Individuen verpflichtet und fähig ist. Die These von der Einheit der Tugenden wird schließlich bis zu Platons *Nomoi* wiederholt; dort wird das Tugendproblem aber eher exponiert als theoretisch bewältigt (Leg. 696b; 709b f.; 963c ff.). Daneben thematisiert Platon in breiter Form die sogenannten gewöhnlichen *aretai*. Auch hier besteht Kontinuität. Bereits im *Phaidon* trifft er die Unterscheidung zwischen der „wahren Tugend", die auf *phronêsis* beruhen soll, und deren „Schattenbild", der auf bloßer Übung basierenden „populären oder bürgerlichen Tugend" (*dêmotikê kai politikê aretê*: 69b und 82a–b). Ebenso gesteht er in *Politeia* IV den Wächtern zwar eine Tugend zu, für die es lediglich der Gewöhnung (vergleichbar dem wiederholten Einfärben von Wolle: 429d–e) und der „richtigen Meinung" (*orthê doxa*: 430b) bedürfe. Er macht jedoch deutlich, daß damit von der eigentlichen Tugend noch gar nicht die Rede ist (430c; vgl. 443c f.). Daß Platon daran festgehalten hat, daß die wahre Tugend auf Einsicht beruht, ist also eine gut begründbare Interpretation.

Aristoteles behandelt den Tugendbegriff umfassender und stärker phänomenorientiert, als dies für Sokrates oder für Sokratiker wie Platon und die Stoiker gilt. Zum einen löst er die sokratische Verbindung von kognitiven und moralischen Vorzügen auf und entwickelt seine Konzeption „charakterlicher" sowie „intellektueller" Tugenden getrennt voneinander (*aretai êthikai – aretai dianoêtikai*). Zum anderen beschränkt er seine Tugendlisten nicht auf vier oder fünf Kardinaltugenden; er nennt über ein Dutzend ethische und zudem fünf dianoetische Tugenden, deren Eigenschaften er ausführlich darstellt (EN III 9–VI). Aristoteles scheint in beiden Punkten die vorphilosophische Auffassung gegen Sokrates rehabilitieren zu wollen. Anti-sokratisch wirken auch vier weitere Aspekte der aristotelischen Tugendkonzeption. Zunächst lehnt er die Identitäts- und die Suffizienzthese ab; die Tugend ist mit dem Glück weder gleichzusetzen noch allein zur Glückserlangung hinreichend (vgl. Kap. 2). Sodann problematisiert er die *technê*-Konzeption, wie wir schon sahen, mit dem Argument, die

Tugend bringe anders als eine Kunst oder ein Handwerk kein Produkt hervor (zu weiteren Einwänden vgl. EN 1140b 21–30). Überdies weist er die Einheit der Tugenden scheinbar ganz zugunsten einer offenen Analyse ohne Anspruch auf Vollständigkeit zurück. Und schließlich lehnt er den moralischen Intellektualismus mindestens teilweise ab und betont die Wichtigkeit von Übung und Gewöhnung für den Tugenderwerb: Ein gerechter Mensch werde man durch gerechte, ein besonnener durch besonnene Handlungen (EN 1105b 9–12; 1114a 7–10).

Näher betrachtet ist der Eindruck einer anti-sokratischen Tendenz bei Aristoteles allerdings deutlich zu relativieren. Zum ersten Punkt: Auch wenn Aristoteles zahlreiche weiteren Güter (wie Wohlstand, einen guten Ruf oder wohlgeratene Nachkommen) für glücksrelevant hält, spielen die Tugenden doch die entscheidende Rolle für ein gelingendes Leben. Was äußere oder körperliche Güter und selbst andere intrinsische Güter von der Tugend unterscheidet, ist nämlich, daß man letztere nach Aristoteles als etwas in sich Wertvolles wählen *soll*. Von den beiden entscheidenden Tugenden *sophia* und *phronêsis* sagt er, sie seien „notwendig um ihrer selbst willen zu wählen" (EN 1144a 1f.). Wie Sokrates meint auch Aristoteles, daß Tugenden in die Lage versetzen, den richtigen Gebrauch aller anderen Güter zu handhaben, und er denkt, daß sie selbst nicht mißbrauchbar, also nicht-ambivalent gut sind. Zweitens differenziert Aristoteles gelegentlich genauer, in welchem Sinn man der Tugend doch ein „Produkt" (*ergon*) zuschreiben kann. Er sagt, die *sophia* erzeuge zwar nichts auf die Weise, wie die Medizin die Gesundheit hervorbringe; sie erzeuge aber die *eudaimonia* so, wie Gesundheit (als vorübergehender Zustand) Gesundheit (als lebenslangen Zustand) hervorbringt (EN 1144a 3–5). Tugend und Glück haben also ein direkteres Verhältnis zueinander, als dies für den Zusammenhang anderer Wissensformen zu ihren praktischen Ergebnissen gilt; sie verhalten sich wie Teil und Ganzes zueinander. Im Hintergrund steht folgende Theorie: Aristoteles versteht unter einer Tugend den Vollendungszustand eines bestimmten Seelenteils; das Glück des Menschen ergibt sich aus der Aktivität der optimal entwickelten Seelenteile. Für Aristoteles besteht das höchste, glücksrelevanteste Gut in der „spezifischen Leistung des Menschen“ (*ergon tou anthrôpou*); mit ihr ist die „Tätigkeit der Seele gemäß der Tugend“ gemeint (EN 1098a16 f.). Überdies spricht Aristoteles ausdrücklich von der Einheit der moralischen Tugenden in der *phronêsis* (EN 1145 a 1 f.); in dieser Aussage ist die These von der Antakoluthie oder Reziprozität der moralischen Tugenden enthalten (vgl. MM 1199 b 36–1200 a 11). Die *sophia* wird gegenüber allen anderen Wissensformen (einschließlich der *phronêsis*) als höchste und glücksrelevanteste Tugend ausgezeichnet (EN 1141 a 12–20). Und schließlich zielt Aristoteles mit seiner Betonung der moralischen Übung, die bereits in jungen Jahren beginnen soll, auf eine Schulung der Affekte, denen er dabei eine kognitive Bedeutung für die Bestimmung des Richtigen verleiht. Keineswegs ist gemeint, die Tugend sei ein non-kognitiver Habitus, der auf eine bloße Konditionierung oder „Abrichtung“ zurückgehe. Die Bestimmung der Tugend als „einer Mitte für uns“ soll vielmehr auf einer „festen Haltung der richtigen Entscheidung“ (*hexis prohairetikê*) beruhen, die nur dem „praktisch Einsichtigen“ (*phronimos*) zugestanden wird (EN II 6).

Die zuletzt genannte Konzeption der Tugend als einer „Mitte“ (*mesotês*-Lehre) ist prominent, aber alles andere als eindeutig und nur schwer zu interpretieren. Nach der *mesotês*-Lehre versteht sich die tugendhafte Person darauf, die richtige Wahl zwischen einander entgegengesetzten, extremen Affekten und Handlungsoptionen zu treffen. Gemeint ist sicher nicht, es gebe eine methodische Regel zur Auffindung des Richtigen, eine Regel, die sich abstrakt formulieren ließe. Aristoteles bindet die Fähigkeit ausschließlich an die Person des Tüchtigen. Interpretiert man dies allerdings im Sinn der These, der Tugendhafte handle stets angemessen, dann erscheint die Lehre als trivial, fast als tautologisch: Wer einen guten Charakter und moralisches Urteilsvermögen besitzt, handelt in jeder Situation richtig (d.h. zum richtigen Zeitpunkt, durch die Wahl der richtigen Mittel, unter Berücksichtigung verschiedener Perspektiven und gegenläufiger Interessen, unter angemessener

Beteiligung aller seiner „Persönlichkeitsanteile", aus den richtigen Motiven usw.). Dann wäre auch schwer zu verstehen, inwiefern das Richtige ein „Mittleres" sein soll; richtig könnte ja auch der letztmögliche Zeitpunkt, ein extremes Mittel usw. sein. Hält man an den Aussagen zur Mitte zwischen den Extremen fest, so erscheint die Konzeption dagegen hauptsächlich als ein Traditionsgut. Aristoteles würde die Warnung der Sieben Weisen vor jeglichem Übermaß (*mêden agan*) aufgreifen und zudem bestimmte Methoden aus der zeitgenössischen Medizin auf die Ethik übertragen (vgl. Wehrli 1951; zum Hintergrund bei Platon vgl. Krämer 1959). In diesem Fall wäre wohl Kants Kritik berechtigt; er referiert Aristoteles' Position so, daß die Tugend die Mitte zwischen einander entgegengesetzten Lastern bilde, z.B. zwischen Geiz und Verschwendungssucht (AA VI 404). Kant sagt nun mit Recht, das Laster des Geizes sei von der Tugend der Sparsamkeit nicht durch das Kriterium eines Zuviel oder Zuwenig unterschieden, sondern durch die zugrundeliegende böse bzw. gute Handlungsmaxime. Kant träfe jedoch Aristoteles' Absicht dann nicht, wenn dieser die Charakterhaltung der tugendhaften Person hätte beschreiben wollen. Nach Aristoteles geht es nämlich um eine „Mitte in Bezug auf uns", d.h. um die richtige Bestimmung unserer Affekte und Handlungseinstellungen. Versteht man die *mesotês*-Lehre so, dann wüßte der Einsichtige (*phronimos*), Übermaß und Mangel in seiner Affektlage und seinen Handlungsbeurteilungen zu vermeiden, und nähme aufgrund seines ausgeglichenen Innenzustands stets die richtige äußere Haltung ein. Ein solcher Habitus des Auffindens richtigen Verhaltens wäre dann durchaus mit Kants Begriff eines „guten Willens" vergleichbar, also mit der dauerhaften Orientierung am moralischen Gesetz (vgl. Korsgaard 1996, Sherman 1997). Tatsächlich haben die antiken Peripatetiker Aristoteles so verstanden, als rate er zu einer „mittleren Affektlage" (*metriopatheia*). Andererseits wirft auch diese Textdeutung wiederum gravierende Probleme auf.

In der hellenistischen Philosophie wird der sokratische Gedanke, daß die Tugend in einzigartiger Weise glücksrelevant sei, übereinstimmend von den Stoikern und den Epikureern vertreten, allerdings mit unterschiedlicher Ausrichtung. Die Stoiker spitzen die These bereits seit Zenon von Kition zu der Behauptung zu, die Tugend sei das einzige Gut, während das Laster das einzige Übel darstelle und alle anderen Faktoren gleichgültig (*adiaphora*) seien. Daher besitzt die Grundformel der stoischen Ethik, man solle „in Übereinstimmung" oder „gemäß der Natur leben" (*homologoumenôs zên*, *kata physin zên*) in der Formel „gemäß der Tugend leben" (*kat' aretên zên*: SVF I 180) ein präzises Äquivalent. Tugend meint im sokratischen Sinn ausschließlich den Besitz von sittlicher Einsicht (*phronêsis*). Unter der Tugend ist also die zum Habitus (*diathesis*) gewordene „richtige Vernunft" (*orthos logos*) zu verstehen; die Vernunft beseitigt alle Affekte. Während Aristoteles zwischen dem bloßen Besitz und der Aktivierung der Tugend unterschieden hat (EN 1098 b 31 ff.), setzt Zenon beides gleich; niemand könne die Tugend besitzen, ohne sie zugleich beständig anzuwenden (SVF I 199; III 4). Für die Stoiker ist die Haltung der tugendhaften Persönlichkeit – pointierter als bei Platon und Aristoteles – auf das Tun des sittlich Guten (*kalon*) ausgerichtet. Denn der stoische *aretê*-Begriff hängt eng mit der Vorstellung einer Gemeinschaft aller Vernunftwesen im Kosmos zusammen. Einzeltugenden ergeben sich nach stoischer Lehre als spezifizierte Formen des Vernunftbesitzes; das moralisch Verpflichtende differenziere sich je nach Handlungsbereich zu den verschiedenen Tugenden aus. Diogenes Laertios referiert diese Auffassung so: „Dasjenige, was getan werden muß, umfasse zugleich auch dasjenige, was man wählen müsse, was man hinnehmen müsse, woran man festhalten müsse und was man zuzuteilen verpflichtet sei. [...] Eine jede der Tugenden habe einen hauptsächlichen Wirkungsbereich: Die Tapferkeit beziehe sich auf das, was man hinnehmen müsse, die Klugheit auf das, was zu tun sei, was nicht zu tun sei und was keinem von diesen beiden Bereichen angehöre" (SVF III 295). Entsprechend sei Gerechtigkeit „das Wissen, das jedem das Gebührende zuteilt" oder „Feigheit die Unwissenheit in Bezug auf das, was man fürchten müsse, nicht fürchten müsse oder keines von beidem“ (SVF III 262). Wie Platon vertritt Chrysipp die Lehre von vier Kardinaltugenden, die untereinander im Verhältnis der *antakolouthia* stehen sollen. Daneben kennt er aber noch zahlreiche untergeordnete Tugenden (vgl. SVF III 262ff.). In ihrer ausführlichen Bestimmung und Beschreibung folgt Chrysipp eher Aristoteles, was ihm den Vorwurf eingetragen hat, er führe entgegen Platons Warnung einen ganzen „Bienenschwarm von Tugenden“ ein (SVF III 255). Nach stoischer Auffassung soll es einen bestimmten Übungsweg hin zur Tugend geben; dennoch macht der „Fortschreitende“ (*prokoptôn*) keine lineare Entwicklung durch. Er erwirbt die Tugend vielmehr schlagartig; danach bildet sie seinen unverlierbaren Besitz. Da die Stoiker die These vertreten, die Tugend sei unter gleichgültig welchen Außenumständen oder körperlichen Voraussetzungen hinreichend für die *eudaimonia*, verhält sich die Tugend zum Telos Glück nicht bloß instrumentell; vielmehr ist sie „um ihrer selbst willen erstrebenswert“ (SVF III 38ff.).

Der letzte Punkt, also der Selbstzweckcharakter der Tugend, markiert den zentralen Unterschied zur Tugendauffassung Epikurs. Zwar vertritt auch Epikur die These von der Vernünftigkeit der *aretê*; die Tugend – und das meint auch für ihn die vier Kardinaltugenden (vgl. fin. I 42ff.) – geht aus der richtigen Einsicht hervor. Außerdem gesteht er ihr die Stellung einer notwendigen Glücksbedingung zu. Nach Epikur „sind die Tugenden mit dem lustvollen Leben wesentlich verbunden, und das lustvolle Leben ist von ihnen untrennbar“ (*Brief an Menoikeus* 132; vgl. KD 5). Die *aretê* gilt für Epikur jedoch nicht als ein intrinsisches Gut, sondern lediglich als Instrument zur Lusterlangung (vgl. Us. 504). Betrachtet man die Tugend als einen Selbstzweck, so führt dies nach Epikur zu einer unsinnigen Form von Selbstbeschränkung und Enthaltsamkeit. Stattdessen erhält die *aretê*, sogar die Gerechtigkeit, bei ihm einen instrumentellen Charakter; nach Cicero soll er die glücksfunktionalen Tugenden sogar als „Dienerinnen der Lust“ verstanden haben (fin. II 69). Epikur meint beispielsweise, der Wert der Gerechtigkeit ergebe sich daraus, daß ungerechtes Verhalten wegen der Furcht, entdeckt zu werden, für innere

Unausgeglichenheit sorge und damit die Seelenruhe störe (KD 17). Auch wenn die Tugenden in Epikurs Konzeption ein unentbehrliches Mittel der Glückserlangung bilden, versteht er sie dennoch nicht als eindeutige, nicht-ambivalente Güter: Sie können mitunter zum Schlechten, also zur Unlust, ausschlagen; dann aber sind sie zu meiden (vgl. Us. 70; 116).

Im spätantiken Neuplatonismus besteht beim Tugendbegriff eine starke Tendenz zur Systematisierung und Harmonisierung der Tradition. Dabei werden divergierende klassische und hellenistische Positionen miteinander verknüpft, etwa die stoische und die peripatetische Affektlehre oder die Lehre von zahlreichen Elementartugenden einerseits und die von vier Kardinaltugenden andererseits. Das geschieht vor allem so, daß unterschiedliche Lehren als gültig für verschiedene Ebenen der Wirklichkeit erwiesen werden sollen. Plotin folgt in seiner Konzeption hauptsächlich Platon; wie dieser unterscheidet er zwischen bürgerlichen (*politikai aretai*) und „höheren" Tugenden (*meizous*: *Enneade* I 2 [19] 1). Eine Zwischenstufe nehmen hierbei die Tugenden der Affektreinigung (*katharsis*), des Aufstiegs und der „Angleichung an Gott" ein (I 2 [19] 5). Die bürgerlichen Tugenden sowie die reinigenden, kathartischen Tugenden stellen insgesamt bloße Abbilder der höheren Tugenden dar; bei Plotin dürfte also mit den höheren Tugenden, die als Urbilder (*paradeigmata*) im Geist existieren (I 2 [19] 7), eine dritte Stufe gemeint sein. Die bürgerlichen Tugenden stehen für ein sittliches Verhalten unter widrigen irdischen Bedingungen (vgl. bes. VI 8 [39] 5), sind mithin nur erforderlich, solange man in der sinnlichen Welt leben muß. Demgegenüber sind die höheren, wahren Tugenden erst im Zustand der Freiheit von allem Materiellen und von allem Psychischen erreichbar. Sie bilden die notwendige Bedingung für die gedankliche Bewältigung philosophischer Prinzipienfragen; Plotin schreibt: „Ohne wahre Tugend ist es ein leeres Wort, von Gott zu sprechen" (II 9 [33] 15,39f.). Plotins Schüler Porphyrios unterscheidet vier Stufen der *aretai*: die bürgerlichen Tugenden, die „theoretischen Tugenden des Aufsteigenden", die „theoretischen Tugenden des Vollkommenen" und die „von allem Seelischen freien

Tugenden des Geistes“ (*Sententiae* 32). Die Bürgertugenden charakterisiert er durch die Aspekte „affektive Mittellage“ (*metriopatheia*), durch die Erfüllung pflichtgemäßer, sozial ausgerichteter Handlungen und durch die Harmonie und ein „spezifisches Tätigsein“ (*oikeiopragia*) aller Seelenteile. Die Tugenden des Fortschreitenden (*prokoptôn*) konzentrieren sich nach Porphyrios auf die *katharsis*, also auf die Ablösung des Individuums vom Materiell-Körperlichen mit dem Ziel der Affektfreiheit (*apatheia*) und der Vergeistigung. Die vollkommenen theoretischen Tugenden werden als Eigenschaften einer ungetrübten Geistestätigkeit interpretiert. Schließlich bezeichnet er die höchstmöglichen Tugenden des Geistes wie Plotin als „urbildlich“ (*paradeigmatikai*), da die untergeordneten als deren Abbilder zu verstehen seien.

Im christlichen Bereich speist sich der Tugendbegriff meist aus stoischen und neuplatonischen Quellen. Spezifisch christlich ist aber die Hinzunahme der paulinischen Trias von Glaube, Hoffnung und Liebe (*pistis*, *elpis*, *agapê*: *1. Korinther* 13,13), die zu den vier Kardinaltugenden entweder addiert oder ihnen vorgelagert wird. Obwohl mit Tugenden wie Nächstenliebe und Demut Elemente hinzukommen, die in der heidnischen Antike unbekannt waren (vgl. MacIntyre 1987, 232ff.), ist die christliche Tugend*philosophie* noch wesentlich traditionell orientiert. Beispielsweise vertritt Augustinus eine komplexe, eng an die Stufentheorie des Neuplatonismus angelehnte Tugendkonzeption. Augustinus behält die Tugendphilosophie der Antike insofern bei, als auch für ihn „die Tugenden zum wahrhaft glückseligen Leben führen“ (Brief 155,3,12). Zurückgewiesen wird freilich die „hochmütige Vorstellung der Philosophen“, man könne Tugend und Glück aus eigener Initiative und durch eigene Bemühungen erreichen (155,2,6). An die Stelle eigener Bemühung tritt bei Augustinus stärker, aber nicht ausschließlich, die Vorstellung göttlicher Gnade. Die Einheit der vier Kardinaltugenden soll in der Liebe zu Gott (*amor*, *caritas*) bestehen, wobei die Strebenstheorie ebenso wie bei den Neuplatonikern in einem metaphysischen Sinn interpretiert wird: Gott ist zugleich das höchste Strebensziel und das höchste Seiende. Zumindest an einer Stelle addiert Augustinus die vier Kardinaltugenden und die drei paulinischen Tugenden zu einer Siebenzahl (Brief 171A,2); ansonsten ordnet er die paulinische Trias den Tugenden Platons unter. Ähnlich wie beim Glücksbegriff (Kap. 2) besteht auch bei der philosophischen Tugendkonzeption eine grundsätzliche Kontinuität zwischen heidnischer und christlicher Antike, jedenfalls soweit sich die Kirchenväter um eine Auseinandersetzung mit der antiken Philosophie bemühen.

4. Hindernisse einer rationalen Lebensführung

Die antiken Ethiken beantworten die Glücksfrage, indem sie einen Zustand innerer Lebenszufriedenheit und habituellen Richtighandelns empfehlen. Einzig Aristoteles scheint daneben auch Güter wie angeborene Fähigkeiten, die soziale Stellung, Besitz, Freundschaft, Gesundheit, menschliche Beziehungen u.a. zu berücksichtigen. Auf moderne Leser wirken solche Modelle, vielleicht sogar das des Aristoteles, zu weltabgewandt und zu puristisch. Aber nehmen wir einmal an, ihre Auffassung sei richtig: Lebenszufriedenheit und Tugend ließen sich als Zentrum der Glücksfrage erweisen, während eine ausgedehnte Liste materieller, sozialer, körperlicher Güter usw. allenfalls von sekundärer Bedeutung wäre. Dann würden sich noch immer gravierende Probleme stellen, nämlich Fragen, die mit der Realisierbarkeit der antiken Glücksmodelle zusammenhängen. Konzeptionen von Lebenskunst, Glück oder Tugend können als Idealvorstellungen noch so attraktiv sein – falls sie sich im Alltagsleben als unpraktikabel oder unrealistisch erweisen, besitzen sie keine Bedeutung oder allenfalls den Wert einer utopischen Zielbestimmung. Sie können nur handlungsleitend sein, wenn sie von prinzipiell erreichbaren Zielen sprechen. Verständlicherweise stößt die Idee der moralischen Formbarkeit des Menschen, zumal wenn sie intellektualistisch eingefärbt ist und mit dem Pathos des Perfektionismus vorgetragen wird, in der Gegenwart überwiegend auf Ablehnung.

Auf den ersten Blick wirken die Versprechungen der antiken Ethik wenig überzeugend; es scheint fast naiv, mit Mark Aurel daran zu glauben, die eigene „Seele" könne ausschließlich vernunftorientiert sein und werde dann zu einer „uneinnehmbaren Festung" (*akropolis*: SB VIII 48). Selbst wenn Glück genau dies bedeuten würde: läßt sich ein solches Ideal tatsächlich praktizieren? Warum spielen aus Mark Aurels Sicht unverfügbare Faktoren, etwa Zufallsumstände, eine zu vernachlässigende Rolle? Und weshalb sollten körperliche Bedürfnisse, Begierden und Emotionen zum Bereich des Verfügbaren gehören? Sind diese wirklich rational beeinflußbar oder gar kontrollierbar? Man kann mit Sicherheit ausschließen, daß die ethischen Modelle der Antike einen naiven moralischen Optimismus widerspiegeln. Vielmehr beruht die therapeutische Praxis des Altertums auf reflektierten Theorien des menschlichen Innenlebens und der angemessenen Handlungswahl. Das schließt auch interessante Überlegungen zur Frage nach den nicht-rationalen Verhaltensanteilen ein sowie Überlegungen zu den Ursachen menschlichen Fehlverhaltens.

4.1 Zufallsumstände, Affekte und Begierden

Die sokratische Tradition beantwortet die Frage nach den Hindernissen einer gelungenen Lebensführung, indem sie auf Defizite in der Rationalität einer Person verweist. Das ist, wie wir schon sahen, in mehrerlei Hinsicht eine irritierende These. Es wirkt fraglich, ob man eine gelungene Lebensführung ausschließlich von verfügbaren Faktoren abhängig machen kann; nicht weniger befremdlich scheint die Zuversicht, daß sämtliche psychischen Kräfte tatsächlich verfügbar und dauerhaft in eine rationale Ordnung integrierbar sein sollen. Die Ansicht, man könne eine Haltung finden, die einen ein für allemal in ein richtiges Verhältnis zur Wirklichkeit setzt, ist weit vom common sense der Gegenwart entfernt. Wir würden erstens einwenden, daß Krankheiten, der Verlust nahestehender Personen oder persönliche Niederlagen, kurzum Schicksalsschläge aller Art, aber auch gewöhnliche Alltagserfahrungen und ebenso herausragende Glücksfälle für das Scheitern oder Gelingen eines Lebens von Bedeutung sind. Zweitens würden wir zu bedenken geben, daß das rationale Subjekt das gesamte Seelenleben des Individuums möglicherweise weder kennt noch kontrolliert und daß es vielleicht nicht einmal autonom, also von ihm unabhängig ist. Anstelle eines statischen Ideals psychischer Selbstvervollkommnung würde man in der Gegenwart wohl einem Modell zuneigen, das Lebensführung als einen offenen Prozeß versteht. In diesen Prozeß spielen wechselnde Lebenserfahrungen, Glücksfälle und Schicksalsschläge, Begegnungen und Entdeckungen in unvorhersehbarer Weise hinein; die Vernunft gilt dabei nur als ein Akteur unter mehreren.

Zunächst zum ersten Einwand; er läßt sich am Beispiel der amerikanischen Philosophin Martha Nussbaum ausführen. Nussbaum (1986) hat die sokratisch-platonische Tradition nicht nur aus der modernen Perspektive kritisiert, sondern ihr zudem eine andere antike Auffassung pointiert gegenübergestellt. Diese soll in der Tragödie und bei Aristoteles greifbar sein: sie besteht in der Betonung der Zerbrechlichkeit des Glücks und in der Wertschätzung einer erfahrungsbezogenen Lebensauffassung. Während Platon Erfahrungen von Verlust und Scheitern bagatellisiere, echte Wertkonflikte leugne und irrationale Impulse der Rationalität unterstelle, demonstriert die Tragödie nach Nussbaum Beispiele unverdienten Scheiterns und unauflösbarer Konflikte. Die Tragödie führe das Schicksal von Personen vor, deren Lebensglück unter verhängnisvollen Umständen oder aber aufgrund von Selbstgerechtigkeit und Ignoranz zerbricht. Im *Agamemnon* des Aischylos zeige sich an der Bereitschaft des Agamemnon, Iphigenies Leben zu opfern, daß ihr Vater aus dem moralischen Dilemma (entweder seine Tochter zu töten oder den Kriegszug zum Scheitern zu verurteilen), nur schuldbeladen hervorgehen könne – und dies, obwohl Agamemnon eine integre Persönlichkeit sei. In Sophokles' *Antigone* insistierten Antigone und Kreon nach Nussbaum jeweils über das erforderliche Maß hinaus auf partiellen Aspekten, nämlich der Familienmoral und der Staatsräson; Kreon beharre einseitig auf dem institutionellen Aspekt angemessenen Verhaltens und verstoße damit gegen die tieferreichenden ungeschriebenen Gesetze. Das moralische Versagen von Agamemnon, Antigone und Kreon soll also darauf beruhen, daß sie der Last des hereinbrechenden Unglücks nicht gewachsen seien bzw. starr an Teilaspekten angemessenen Verhaltens festhielten, statt für unterschiedliche Perspektiven offenzubleiben. Das bestmögliche menschliche Leben bestehe in einer bewußten Annahme der Risiken von Endlichkeit, Schmerz und Verlust; Nussbaum plädiert für eine Ethik der Empathie und der mitfühlenden Humanität anstelle eines kontextenthobenen Weisheitsideals.

Platon wird folgerichtig eine „anti-tragische" Auffassung des gelingenden Lebens vorgeworfen; er nehme eine Haltung der Selbstimmunisierung und der Distanz gegenüber dem Aspektreichtum und der Zerbrechlichkeit der realen Welt ein. Ähnlich kritisch behandelt Nussbaum (1994) auch die hellenistische Empfehlung einer Auslöschung oder Reduktion der Begierden und Affekte. Sie legt ihrer Untersuchung die Frage zugrunde: Bedeuten die Ideale von *apatheia* und *ataraxia* eine Stärkung oder eine Schwächung unserer positiven Lebensmöglichkeiten? Sind sie egozentrisch und apolitisch? Lassen sich die Modelle und Argumente zugunsten einer vertieften Selbstwahrnehmung, der Überwindung überzogener Affekte und Begierden sowie von psychischer Abhängigkeit verwenden, und zwar auch unabhängig vom Ideal eines von der Welt unberührten, über den Alltagsproblemen stehenden Weisen? Nussbaum sucht nach Möglichkeiten, die hellenistischen Modelle der rationalen Lebensgestaltung mit ihrer eigenen Konzeption einer fragilen, endlichen und mitfühlenden Lebensform zu verknüpfen. Abgelehnt wird der isolierte Weise, der die Affektfreiheit bis hin zum Verlust menschlichen Mitgefühls zuspitzt. Dagegen wird Aristoteles von Nussbaum als der Philosoph gelobt, der der Unübersichtlichkeit und Brüchigkeit des menschlichen Lebens angemessen begegne: Aristoteles vertrete ein Modell von *eudaimonia*, das von Außenumständen tiefgreifend abhängig sei, er vertrete ein wissenschaftstheoretisches Modell, das die *phainomena*, also „unsere gewöhnlichen Überzeugungen", in den Mittelpunkt rücke, und er respektiere die Existenz irrationaler Motive (Unbeherrschtheit). Das praktische Überlegen sei bei Aristoteles folglich frei von intellektualistischer Einseitigkeit.

Nach Nussbaum gibt es also einen zweiten, ganz andersartigen Typ antiker Glücksphilosophie. Diese These erweist sich allerdings in mehreren Hinsichten als problematisch. Zunächst kann man bezweifeln, ob die Verletzlichkeit des Glücks im beschriebenen Sinn ein zentrales Thema der Tragödie darstellt und ob man den tragischen Figuren tatsächlich moralische Verantwortung für ihr Scheitern zuweisen kann; überdies scheint die Platon-Interpretation äußerst angreifbar (vgl. Botros 1987 und Irwin 1988). Zudem bietet Nussbaum eine allzu plakative Gegenüberstellung der Positionen Platons und Aristoteles'. Platon und Aristoteles vertreten wohl kaum zwei grundverschiedene Modelle einer philosophischen Lebensführung. Das gilt auch für die Bewertung von Emotionen und anderen außerrationalen Antrieben. Der Anschein trügt, daß Platon ein Distanz- oder Konfliktmodell von Vernunft und Affekt annimmt, während erst Aristoteles die Bedeutung der Emotionen für das rationale Handeln anerkennt. Zudem: Hat das Ziel einer Affektreduktion nicht einen guten, vertretbaren Sinn? Betrachten wir eine Passage, in der Platon emotionale seelische Äußerungen scheinbar abwertet. Platon diskutiert als Beispiel für einen inneren Konflikt den Verlust eines nahestehenden Angehörigen (Rep. 603 e ff.); in solchen Fällen Ruhe zu bewahren, ist nach Platons Meinung sittlich vortrefflich (*kalliston*), und zwar aus drei Gründen. Zunächst, sagt er, lasse sich kein Ereignis ausschließlich situativ beurteilen; jedes Ereignis könne auf längere Sicht zu unvorhergesehenen positiven oder negativen Folgen führen. Außerdem seien menschliche Angelegenheiten solcher Art überhaupt „keiner großen Mühe wert"; Platon meint damit, daß nur der den Verlust als hart empfindet, der zuvor einer menschlichen Bindung übergroßes Gewicht beigemessen hat. Und schließlich erweise sich die Trauer als Hindernis für die Anforderungen der Gegenwart (Rep. 604 b f.). Auf den ersten Blick scheint es, als behaupte Platon hier einen pointierten Gegensatz zwischen Vernunft und Affekt: Der innere Konflikt spielt sich zwischen der distanzierten, unbeteiligten Vernunft und der emotionalen Bindung an den verlorenen Angehörigen ab.

Die referierte Passage zeigt jedoch, genauer betrachtet, daß Platon nur eine bestimmte Art des Konflikts zwischen Vernunft und Affekt annimmt: nur der Affekt, der eine falsche Situationsbeurteilung enthält, ist verfehlt. Er gesteht ausdrücklich zu, daß der affektive Impuls beim Verlust eines Angehörigen so stark ist, daß selbst ein „vortrefflicher Mann" Trauer und Schmerz empfindet; Platon meint also lediglich, ein solcher Mensch werde die Situation „leichter ertragen" als andere Personen. Wer einen Schicksalsschlag nicht nur situativ, sondern übergreifend beurteilt, wer sich auf die Möglichkeit eines solchen Ereignisses eingestellt hat und wer trotz seiner Trauer die Gegenwart nicht übersieht, kann nach Platon das Ereignis angmessen bewältigen. Damit sind wir beim zweiten der eingangs genannten Einwände: Warum sollten Emotionen und andere psychischen Phänomene überhaupt rational beeinflußbar oder gar kontrollierbar sein? Warum sollten sie sich in eine dauerhafte Vernunftordnung integrieren lassen?

Nach Platon hat die affektive Seele nur dann, wenn sie nicht durch rationale Überlegungen beeinflußt ist, die Tendenz, das Seelenleben zu desorganisieren und eine maßlose Trauer zu erzeugen. Es soll mithin erst das Kennzeichen einer nichtharmonischen Seele sein, entgegengesetzte Handlungsimpulse aufzuweisen und „mit sich selbst zu kämpfen" (Rep. 603 d); anders gesagt, nur die rational ungeschulten Affekte verhalten sich anarchisch. Nicht jede Form von Trauer, wohl aber äußerst heftige Traueraffekte beruhen auf einer Fehleinschätzung der Situation. Affekte basieren folglich auf Voraussetzungen, die rational zugänglich sind. Affekte enthalten einen Meinungsanteil, der im Fall extremer Trauer irrational sein soll, den man aber ebenso rational gestalten kann. Dies zeigt bereits, daß Platon die nicht-rationalen Antriebe, also die Emotionen, Begierden, Triebe usw., für vernunftfähig hielt und sie daher unmöglich als Gegenspieler der Vernunft aufgefaßt haben kann.

David Hume hat sich im *Treatise of Human Nature* (1739) gegen die Konfliktthese von Vernunft und Affekt gewandt. Vernunft und Affekt seien für sich genommen überhaupt nicht zu einem Konflikt imstande; um der Vernunft widersprechen zu können, müsse ein Affekt bereits ein Urteil oder eine Meinung einschließen. Wenn aber der Affekt nur unvernünftig ist, sofern er sich mit einem falschen Urteil verbindet, dann, so Hume, ist nicht der Affekt, sondern das Urteil unvernünftig (II 3,3). Platon kommt dieser Auffassung insofern nahe, als auch er nur den Meinungsanteil an den Affekten für vernunftkonform oder für vernunftwidrig hält. Nur Affekte, die auf Fehleinschätzungen beruhen, sind für die angemessene Lebensführung problematisch; umgekehrt bedeutet das, daß ein vernünftiger Einfluß dem Affekt seine problematische Spitze nimmt. Wie Hume meint er, Affekte seien erst aufgrund ihres Meinungsanteils zu beurteilen; anders als Hume versteht Platon aber unter jener Vernunft, an der Affekte orientiert sein sollen, nicht nur ein kognitives Vermögen, sondern zugleich eine Handlungsnorm. Während Hume nur eine Fehleinschätzung von Handlungsvoraussetzungen oder eine falsche Mittelwahl für unvernünftig hält, ist für Platon (wie für die Antike insgesamt) auch eine „verfehlte Lebensführung" Ausdruck von Unvernunft.

Betrachten wir weitere Beispiele für Platons Position. Er gelangt im *Phaidros* zu einer ausgesprochen positiven Bewertung des „Wahnsinns" (*mania*: 243e–257b), und dies, obwohl Wahnsinn einen äußerst vernunftfernen Impuls darstellt. In der dritten Rede, die im *Phaidros* über den Eros gehalten wird, lobt der platonische Sokrates den Wahnsinn dafür, daß er mitunter höchst vorteilhafte Folgen habe, etwa die göttlich inspirierte Wahrsagung, rituelle Reinigungsprozesse oder die poetische Inspiration. Insbesondere wird aber die Wirkung des „erotischen Wahnsinns" gepriesen: Er sei geeignet, den Liebenden von der irdischen zur wahren, ewigen Schönheit zu führen und mache auf diese Weise die Folgen des Seelenfalls, der „Entfiederung", rückgängig, durch die die menschliche Seele in die sinnliche Welt gelangt sei. Eine solche positive Bewertung des Außerrationalen ist bei Platon nicht auf den *Phaidros* beschränkt, sondern findet sich etwa auch im *Symposion* oder im *Ion*. Sie besteht allerdings nicht in einer Wertschätzung des Unvernünftigen. Was an starken Antrieben außerrationaler Art gepriesen wird, ist vielmehr die Tatsache, daß sie jemanden in die richtige Richtung eines intellektuell-moralischen „Wiederaufstiegs der Seele" bewegen können. Antriebe dieser Art verfügen also über einen bedeutenden kognitiven Anteil, der aber erst freigelegt werden muß. Daher wird bei Platon wiederholt die Transformation des ursprünglich außerrationalen Impulses zu einer vernünftigen Tendenz gefordert. In den platonischen Schriften gibt es nirgends die Vorstellung eines erotischen, dichterischen oder religiösen Aufstiegs der Seele *neben* seiner philosophischen Variante. Emotionen, Triebe, Bedürfnisse können wegen ihrer kognitiven Implikationen also höchst wertvoll sein, aber sie verdienen nur instrumentelle Wertschätzung. Ihre Impulse sind keineswegs nur vernunftwidriger Art; sie müssen jedoch erst in eine rationale Form überführt werden.

In der Theoriegeschichte der Affekte oder Emotionen ist dieses kognitive Modell besonders von Aristoteles weiterentwickelt worden. Bei ihm findet sich eine Konzeption nichtrationaler Antriebe, die deren Eigencharakter beschreibt, eine spezifische Eigenleistung hervorhebt und deshalb einen gewissen Eigenwert annimmt. Aristoteles erweitert die These vom rationalen Anteil der Affekte (*pathê*) um die Vorstellung, bestimmte Emotionen seien situationsangemessen, situationserschließend oder sogar für ein richtiges Verhalten notwendig. So soll etwa Zorn ein „mit Unlust verbundenes Begehren" sein, das „auf eine wirkliche Rache zielt, und zwar aufgrund einer unverdienten Mißachtung, die einen selbst oder einen Nahestehenden trifft" (*Rhetorik* 1378 a 30–32); Mitgefühl soll der angemessene Ausdruck gegenüber fremdem Leid sein, falls dieses Leid eine Person unverdientermaßen trifft, falls sich die mitfühlende Person für ähnlich verletzlich hält und falls es der Betroffene mit einem gravierenden Übel wie Unrecht, Krankheit oder Hunger zu tun hat (*Rhetorik* 1385 b 11 ff.). Auch kann etwa Furcht zum Überlegen veranlassen, solange jedenfalls keine hoffnungslose Situation besteht (*Rhetorik* 1383 a 6 f.). Notwendig sollen angemessene Emotionen besonders im

Zusammenhang mit der Tugendpraxis sein; sie unterstützen oder motivieren das gute Handeln maßgeblich. Aristoteles' Interesse an den Affekten führt in der *Nikomachischen Ethik* und besonders in der *Rhetorik* zu einer breiten, phänomenorientierten Darstellung; Aristoteles untersucht und charakterisiert u. a. die Affekte Begierde, Zorn, Angst, Mut, Neid, Freude, Sympathie, Haß, Sehnsucht, Mißgunst und Mitleid (vgl. EN II 4). Die Breite und Genauigkeit seiner Darstellung kommt dadurch zustande, daß er den Situationsbezug und den kognitiven Anteil der Affekte differenziert herausarbeiten will.

Aristoteles ist etwa der Ansicht, daß Furcht bei der intellektuell und moralisch entwickelten Persönlichkeit, dem *spoudaios* oder *phronimos*, keineswegs verschwindet, im Gegenteil. Beispielsweise ist Todesfurcht für den Tugendhaften nicht nur ein gerechtfertigter Affekt; sie wächst sogar mit der Tugend, weil ja gerade der Tugendhafte durch den Tod viel zu verlieren hat (EN 1117b 9–13). Eine mechanische Furchtlosigkeit, wie man sie den Kelten zuschrieb, ist für Aristoteles das Merkmal einer unsensiblen Person (EN 1115b 24–28). Umgekehrt ist die Furcht vor einer Maus für ihn ein pathologisches Phänomen (EN 1149a 7–9). Niemand, der gravierend verfehlte Affekte dieser Art aufweist, kann als glücklich gelten. Nach aristotelischer Auffassung sind Emotionen ein irreduzibler Teil der moralischen Persönlichkeit. Sie sind zwar an sich weder Vorzüge noch Fehler, zumal sie uns ohne unser Zutun überkommen (EN II 4). Aber für eine tugendhafte Persönlichkeit ist neben richtigem Handeln auch eine angemessene Affektlage notwendig.

Bei Aristoteles findet sich folglich eine regelrechte Affektpädagogik: Die Einübung angemessener Emotionen soll der philosophischen Auffindung richtiger Positionen vorhergehen. Die Erziehung junger Leute sei daher auf die Einübung angemessener und das Ablegen unangemessener Emotionen zu richten. Muß man daraus schließen, daß er den kognitiven und den motivationalen Wert der Emotionen so hoch veranschlagt hat, daß sie ein selbständiges Instrument der Wahrheitsfindung und ein zureichendes Motiv für moralisches Handeln darstellen? Als Aristoteles-Interpretation dürfte das deutlich überpointiert sein. Gelegentlich scheint sich die Einübung der richtigen Affektlage zwar zu verselbständigen. So lehnt Aristoteles philosophische Ethik für moralisch noch ungefestigte junge Leute ab. Er mißt der emotionalen Festigung einen zentralen Wert für die Erlangung der Tugend bei. Aristoteles scheint erstmals die Bedeutung außerphilosophischer Elemente der Tugenderziehung gesehen und anerkannt zu haben, besonders der Familie, der natürlichen Anlagen, der kulturellen Traditionen und des sozialen Umfelds (vgl. Sherman 1993; Nussbaum 1994, 98–101). Dennoch ist dieses Modell von dem Platons nur graduell verschieden.

In der Überzeugung von der partiellen Rationalität der Emotionen besteht kein grundsätzlicher Gegensatz zwischen Platon und Aristoteles, sondern lediglich eine Akzentverschiebung. Nun kann man das Problem irrationaler seelischer Vermögen aber noch eine Stufe „tiefer" behandeln: beim Begehren. Das Begehrungsvermögen (*epithymia*) enthält handlungsbeeinflussende Kräfte, die noch elementarer und mächtiger wirken als die Emotionen. Solche Kräfte gehen aus körperlichen Bedürfnissen, Trieben und Instinkten hervor, sind also in gewisser Weise unaufhebbar. Zudem können sie sich verselbständigen; man spricht dann mit negativer Einfärbung von „Begierden". Die Kräfte des Begehrungsvermögens sind überdies noch vernunftferner als die Emotionen. Durch das Begehren scheint die rationale Selbstbestimmung des Individuums grundsätzlich bedroht zu sein. Begehren richtet sich auf den Gewinn von Lust (*hêdonê*) und die Vermeidung von Unlust (*lypê*). Wie interpretieren die antiken Ethiken Lust und Unlust? Angenommen, es bestünde ein Konfliktmodell von Vernunft und Begehren; dann müßte das Lustphänomen grundsätzlich negativ beurteilt werden, oder Lust müßte zumindest vom körperlichen Begehren abgelöst und für geistige Genüsse reserviert werden. Beides ist aber keineswegs der Fall.

Bei Platon finden sich auf den ersten Blick uneinheitliche, teilweise sogar gegenläufige Aussagen zum Phänomen der Lust. Seine Position dürfte also weder grundsätzlich hedonistisch noch lustkritisch sein. Ein Konfliktmodell wird am ehesten im *Phaidon* entwickelt. Dort heißt es, erst die Bindung der Seele an den Körper führe zu Sexualität, Begierden, Furcht usw.; diese behinderten das reine Denken und brächten die Seele vom wirklich Wertvollen ab, weshalb man sich von allem Körperlichen so frei wie möglich halten müsse (65e–67b). Lust und Einsicht scheinen hier zu konkurrieren und einander wechselseitig auszuschließen. Andererseits vertritt der platonische Sokrates im *Protagoras* klar einen Hedonismus (351c). Auch wird dem Gerechten in der *Politeia* eine besonders günstige innere Lustbilanz in Aussicht gestellt (580d–583a); man gewinnt dabei den Eindruck, die geistige Tätigkeit werde von Platon selbst als lustvoll beurteilt. Die genannten Positionen dürften miteinander vereinbar sein, wenn man annimmt, Platon wolle eine grobe von einer subtilen Lust unterscheiden und nur erstere verwerfen. Erst in seinem Spätdialog *Philebos* entwickelt Platon jedoch eine systematische Lustkonzeption, die seine unterschiedlichen Intentionen zusammenfaßt. Danach stellt das aus Einsicht und Lust gemischte Leben das höchste Gut für einen Menschen dar (21e); Einsicht und Lust sind mithin unterschiedliche Phänomene. Die Einsicht selbst erzeugt keine Lust; als lustvoll gilt nur der Lernvorgang. Denn Platon bestimmt im *Philebos* das Lustphänomen als „Auffüllung" eines körperlichen oder geistigen „Mangels", als Wiederherstellung eines natürlichen Gleichgewichts. Plausibel scheint dies soweit, als man z.B. beim Anfüllen des durstigen, flüssigkeitsarmen Körpers Lust empfindet (42c f.). Platon will nun jede Form von Lust nach diesem Muster verstehen. Als Phänomene der Wiederherstellung versteht Platon auch die Vorfreude, also die Lust als Antizipation eines angenehmen Ereignisses, und die Lust als emotionale Erregung. Welche Formen von Lust gehört dann zum guten Leben und welche sind abzulehnen? Nach Platon kommt nur eine Form von Lust in Betracht, die von allen Anteilen an Unlust frei ist. Nun hat es aber den Anschein, als seien alle Formen des Vergnügens mit Unlust verknüpft (50a ff.). Er muß also zeigen, daß es eine Lust ohne Unlustanteile tatsächlich gibt; als solche erweist er die Freude an elementaren Formen, Klängen oder Gerüchen (50e ff.).

Nun heißt es bereits im *Gorgias*, es gebe von der Lust keine Fachdisziplin (*technê*); man könne das Phänomen eher durch ein Erfahrungswissen (*empeiria*: 462d–465d) erfassen. Beispiel für eine *technê* ist dort die Heilkunst, Beispiel für eine *empeiria* u.a. die Kochkunst. Die Unterscheidung wird wie folgt gerechtfertigt: Während sich eine *technê* auf das wahrhaft Gute richtet, indem sie ein gleichbleibendes Wissen von der Natur einer Sache besitzt und es zum Wohl des Menschen einsetzt, hat die *empeiria* lediglich das Lustvolle oder Angenehme zum Ziel; sie verfährt erfahrungsbezogen und unsystematisch. Ebenso thematisiert Platon das Lustphänomen im *Philebos* als etwas theoretisch nur grob Erfaßbares. Denn es soll sich bei der Lust ja insgesamt um ein Übergangsphänomen handeln; sie ist nur ein Werden, kein Sein (53c ff.). Um theoretisch erfaßbar zu sein und um ein wahres Gut darzustellen, müßte es sich bei der Lust um etwas Bleibendes handeln. Das ist aber nicht der Fall. Andererseits ist sie nicht einfach etwas Nichtseiendes; Platon bestimmt sie als ein „Werden zum Sein“ (*genesis eis ousian*: 26d u.ö.). Obwohl also Lust kein Phänomen des „Seins“, sondern ein Phänomen des Übergangs zum Sein ist, verteidigt Platon ihren relativen Wert gegen die grundsätzlichen Lustkritiker. Er gesteht dem Begehrungsvermögen grundsätzlich ein Eigenrecht zu, differenziert aber dessen Wert nach „Reinheit“ oder „Unreinheit“ und mißt der Vernunft insgesamt einen höheren Rang zu.

Noch positiver fällt Aristoteles' Urteil über das Lustphänomen aus. Nach Aristoteles kann unmöglich schlecht sein, was alle für erstrebenswert halten: eben die Lust (EN 1172b 35ff.). In der *Nikomachischen Ethik* finden sich zwei verschiedene Abhandlungen über die Lust (EN VII 12–15 und X 1–5) – was eine unterschiedliche Akzentsetzung, keine gegensätzlichen Theorien zur Folge hat. Seine Bestimmung des Lustphänomens unterscheidet sich von der Platons: Aristoteles versteht Lust nicht als Übergangsphänomen, sondern als Merkmal einer vollkommenen Tätigkeit (*energeia*). Aufgrund seiner ersten Darlegung könnte man sogar glauben, Aristoteles tendiere zu einem glückstheoretischen Hedonismus, weil er nachzuweisen versucht, daß Lust nur akzidentell ein Werden, substantiell aber ein Endziel sei. Lust wird dort definiert als „ungehinderte Tätigkeit eines naturgemäßen Zustands" (EN 1153a 14f.). Gemeint ist jedoch nur, Lust sei in jedem Augenblick ein relatives Endziel. Gegenüber Platons *Philebos* bedeutet dies eine Aufwertung des Lustphänomens; denn Lust soll mehr sein als nur die Beseitigung eines Mangels. Sie ist Ausdruck von Aktivitäten, wie Individuen im Vollbesitz ihrer Kräfte sie ausführen. Aus der späteren Behandlung im zehnten Buch wird klar, daß auch Aristoteles die Lust keinesfalls als das höchste Gut versteht (EN 1174a 8–11). Vielmehr hält er sie für eine in sich wertvolle Begleiterscheinung, deren Dignität je nach dem Vollkommenheitsgrad der sinnlichen oder geistigen Tätigkeit, an der sie vorkommt, schwankt. Die Lust ist, in Aristoteles' Worten, „eine hinzutretende Vollendung, so wie in der Blüte der Jahre sich die Schönheit einstellt" (EN 1174b 33). Er erklärt die Verwechslung der Tätigkeit, also etwa des Denkens oder Wahrnehmens, mit der sie begleitenden Lust für einen ausdrücklichen Irrtum, den freilich viele begangen hätten. Das Kriterium für die Dignität einer Lust liegt in ihrer Reinheit; so gelangt Aristoteles zu der Einschätzung, daß die theoretische Lebensform, die die reinsten Gegenstände betrachtet, auch die höchste Lust bietet (vgl. Ricken 1995).

Bei Platon und bei Aristoteles gelten also Begehren und Lust teils als Vernunftphänomene und teils zwar als irrationale Antriebe, aber stets als solche, die sich auf vernunftgemäße Weise einrichten lassen. In der Antike ist – wenn überhaupt – nur selten die Auffassung vertreten worden, Lust sei schlechterdings verwerflich; vielleicht muß man der Lustabhandlung des Speusipp eine solche These zuschreiben (vgl. DL IV 4). Umgekehrt findet man kaum Vertreter eines undifferenzierten Hedonismus, demzufolge Lust ein schlechthin erstrebenswertes Gut wäre, Unlust dagegen grundsätzlich ein Übel. Die meisten Philosophen heben vielmehr hervor, daß die Suche nach Lust in gewissem Umfang legitim, aber in manchen Formen zurückzuweisen ist. Sogar die erklärten Hedonisten teilen diese Ansicht; es müsse differenziert werden, welcher Art von Lust welcher Wert beizumessen ist. Der Grundgedanke findet sich bereits in Solons Diktum: „Fliehe die Lust, die Unlust gebiert" (DK 10 [73a] 3). Im Sinn einer reflektierten Position scheint erstmals Demokrit die Einsicht vertreten zu haben, ein undifferenziertes Streben nach Lust habe nachteilige Folgen; er stellt näherhin fest: „Nicht jede Lust soll man erstreben, sondern nur die mit dem Schönen verknüpfte" (DK 68B207). Demokrit schließt sich nicht einfach der solonischen Überzeugung an, wonach man ein Überschreiten des rechten Maßes mit Unlust zu bezahlen habe; er unterscheidet genauer zwischen sinnlicher und geistiger oder „göttlicher" Lust. Demnach sind Vergnügungen wie Essen, Trinken und Sexualität nur kurzzeitig lustvoll und können erhebliche Leiden hervorrufen. Zudem stelle sich die Begierde nach ihnen immer wieder ein; Vergnügungen sind also unbeständige Güter (DK 68B235).

Die Position Demokrits wirkt wie eine philosophische Reaktion auf das Lob der uneingeschränkten Lustmehrung bei einigen Sophisten. In Platons *Gorgias* wird die Position des Sophisten Kallikles so dargestellt, als wollte dieser nicht nur das Recht des Stärkeren verteidigen, sondern als verträte er im Hintergrund eine pointierte Lustethik des Mehr-haben-wollens (*pleonexia*). Die beiden Elemente verbinden sich in Platons Darstellung zu dem Argument, der Stärkere habe ein natürliches Recht auf alle erreichbaren Güter, und ein gutes Leben bestehe darin, seine Begierden anwachsen zu lassen und sie dann in großem Maßstab zu befriedigen. Platon läßt Kallikles sagen: „Wer richtig leben möchte, muß seine Triebe so mächtig wie möglich werden lassen und darf sie nicht beschneiden. Und er muß imstande sein, ihnen zu entsprechen, wie groß sie auch sein mögen, und das [...] zu befriedigen, wonach die Begierde in ihm erwacht ist" (Gorg. 491e). Abgesehen von den Schwierigkeiten, die Demokrit aufgeworfen hat, besteht ein zentrales Problem dieser Auffassung natürlich darin, daß derjenige, der seine Begierden anwachsen läßt, zu ihrer Befriedigung erheblichen Aufwand treiben muß und insofern selbst als mächtiger Tyrann unfrei ist. Diesen Punkt hat besonders Epikur gesehen und deshalb eine asketische Version des Hedonismus vertreten.

Ein wichtiger Theoretiker des Lustphänomens ist ferner der Mathematiker und Philosoph Eudoxos von Knidos, der zeitweilig der platonischen Akademie angehörte. Der Hedonismus des Eudoxos ähnelt eher der demokritischen Differenzierung des Luststrebens als der offensiven Position des Kallikles im *Gorgias*. Eudoxos führt nach dem Referat des Aristoteles fünf Argumente zugunsten des Hedonismus ins Feld (EN 1172b 9ff.). Er behauptet, (1) das Luststreben sei allen Lebewesen gemeinsam und ebenso die Bemühung, Unlust zu vermeiden; also müsse man (2) die Lust als das höchste Gut ansehen. Mehr noch (3), die Lust erweise sich deswegen als Letztziel, weil man nicht weiterfragen könne, wozu sie erstrebt werde. Zugunsten seiner Auffassung führt er außerdem (4) an, daß die Lust jedes Gut, dem sie hinzugefügt wird, noch wünschenswerter mache; das könne sie aber nur, wenn sie selbst das schlechthin Gute sei. Die Tatsache, daß sie nicht gelobt werde, weise (5) auf ihre Stellung von gleichsam göttlicher Erhabenheit hin (EN 1101b 28ff.). Nach Eudoxos gibt es im Kosmos verschiedene Stufen der Lust, wobei er selbst die Gestirnsbewegung auf das Lustprinzip zurückführen will. Der Hedonismus des Eudoxos ist also dadurch charakterisiert, daß er die Lust als höchstes Strebensziel darstellt (zur Strebenstheorie des Eudoxos vgl. unten S. 215), sie als kosmisches Phänomen deutet und daß er sie sogar auf die astronomische und damit auf die göttliche Ebene überträgt. An Ratschlägen für ein lustvolles Leben oder an einem Lob der Sinnesfreuden war Eudoxos dagegen nicht erkennbar interessiert; Aristoteles schildert ihn als außerordentlich besonnene und integre Persönlichkeit (EN 1172b 15ff.).

Innerhalb der weiteren Interpretationsgeschichte des Lustbegriffs sind besonders die gegenläufigen Positionen der Sokratiker Antisthenes und Aristipp von Interesse. Beide Philosophen weisen das Erwerben äußerer Güter als glücksuntauglich zurück. Während aber Antisthenes allein die Tugend als

Gut gelten läßt und damit einen scharfen Anti-Hedonismus vertritt, lehrt Aristipp auf einer vergleichbaren Grundlage einen Hedonismus, allerdings in einer gemäßigten Variante. Zunächst: Die Zurückweisung äußerer Güter schließt bei Antisthenes auch eine pointierte Ablehnung des Luststrebens ein. Die Suche nach Lust führt demnach den Menschen auf den Abweg, äußere Güter erreichen zu wollen. Antisthenes rät daher dezidiert von jeglicher Kultivierung der Triebe und Leidenschaften ab; insbesondere scheint er den Wert sexueller Lust relativiert zu haben (vgl. DL VI 3). Aristipp von Kyrene, auf den die hedonistische Schule der Kyrenaiker zurückgeht, hält dagegen das Luststreben für natürlich und unvermeidlich. Er schließt daraus wie Eudoxos, daß Lust das höchste Gut sei, und verbindet mit dieser Position einen entschiedenen Anti-Eudämonismus: Glück ist nur eine Verbindung zahlreicher Einzelvergnügen, also dem Lustbegriff systematisch unterzuordnen (DL II 87f.). Nach Aristipp ist nichts anderes unmittelbar gegeben als gegenwärtige, subjektive Empfindungen; er sieht daher eine Gefahr in der übermäßigen Orientierung an Vergangenheit, Zukunft sowie an äußeren Gütern und empfiehlt stattdessen eine Kultivierung der Genußfähigkeit. Auch Aristipps Empfehlung lautet aber, man solle Herr über die Triebe und Begierden sein. Für ihn besteht die Möglichkeit, äußere Güter im Augenblick zu genießen, ohne ihnen zu verfallen und von ihnen abhängig zu werden. Aristipps aphoristisches Diktum für diesen Sachverhalt lautet: „Ich besitze sie, ich werde nicht von ihnen besessen (*echô, ouk echomai*); denn die Lüste beherrschen und ihnen nicht ausgeliefert zu sein, ist das Beste – und nicht die Enthaltsamkeit" (DL II 75). Nach Aristipp sind anders als bei Eudoxos körperliche Vergnügen stärker als seelische; allerdings unterscheiden sich die Lüste nur graduell voneinander. Gemäß dem Bild der Meeresoberfläche unterscheidet Aristipp drei seelische Zustände: den Sturm (Schmerz), die „glatte Bewegung durch günstige Winde" (Lust) sowie die Ruhe (Empfindungslosigkeit).

Zum eher anti-hedonistischen Flügel der griechischen Ethik gehören wiederum die Stoiker. Für die Stoiker stellen Affekte irrige Meinungen dar, die ausgelöscht werden müssen. Ausdrücklich heißt es, der Weise sei von ihnen frei und nur der schlechte Mensch empfinde Lust und Unlust (SVF III 406; 570; 637). Ist demnach der stoische Weise z.B. gegen Schmerz unempfindlich? Genießt er eine vorzügliche Mahlzeit nicht, wenn er hungrig ist? Zunächst, auch der Weise empfindet Freude (*chara*). Von Lust und Schmerz ist er frei, weil er bestimmten Erscheinungen (*phantasiai*) seine bewußte Zustimmung (*synkatathesis*) verweigert. Denn nach stoischer Auffassung bilden Lust und Unlust keine unmittelbaren sinnlichen Wahrnehmungen (*aisthêseis*), und ebensowenig bilden sie einen Gegenstand des natürlichen Strebens. Vielmehr entstehen sie nur als ein Zusatz (*epigennêma*), der beim verfehlten Streben nach Selbsterhaltung entsteht; Lust und Schmerz sind bloße Folgephänomene (*epakolouthêmata*). Sie ergeben sich aus dem Bewußtsein, daß ein Trieb erfüllt oder unerfüllt sei (SVF III 178; 378). Anders gesagt, erst dadurch, daß jemand meint, er habe ein (vermeintliches) Gut erlangt, entsteht jenes „gehobene Gefühl" (*eparsis*) der Lust. Unter Lust und Schmerz versteht die Stoa also stets einen verfehlten Affekt. Lust ist unter keinen Umständen ein Gut. Genauer: Während Kleanthes der Meinung war, Lust sei ohne jeden Wert, gestand Chrysipp ihr immerhin den Status des „Vorziehenswerten" (*prohêgmenon*) zu.

Trotz seines scheinbaren Rigorismus berührt sich der Anti-Hedonismus der Stoiker in der Theorie und erst recht in seinen lebenspraktischen Konsequenzen mit dem Hedonismus Epikurs. Epikur verfügt, wie wir schon sahen, über die differenzierteste Lustkonzeption der antiken Philosophie. Seine Bevorzugung der katastematischen Lust (vgl. oben S. 96) scheint mit der stoischen Wertschätzung „rationaler Emotionen" (*eupatheiai*) vergleichbar. Lust ist auch für Epikur das Bewußtsein eines angemessenen Funktionierens, das Bewußtsein, in einer guten Verfassung zu sein. Allerdings ist die Lust für ihn eine *phantasia*; sie hängt also nicht zusätzlich von der bewußten Zustimmung ab. Er braucht mithin nicht wie die Stoiker zu behaupten, Kinder und Tiere empfänden mangels rationaler Zustimmungsfähigkeit weder Lust noch Unlust. Mit Epikurs

Unterscheidung zwischen kinetischer und katastematischer Lust ist in der antiken Theoriebildung spätestens der Punkt erreicht, wo das Vergnügen (Lust verstanden als dynamische Begehrlichkeit) zurückgewiesen ist, ohne daß das Wohlbefinden (Lust verstanden als Phänomen der inneren Ausgeglichenheit) negiert würde.

Wir können somit resümieren: Antike Konzeptionen der „inneren Lebenszufriedenheit" ignorieren keineswegs das Problem der Zufallsumstände, der Affekte und der Begierden. Ihr Plädoyer für eine relative Unabhängigkeit von außerrationalen Faktoren steht nicht für einen Aufruf zu Selbstimmunisierung oder Selbstbeschneidung. Gemeint ist vielmehr eine überlegte Auswahl und Gewichtung der Lebensziele zur möglichst großen persönlichen Erfüllung.

4.2 Ursachen und Hintergründe menschlichen Fehlverhaltens

Wie läßt sich mit Hilfe der Theorien aus der antiken Ethik menschliches Fehlverhalten erklären? Betrachten wir zunächst ein vorphilosophisches Beispiel. In der *Ilias* erscheint ein archaisch anmutendes Erklärungsmodell: die Vorstellung, es gebe eine punktuelle „psychische Beeinflussung" handelnder Personen durch das Eingreifen der Götter. Überraschende Einfälle, die jemandem in den Sinn kommen, plötzliche emotionale Umschwünge oder das Aufkommen von heroischer Kampfstimmung werden dabei durch göttliche Intervention erklärt. Besonders interessant sind die Fälle von „Verblendung" (*atê*): Die homerischen Figuren erleiden mitunter unerklärliche Ausfälle, in denen sie naheliegende, richtige oder vorteilhafte Handlungsoptionen nicht mehr wahrnehmen; sie tun das Falsche aufgrund einer göttlich initiierten, vorübergehenden Verdunkelung ihres Denkens. Beispielsweise beruft sich Agamemnon, um sich gegenüber Achilleus für sein Fehlverhalten beim Entzug des Weihegeschenks zu entschuldigen, auf eine von Zeus verursachte Aberration (*Ilias* IX 18).

Dieses Erklärungsmodell scheint eine naive Theorie des Auftretens starker Emotionen oder plötzlicher Intuitionen zu sein. Es bietet zwar eine sinnvolle, aber nicht eben plausible Erklärung dafür, weshalb ein klardenkender, gesunder Erwachsener gelegentlich unvorhersehbare und unvernünftige Handlungen ausführt. Nun kann man mit guten Gründen vermuten, daß bereits diese Art, Fehlverhalten zu erklären, in ihrem Kern intellektualistisch ist. Denn bereits hier wird die Alternative aufgebaut, wonach jemand entweder bei klarem Verstand ist und folglich das Richtige tut oder aber ohne eigenes Zutun einen Mißgriff begeht. Daraus folgt allerdings nicht, die homerischen Figuren wären allenfalls schattenhafte Personen; die bekannte These von Snell ([5]1980), nach der die Akteure Homers noch nicht über Selbstbewußtsein, personale Identität und Verantwortlichkeit verfügen, ist trotz des Phänomens der psychischen Beeinflussung überpointiert (vgl. die Gegenargumente bei Schmitt 1990 und Gill 1996). Sollte es zutreffen, daß sich schon der Autor der *Ilias* auf einen Intellektualismus zubewegt, so wäre die Position des Sokrates vielleicht weniger eine Innovation als eine pointiert vorgetragene traditionelle These (so bereits Dodds 1970, 15). Auch Sokrates behauptet einen unmittelbaren Zusammenhang zwischen vernünftiger Einsicht und richtigem Handeln. Im Vergleich zur *Ilias* bleibt freilich seine Erklärung falschen Handelns konturlos und unscharf; wir wissen nicht, wie es nach Sokrates zu mangelhafter Rationalität kommt. In jedem Fall soll Fehlverhalten aber allein auf Unwissenheit zurückzuführen sein.

Den Satz „Tugend ist Wissen“ bezeichnet man traditionell als eines der sokratischen Paradoxa; „Paradoxon“ steht hierbei nicht für die Widersprüchlichkeit, sondern nur für den nichtalltäglichen, überraschenden und revisionären Charakter der Behauptung. In engem Zusammenhang mit diesem ersten sokratischen Paradox steht eine zweite Provokation, der Satz: „Niemand handelt absichtlich schlecht“. Sokrates bestreitet mit dieser Behauptung, daß man bei klarer Einsicht etwas Falsches, genauer gesagt, etwas für sich selbst Schädliches, tun kann. Ein Beispiel, das für die sokratische Position einschlägig sein dürfte, bietet Platons *Gorgias* (466 d–468 e): Dort wird gegen das sophistische Lob der Macht ausgeführt, daß ein Tyrann zwar die Macht habe zu tun, was immer ihm als das Beste erscheint; zugleich tue er aber nicht das, was er wolle. Platons Sokrates erläutert diese befremdliche Unterscheidung, indem er den Anschein einer vorteilhaften Handlung nachdrücklich einer wirklich vorteilhaften Handlung gegenüberstellt. Nur letztere richtet sich auf unser wirkliches Gut, und allein auf das wirkliche Gut kann man ein Wollen beziehen. „Wollen" erscheint hier also als emphatisch gebrauchter Ausdruck, der eine rationale Ausrichtung auf das Gute anzeigt. Man kann das Falsche gegenüber dem Richtigen vorziehen, wie gewalttätige Tyrannen dies tun; man kann das Falsche aber nicht „wollen", also bei klarem Verstand anstreben. Beliebiges Falsches tun zu können, zeugt zwar von Macht, nicht aber von Einsicht und ist daher glücksschädigend.

Nun muß man zumindest zwei Formen des Fehlverhaltens auseinanderhalten: das moralisch falsche und das prudentiell falsche Handeln. Bei der ersten Gruppe denkt man an Fälle von Mord, Diebstahl, Betrug oder Verleumdung; gegenüber solchen Fällen wirkt die sokratische Position verharmlosend. Man sieht nicht recht, worauf sich aus sokratischer Perspektive eine Strafe oder ein Tadel gründen könnten; wir kommen darauf zurück (vgl. Kap. 4.3). Beim prudentiellen Fehlverhalten wirkt Sokrates' Position ungleich plausibler: Weshalb sollte jemand nicht tun, was für ihn selbst das Beste ist – wenn nicht aus Unwissenheit? Betrachten wir dazu den relativ harmlosen Fall der Selbstschädigung, die Willensschwäche. Zentral für die sokratische Position ist eine berühmte Passage aus Platons *Protagoras* (352 a–358 d). Dort legt Sokrates seine Ansicht zum Phänomen der Unbeherrschtheit dar. Angenommen, jemand *weiß*, daß eine Handlungsoption X besser als die Option Y ist; dann folgt, daß er X auch eher *will* als Y. Wenn er aber X eher will als Y, dann ergibt sich, daß er X auch eher *wählt* als Y. Entscheidet er sich nun trotzdem für Y, dann – so Sokrates sinngemäß – bedeutet diese Entscheidung, daß sein Vernunftvermögen (*hêgemonikon*) versagt hat. Das Vernunftvermögen ist dann der Verheißung irgendwelcher naheliegender Vergnügungen erlegen. Das Versagen des *hêgemonikon* gegenüber Lust oder Unlust wird darauf zurückgeführt, daß sich der Unbeherrschte nicht im Besitz einer „Meßkunst" (*metrêtikê technê*) befindet. In Fällen, in denen jemand „sich selbst unterliegt", werde nämlich unverständigerweise eine im Augenblick verlockende, aber langfristig schädliche Lust gewählt, oder es werde eine kurzzeitig lästige, auf lange Sicht aber vorteilhafte Unlust gemieden. Demgegenüber empfiehlt der platonische Sokrates eine angemessene, zeitübergreifende Kalkulation: Wer der momentanen Lust erliegt oder ein kleines Übel meidet, dem fehlt es an vorausschauender, abwägender Einsicht. Er handelt seinem eigenen wohlverstandenen Interesse zuwider. Im *Protagoras* heißt es resümierend: „Niemand wendet sich freiwillig dem Schlechten zu und demjenigen, das er für schlecht hält" (358 c f.). Auch wer falsch handelt, tut also nur, was er als richtig ansieht. Er irrt sich, aber es liegt keine Eigenaktivität irrationaler Kräfte vor; auch eine böse Absicht ist dabei nicht im Spiel.

Aristoteles hat Sokrates nachdrücklich dafür kritisiert, daß er die Existenz echter Fälle von Willensschwäche oder Unbeherrschtheit (*akrasia*) bestritten habe (EN III 7 und VII 3). Tatsächlich scheint Sokrates dem Phänomen des Willenskonflikts nicht gerecht zu werden. Denn er stellt die Situation so dar, als ließe es sich auf die gedankliche Unzulänglichkeit unreflektierter Personen reduzieren, während diejenigen, die durch ihre Einsicht beständig nach Vernunftmaßstäben ausgerichtet sind, angeblich ein einheitliches, unangefochtenes und geradliniges Leben führen. Übrigens scheint das Problem der *akrasia* unter den Zeitgenossen des Sokrates in breiterem Umfang diskutiert worden zu sein; das Thema des seelischen Konflikts findet sich auch in der Tragödie, besonders eindrucksvoll bei Euripides. Euripides läßt in der *Medea* seine Hauptfigur sagen: „[...] doch ich werde besiegt von Schlimmem, und ich merke, was an Schlimmem ich zu tun im Begriff bin; aber meine Leidenschaft (*thymos*) ist stärker als meine Überlegungen (*bouleumata*), die Leidenschaft, die für die Menschen Ursache der größten Übel ist" (V. 1077–1080). Anders als Sokrates nimmt Euripides eine irrationale Gegenkraft zur Rationalität an, den *thymos*. Geradezu eine Polemik gegen Sokrates scheint vorzuliegen, wenn Euripides im *Hippolytos* seine Phaidra sagen läßt: „Das Richtige wissen und erkennen wir, aber wir führen es nicht aus; die einen aus Trägheit, die anderen, weil sie irgendeine andere Lust dem Edlen vorziehen" (V. 380–383; vgl. Snell 1971, 25–75). Vor dem Hintergrund der zeitgenössischen Tragödie ist es wahrscheinlich, daß Sokrates' Position keineswegs naiv, sondern in bewußter Absetzung gegen Alternativerklärungen konzipiert ist.

In Platons Frühdialogen sind die Darstellungen von Willenskonflikten sokratisch bestimmt; doch in den Schriften *Phaidros* und *Politeia* zeichnet sich eine Wende im Denken Platons ab: Er vertritt nun eine Lehre von drei unterschiedlichen „Seelenteilen". Sie wird in der *Politeia* unter Hinweis auf die Möglichkeit gegensätzlicher Begierden oder Tendenzen eingeführt (Rep. 436b ff.; ähnlich *Phaidros* 253d ff.). Platon wirft die Frage auf, wie es zu einem inneren Konflikt zwischen verschiedenen Handlungsmotiven kommen könne, und argumentiert dann wie folgt: Wenn der Satz vom Widerspruch gilt, sind mehrere gleichzeitige, aber gegensätzliche Tendenzen in der Seele unmöglich; ein und dieselbe Seele kann nicht etwas zum selben Zeitpunkt wollen und nicht wollen. Daher schlägt er für den seelischen Konflikt eine Lösung vor, die in der Geschichte der philosophischen Psychologie äußerst folgenreich gewirkt hat: Man müsse diverse seelische Teilbereiche voneinander unterscheiden. Weil sich der seelische Konflikt stets zwischen einem rationalen und einem irrationalen Handlungsimpuls abspiele, müsse es neben dem vernünftigen auch einen unvernünftigen Seelenteil geben. Der irrationale Teil wird dann nochmals in zwei Vermögen zerlegt. Die Seele gliedert sich nach Platon also dreifach: in einen vernünftigen Teil (*logistikon*), einen „muthaften" (*thymoeides*) und einen „begehrlichen" Teil (*epithymêtikon*). Platon kann auf diese Weise erklären, wie es möglich ist, daß jemand in sich zugleich eine vernünftige und eine unvernünftige Handlungstendenz vorfindet, die miteinander im Widerstreit liegen.

Das platonische Postulat irrationaler Seelenteile ist offenkundig eine Position, die sich wesentlich von der sokratischen Auffassung unterscheidet; sie sucht gerade deren Schwierigkeiten zu vermeiden. So hat bereits Aristoteles diese Innovation bewertet; er schreibt: „Nach Sokrates wurzeln die Tugenden insgesamt im rationalen Seelenteil. Da er die Tugenden zu Formen der Erkenntnis macht, ergibt sich für ihn die Konsequenz, daß er den irrationalen Seelenteil beseitigt; indem er dies aber tut, beseitigt er sowohl den Bereich der Elementaraffekte als auch den der Charaktervorzüge; er war also nicht auf dem richtigen Weg, als er sich dergestalt mit den Tugenden befaßte" (MM 1182a 15ff.). Platon gibt aufgrund dieser Theorie mitunter weitreichende Schilderungen von der Eigentätigkeit unkontrollierter Begierden. In *Politeia* IX sagt er etwa, der begehrliche Seelenteil lasse im Traumzustand „keine Verrücktheit und Schamlosigkeit" aus (Rep. 571d, vgl. 527b). In dieselbe Richtung geht die Feststellung, die irrationale Seele tendiere zu unersättlichen Begierden (Rep. 442a f.). Eine solche Darstellung des Seelenlebens wäre bei Sokrates ausgeschlossen. Doch sollte man Platons Distanzierung von Sokrates nicht überschätzen. Weder er selbst noch Aristoteles in seiner Nachfolge verstehen den irrationalen Seelenteil als autonomes Unbewußtes, wie es uns aus der Freudschen Psychoanalyse geläufig ist. Die irrationalen Anteile der Seele (Emotionen, Triebe, Begierden, Lust- oder Schmerzempfindungen) sind für Platon weder unzugänglich und unbewußt, noch ist ihre anarchische Eigentätigkeit unvermeidlich. Vielmehr verselbständigen sie sich nur im Fall einer mangelhaften Vernunftherrschaft, und auch dann nur partiell. Die irrationalen Anteile der Seele bilden eine Größe, die von der Vernunft definitiv kontrolliert werden kann und deren Kontrolle ein entscheidendes Ziel der philosophischen Selbstschulung darstellt.

Platon bemüht sich unverkennbar, die anti-sokratischen Konsequenzen seiner neuen Konzeption abzuschwächen. Denn sein Postulat eines irrationalen Seelenbereichs droht in mindestens zwei Hinsichten zu Thesen zu führen, die mit der Position des Sokrates (und mit seiner eigenen älteren Auffassung) unvereinbar sind: Scheinbar kann Platon auf ihrer Basis weder an der Suffizienzthese festhalten noch an der Identifikation der Seele mit der Vernunft. Beides hat er aber vermutlich als unaufgebbar betrachtet. Denn nur wenn die Vernunft des Menschen dafür ausreicht, Tugend und Glück herzustellen, läßt sich die alleinige Bedeutung der Philosophie gegen die sophistische Pädagogik und gegen das sophistische Lob des Tyrannen verteidigen. Und nur wenn die Seele eine Einheit ist, und zwar eine strikte, unteilbare Einheit, kann ihr der Status des Ideenhaften zuerkannt werden; und nur dann ist sie unsterblich, wie einer der Unsterblichkeitsbeweise aus dem *Phaidon* (78b ff.) behauptet. In der *Politeia* hält Platon trotz seiner neuartigen Psychologie an der Auffassung fest, die Tugend sei allein durch Vernunft zu erwerben, und sie sei für den Glückserwerb hinreichend. Der Anschein, er billige auch den „Hilfswächtern" echte Tugenden zu (Rep. 430b–c), täuscht; die Tugenden lassen sich nicht schon durch richtige Meinungen und Gewöhnung erlangen, wie er sie der zweitrangigen sozialen Schicht seines Idealstaats zubilligt (vgl. Irwin 1997). Erst recht sollen Angehörige der unteren Schicht, etwa Schuster oder Schreiner, auch wenn sie sich vorbildlich verhalten, im Höchstfall ein „Abbild der Gerechtigkeit" erreichen (Rep. 443c). Die untergeordneten Seelenteile können also allenfalls über die Vorstufen der wahren Tugend verfügen; diese ist nach wie vor ausschließlich durch philosophische Einsicht zu erreichen (vgl. Rep. 518d f.; 619c f.).

Wie passen die Seelenteilungslehre und der Vernunftprimat zusammen? Bedeutet eine Konzeption, die verschiedene Seelenbereiche vorsieht, nicht automatisch, daß die Vernunft es mit selbständigen Gegenspielern zu tun hat? Man könnte das Interpretationsproblem durch die Annahme lösen, die Seelenteilungslehre aus *Phaidros* und *Politeia* sei nur vorübergehend Platons Meinung gewesen, da sie in den Spätdialogen nicht mehr auftaucht. Hat Platon sie wegen ihrer anti-sokratischen Folgen wieder preisgegeben? Einfacher als diese Annahme ist es, Platon die durchgängige Auffassung zuzuschreiben, die Existenz irrationaler Seelenteile sei Ausdruck persönlicher Unvollkommenheit. So betrachtet müßten die irrationalen Anteile rational transformierbar und auflösbar sein. Für diese Interpretation spricht etwa, daß die Theorie der Seelenteile nirgends so entwickelt wird, als handle es sich um verschiedene autonome Teilsubjekte. Vielmehr agiert nach Platons Darstellung ein einziges Subjekt, die Seele, auf verschiedenen Stufen oder mit verschiedenen Ausdrucksmitteln. Auch Platons Schilderung der vollkommen gerechten Person, die sich am Modell eines vollkommen gerechten Staates orientiert, zielt auf den Nachweis der strikten Einheitlichkeit der gerechten Seele. Die gerechte Seele ist die des Philosophen; dieser habe sich soweit „vereinheitlicht", daß seine Seele einzig aus dem Vernunftelement besteht. Die dreiteilige Seele des gewöhnlichen Menschen gleicht dagegen dem Meeresgott Glaukos, dessen ursprüngliche Gestalt durch angelagerte Muscheln und Algen kaum noch erkennbar sei (Rep. 611 b ff.; dazu Szlezák 1976). Ebenso kann man die Tugenden, die sich auf die drei Seelenteile und ihre Einheit beziehen, als Tugenden der einen Seele in Bezug auf ihre verschiedenen Eigenschaften verstehen.

Mit anderen Worten, sich von falschen Begierden, Affekten und Bestrebungen zu befreien, scheint für Platon zu bedeuten, daß jemand von einer dreiteiligen Persönlichkeit zu einer einheitlichen wird. Tatsächlich erklärt Platon beispielsweise die Rastlosigkeit des „oligarchischen Menschen" (einer bestimmten Form charakterlicher Depravation) damit, daß dieser im Unterschied zu einer „einträchtigen" oder „harmonischen" Persönlichkeit als „doppelt" anzusehen sei (*diplous*: Rep. 554 d). Ebenso wird der Tyrann als eine Person mit zahl- und maßlosen Begierden beschrieben (Rep. 573 d ff.). Besonnenheit, heißt es zuvor, besteht in der Freundschaft und Harmonie der Seelenteile, nämlich darin, daß Herrschendes und Beherrschtes in Sachen Vernunftprimat einer Meinung sind (*homodoxôsi*: Rep. 442 c f.). Zu dieser Interpretation paßt auch, daß Platon den *thymos*, den mut- oder zornartigen Seelenteil, dadurch kennzeichnet, daß dieser immer nur mit der Vernunft gegen die Begierden kämpft, nie umgekehrt mit den Begierden gegen die Vernunft. Der *thymos* ist kein selbständiges Strebevermögen, sondern schlägt sich automatisch auf die Seite der Vernunft, sobald die Vernunft eine klare Handlungsvorschrift artikuliert (Rep. 440b). Das bedeutet nicht, daß der platonische Philosoph emotionslos und frei von allem Begehren wäre; aber diese existieren nicht mehr wie bei der „ungeordneten Seele" in einer quasi-verselbständigten Form.

Bei Aristoteles führt die Annahme eines irrationalen Seelenteils zu weiterreichenden Konsequenzen als bei Platon: Er gesteht ihnen eine größere Selbständigkeit und Eigentätigkeit zu. Dies kommt besonders darin zum Ausdruck, daß er für die Glücksfrage auch solche Güter beachtet, die zumindest teilweise den unteren Seelenteilen korreliert sind wie Wohlstand, Ansehen, Lebensgenuß oder den äußeren Erfolg der eigenen Familie. Die Tugend ist für sich nicht hinreichend für die Erlangung des Glücks, weil sich nach aristotelischer Auffassung die Seele nicht mit der Vernunft gleichsetzen läßt. Trotzdem hat auch Aristoteles ein Harmoniemodell skizziert, in dem der begehrliche Seelenteil (*epithymêtikon*) bei einer besonnenen Person mit der Vernunft „übereinstimmt" (*symphonein*), und zwar um des sittlich Guten willen; Aristoteles spricht ausdrücklich davon, daß die Vernunft dabei „Anweisungen gibt" (*tattei*: EN 1119b 15–18; vgl. 1102b 25ff.).

Ein weiterer markanter Unterschied zu Platon ergibt sich aus der aristotelischen Beschreibung der Willensschwäche. Gibt es das Phänomen eines Handelns wider besseres Wissen überhaupt? Oder hält derjenige, der falsch handelt, seine Entscheidung tatsächlich für die Bestmögliche und handelt insofern nach bestem Wissen? Platon nimmt hier keine ganz deutliche Position ein. In der *Politeia* wiederholt er auffälligerweise nicht die Standardbeispiele des *Protagoras* (nämlich Essen und Trinken, Sexualität oder die Vermeidung einer lästigen Medizin). In diesen Fällen gibt jemand dem *Protagoras* zufolge einer Verlockung nach, die bei besserer Einsicht vermeidbar wäre. In der *Politeia* schildert Platon nicht solche gewöhnlichen „sinnlichen Begierden", sondern den seltenen Fall, daß jemand seinen brennenden Durst stillt, obwohl er weiß, daß er nicht trinken sollte (Rep. 439b–d). Auch ein zweites Beispiel wirkt merkwürdig; danach kann ein gewisser Leontios seiner Vorliebe für das Betrachten von Leichnamen nicht standhalten (Rep. 439e f.). Es legt sich nahe zu vermuten, daß beide Fälle bewußt so konstruiert sind, daß in ihnen krankhafte Dispositionen (z.B. Wassersucht bzw. Nekrophilie) die grundsätzlich vorhandene bessere Einsicht außer Kraft setzen. Ist diese Deutung richtig, so würde dies bedeuten, daß Platon die Existenz von Willensschwäche noch immer bestritten hätte. Echte Konflikte zwischen Vernunft und Trieb hätte er dann zwar anerkannt, aber nur unter pathologischen Bedingungen für möglich erklärt. Platon wäre dann unverändert der Meinung, es sei lächerlich, daß jemand „stärker als er selbst" sein könne, wie es in der *Politeia* ausdrücklich heißt (Rep. 430e). Auch in den *Nomoi* wird Unbeherrschtheit (*akrateia*) als „unfreiwillig" bezeichnet (Leg. 734b); zwar könne man auch der Lust und Unlust sowie anderen Affekten „unterliegen", aber dabei soll es sich unverändert um einen kognitiven Mangel handeln (Leg. 863b ff.; 902a f.).

Aristoteles dagegen erkennt das Phänomen eines Handelns wider bessere Einsicht eindeutig an und behandelt das Problem der *akrasia* bemerkenswert ausführlich (EN VII 1–11). Wie ist es denkbar, daß jemand etwas tut, wovon er weiß, daß es falsch ist? Aristoteles weist eine denkbare Antwort auf diese Frage zurück und schlägt vier eigene Lösungen vor. Abgelehnt wird die Erklärung, der Betreffende wisse nicht, daß sein Handeln falsch sei, sondern er vermute oder meine es nur (EN 1145b 31ff.). Bei dieser Erklärung bliebe nach Aristoteles offen, weshalb uns unbeherrschtes Handeln überhaupt als tadelnswert erscheint. Wäre es auf einen unzulänglichen Kenntnisstand zurückzuführen (eben das ist unter einer „Meinung" zu verstehen), dann müßte ein unbeherrschtes Handeln als entschuldbar gelten. Der Unbeherrschte muß also über wirkliches Wissen verfügen. Wie aber kann jemand Wissen besitzen, ohne daß es handlungswirksam wird? Nach Aristoteles' erster Lösung ist dies so möglich, daß der Betreffende zeitweise über ein Wissen verfügt, es aber nicht ständig präsent hat (EN 1146b 31–36). Er macht von seinem Wissen im Augenblick seines Falschhandelns nicht oder nicht vollständig Gebrauch; sein Wissen von der Verkehrtheit der betreffenden Handlung bleibt potentiell und gelangt nicht zu aktueller Wirksamkeit. Nach der zweiten Lösung liegt die Erklärung in einer bestimmten Fehlverwendung des praktischen Syllogismus (EN 1146b 36–1147a 10). Unter einem praktischen Syllogismus versteht Aristoteles grob gesprochen einen handlungsleitenden Schluß, meist bestehend aus einer wertenden allgemeinen und einer situationsbeschreibenden speziellen Prämisse sowie einer Folgerung, etwa in der Form: „Es ist gut, X zu tun" – „Das Tun von A ist ein Fall von X-Tun" – „Also ist das Tun von A gut". Aristoteles stellt den Sachverhalt auch so dar, als handelte es sich bei der Konklusion gar nicht um einen Satz, sondern bereits um eine Handlung. Sein eigenes Beispiel lautet: „Von allem Süßen muß man kosten" – „Dieser Einzelgegenstand hier ist süß" – also koste man (EN 1147a 29–31). Nun kann es nach Aristoteles sein, daß jemand, obwohl er über beide Prämissen verfügt, nur die allgemeine aktuell verwendet, dieser aber einen bestimmten Einzelfall nicht zuordnet. Der dritten Lösung zufolge kann man vom Unbeherrschten – ähnlich wie vom Schlafenden, Verrückten oder Betrunkenen – sagen, er besitze Wissen, sei seiner aber nicht mächtig (EN 1147a 10ff.). Nach der vierten aristotelischen Lösung geraten im praktischen Syllogismus beim Unbeherrschten zwei allgemeine Prämissen miteinander in Konflikt, nämlich z.B. die Sätze „Süßes ist zu meiden" und „Alles Süße ist angenehm"; nur die zweite ist dabei aktiv, nicht die erste. Zudem soll dann eine spezielle Prämisse von der Art „Dieses X ist süß" und ein Begehren vorliegen. Weil nun die allgemeinen Prämissen einander nicht ausschließen, sondern nur „akzidentell" gegensätzlich seien, könne sich die Begierde mitunter auch gegen eine richtige Einsicht durchsetzen (EN 1147a 24ff.).

Man kann sich natürlich fragen, ob die genannten aristotelischen Antworten tatsächlich vier voneinander unabhängige Aspekte bieten, oder ob es nicht richtiger wäre zu sagen, daß sie einander teilweise ergänzen. Möglicherweise liegt eine vollständige Lösung erst mit der vierten Antwort vor, während die drei anderen lediglich eine Problembeschreibung bieten (vgl. Santas 1969). Klar ist jedenfalls, daß mit der These, Wissen müsse nicht aktuell wirksam sein, sondern könne auch in bloß potentieller Form auftreten, ein anti-sokratischer Standpunkt erreicht ist. Wissen kann nach Auffassung des Sokrates unmöglich vorhanden sein, ohne wirksam zu werden; nach Aristoteles kann es dagegen mehr oder minder präsent sein. Bemerkenswert ist die Ähnlichkeit dieser Position mit einer Lösung, die Platon im *Theaitetos* (197b) ins Auge faßt, um die Möglichkeit eines falschen Urteils zu erklären. Platons Frage lautet, wie beispielsweise eine Verwechslung zweier bekannter Personen möglich ist. Wie kann jemand irrtümlich sagen: „Dort kommt Theaitetos", wenn in Wahrheit Theodoros kommt? Platon antwortet: Indem der Betreffende Wissen potentiell, aber nicht aktuell hat, und indem er beim Versuch der Aktualisierung gleichsam „danebengreift". Aristoteles und Platon unterscheiden in ihren Theorien also jeweils ein nicht-aktiviertes Wissen von einem aktuell bewußten Wissen.

Trotz ihres anti-sokratischen Grundcharakters bleibt diese platonisch-aristotelische Innovation der Position des Sokrates immer noch eng verbunden. Denn sie basiert ja unverändert auf der Überzeugung, daß sich ein vollgültiges, aktives Wissen gegen unvernünftige Handlungsimpulse durchsetzen würde. Sie nimmt deshalb an, daß dem unbeherrschten Verhalten eine Situation zugrundeliegt, in der das vollgültige Wissen momentan abgeschwächt oder außer Kraft gesetzt ist oder aus einem anderen Grund nicht direkt mit dem irrationalen Impuls konfrontiert ist. Käme es zu einer solchen Konfrontation, dann könnte aus ihr nur die Vernunft siegreich hervorgehen. Aristoteles erklärt das Phänomen der Unbeherrschtheit gegenüber Süßigkeiten zwar nicht mehr daraus, daß der Betreffende die allgemeine Regel „Süßes ist zu meiden" *nicht kennt*, sondern daraus, daß er ihre Gültigkeit vorübergehend relativiert hat. In gewissem Umfang ist aber auch Aristoteles noch moralischer Intellektualist. Niemand, der sich ganz klar macht, daß Süßes schadet, kann es demnach noch verzehren wollen.

Historisch gesehen, rief die aristotelische Anerkennung äußerer Güter und der Willensschwäche dennoch heftigen Widerspruch hervor. Es waren die Stoiker, die beide Positionen ablehnten und zu einer kompromißlos sokratischen Auffassung zurückkehrten. Zenon betrachtet jeden Affekt als einen „übermäßigen Impuls" (*hormê pleonazousa*: SVF I 205ff.). Seit Chrysipp bestritten die Stoiker zudem die Existenz eines irrationalen Seelenteils und wandten sich damit gegen die These, daß vernunftwidrige Motive durch eine partiell autonome affektive Instanz erklärt werden müßten. Chrysipps Lehre wird in folgender Darstellung referiert: „Einige behaupten, daß der Affekt nicht von der Vernunft verschieden und nicht Uneinigkeit und Zwiespalt zweier Vermögen sei, sondern die Wendung der einen Vernunft nach beiden Seiten, die uns wegen der Plötzlichkeit und Geschwindigkeit des Umschwungs verborgen bleibe, weil wir nicht erkennten, daß es dasselbe Vermögen der Seele sei, das diese befähige zu begehren und zu bereuen, zu zürnen und zu fürchten, von der Lust zum Schlechten getrieben zu werden und dabei wieder sich selbst zurückzuhalten. Denn Begierde, Zorn, Furcht und alles derartige seien krankhafte Einbildungen und Urteile, die nicht in einem bestimmten Teil der Seele geschähen, sondern Neigungen, Nachgiebigkeiten, Zustimmungen, Triebe und überhaupt bestimmte Tätigkeiten des gesamten leitenden Seelenteils seien, die binnen kurzer Zeit umschlagen könnten, wie die Angriffe der Kinder in ihrem Ungestüm und ihrer Wucht aus Schwäche wankend und unsicher seien" (SVF III 459; Übers. M. Hossenfelder). Für die Stoiker beruht Willensschwäche nicht auf dem Unterliegen des rationalen Seelenteils gegenüber Neigungen und Begierden; vielmehr soll sie wie alles falsche Handeln auf ein Fehlurteil des vernünftigen Seelenteils (*hêgemonikon*) zurückgehen. Das Phänomen des seelischen Konflikts, einer inneren Auseinandersetzung zwischen Vernunft und Trieb, erklärt Chrysipp als eine Unsicherheit des *hêgemonikon*. Der leitende Seelenteil stimmt demnach in einem Augenblick vorschnell der einen Meinung zu, um sich in nächsten Augenblick der entgegengesetzten Meinung zuzuwenden. Differenzierter gesagt ist ein Affekt nach Zenon die Folge eines Fehlurteils, während er nach Chrysipp mit dem falschen Urteil oder der verfehlten

Meinung direkt gleichzusetzen ist (*krisis*, *doxa*: SVF III 461). Ein seelischer Konflikt ist dann nichts weiter als ein unbeständiges, zwischen verschiedenen Auffassungen oszillierendes Vernunfturteil.

Ist es richtiger zu sagen, Handeln wider bessere Einsicht gehe auf partiell selbständige irrationale Faktoren zurück, oder spricht mehr dafür, ein Schwanken des *hêgemonikon* zwischen verschiedenen Überzeugungen anzunehmen? Zunächst scheint alles für das erste Modell zu sprechen. Daß das zweite Modell aber ebenfalls eine gute Erklärung bietet, wird deutlich, wenn wir nochmals auf das stoische *apatheia*-Ideal zurückkommen. Wie wir bereits sahen, ist der stoische Weise frei von Affekten (*apathês*), und eben deswegen gilt er als gesund. Demgegenüber soll jeder Nicht-Weise „rasend", d.h. verrückt sein. Aber kann man sinnvollerweise sagen, daß alle nicht-idealen Menschen, einschließlich des Typs eines gewöhnlichen, rationalen und psychisch stabilen Erwachsenen, verrückt seien? Zunächst ist es wichtig zu sehen, daß die Stoiker mit dem Ideal der *apatheia* nicht die vollständige Freiheit von Emotionen, sondern nur die Freiheit von Aberrationen meinen. Zwar halten sie die meisten Emotionen tatsächlich für Verirrungen; aber ihr Affektbegriff (*pathos*) soll nicht das Gefühlsleben schlechthin verwerfen. Er steht nur für unangemessene Emotionen. Die Stoiker würden keinesfalls der aristotelischen Auffassung rechtgeben, daß etwa die Furcht, die jemand in Lebensgefahr empfindet, begründet und rational ist, weil sie einen drohenden Verlust spürbar werden läßt; vielmehr ist auch eine scheinbar wohlbegründete Furcht unvernünftig, und zwar weil das eigene Leben nach stoischer Ansicht kein wirkliches Gut darstellt.

Was aber haben falsche Meinungen mit Affekten zu tun? Falsche Meinungen erzeugen den Stoikern zufolge falsche Lebenshaltungen. Natürlich halten die Stoiker nicht jede fehlgeleitete Verstandestätigkeit für einen Affekt, etwa den Rechenfehler eines Mathematikers. Wie wir bereits bei Platon sahen, gilt für die Antike überhaupt, daß der Vernunftbegriff nicht allein ein kognitives Vermögen bezeichnet; er steht nicht nur für die Fähigkeit, die Widerspruchsfreiheit von Sätzen zu beachten oder aus Prämissen korrekte Schlüsse zu ziehen. Vielmehr schließt die antike Vernunftkonzeption stets ein Urteilsvermögen und eine Strebenstendenz ein. Die Vernunft ist nach dieser Auffassung imstande, das Richtige herauszufinden und es zu erreichen, da sie eine „natürliche Ausrichtung" auf die Wahrheit, das Gute und das Nützliche besitzt. Affekte sind also falsche Meinungen, weil sie auf einer – von dem Betreffenden undurchschauten – Zustimmung (*synkatathesis*) zu einem falschen Werturteil beruhen. Angenommen, jemand hielte Reichtum für ein Gut. Dann hätte dies zur Folge, daß er beträchtliche Mühen aufwenden würde, um an Geld heranzukommen. Je erfolgloser seine Versuche des Gelderwerbs blieben, umso intensiver wären seine Anstrengungen. Seine innere Anspannung würde wachsen, und seine Emotionen würden immer aufgeregter und vernunftferner werden. Er bezahlt also sein „Mißverständnis" damit, daß er durch peinigende Emotionen erschüttert wird, etwa durch Angst, Ehrgeiz, Zorn, Gier oder Besorgnis. Nur negative und vernunftwidrige Emotionen dieser Art heißen „seelische Affekte". Konsequenterweise nehmen die Stoiker an, daß Kinder keine Affekte haben; erst beim Übergang von der Kindheit zum Erwachsenenalter soll es zur Entstehung der Affekte kommen. Mit dem Aufkommen vernünftiger Überlegung in der menschlichen Biographie soll eine tiefgreifende Neuorientierung verbunden sein. Während das Kind noch naiv egoistisch ausgerichtet ist, ist der Erwachsene, sofern er in vollem Umfang nach seiner Vernunftnatur lebt, ein von allen ich-bezogenen Trieben und Begierden distanziertes Lebewesen. Genau das soll den meisten Menschen aber nur unvollständig gelingen, und dies, obwohl ausnahmslos jeder über eine richtig orientierte Vernunft verfügt. Zum einen werden die Menschen durch die Verlockung äußerer Ziele irregeführt, zum anderen durch falsche traditionelle Überzeugungen (vgl. Kap. 5.3).

Nun haben Platon und Aristoteles scheinbar keine Mühe, den Unterschied zwischen angemessenen und verfehlten Emotionen zu erklären. Wenn man einen rationalen und einen irrationalen Seelenteil annimmt, kann man mit Platon vernunftwidrige Affekte auf eine ungenügende Herrschaft oder Kontrolle der Vernunft über den Bereich der Triebe, Begierden und Emotionen zurückführen, oder man kann mit Aristoteles ein falsches Werturteil oder eine schlechte Gewohnheit, die für eine verkehrte Affektlage verantwortlich sind, durch fehlende Einsicht und Übung erklären. Vernunftwidrig sind dann nur Affekte, die aus einer Anarchie der Gefühlswelt, und das heißt aus einem kognitiven Fehlurteil (mit oder ohne falsche Lebenspraxis) hervorgehen. Anders liegt der Fall bei den Stoikern. Sie schreiben Affekte und Begierden ebenso wie rationale Überlegungen ein und demselben vernünftigen Seelenteil zu. Plutarch hat deshalb den Einwand erhoben, eine solche Theorie, nach der das *hêgemonikon* gelegentlich eine Überlegung vornehme, dann aber wieder begehrlich sei, sei ebenso absurd wie die These, der Jäger und das Tier seien nicht zwei, sondern ein einziges Lebewesen (*De virtute morali* 447c). Was unterscheidet bei den Stoikern Rationalität von Affektivität?

Genauer betrachtet bietet die stoische Position vielleicht sogar eine angemessenere Beschreibung des inneren Konflikts: Verschiedene Impulse, Emotionen, Tendenzen oder Neigungen lassen sich nämlich keineswegs immer nach dem einfachen Muster von Rationalität oder Affektivität differenzieren. Sie sind vielmehr oft gleichermaßen rational oder affektiv, und oft verbindet sich die rational angemessene Einschätzung sogar mit extremen Affekten, während die rational unangemessene Position sachlich und klar auftritt. Auch unterscheiden sich die rational angemessene und die rational unangemessene Position im inneren Konflikt nicht durch verschiedene Bewußtheitsgrade voneinander. Mein Impuls, ein weiteres Glas Wein zu trinken, ist nicht notwendig „dumpfer" oder „unbewußter" als meine Erinnerung, die Folgen des zusätzlichen Alkoholgenusses könnten ähnlich verheerend sein wie beim letzten Ereignis dieser Art. Sodann ist es falsch zu sagen, die Entscheidung für das weitere Glas Wein sei zwingend weniger bewußt als die gegen es. Im Gegenteil, die Bewußtheit einer Entscheidung ist von der Rationalität ihres Inhalts unabhängig. Überdies bleibt beim platonisch-aristotelischen Konfliktmodell unklar, wie das irrationale Element das rationale überhaupt ausschalten kann: Denn wenn der rationale Seelenteil wirklich rational ist, so dürfte er durch irrationale Verlockungen oder Attacken nicht beeindruckbar sein; ist er aber nicht wirklich rational, dann gesteht man den Stoikern zu, daß es der vernünftige Seelenteil selbst ist, dessen Meinung erst zurechtgerückt werden muß. Deutet man den inneren Konflikt hingegen wie die Stoiker als eine Unsicherheit im Urteil, dann ist klar, daß das *hêgemonikon* selbst vernünftiger werden muß; ein Kampf irgendwelcher Teile der eigenen Persönlichkeit ist dann eine unnötige Annahme.

Die Stoiker vertreten also erneut eine reinere sokratische Position als Platon und Aristoteles (letzterer besonders in *De anima* II). Der Gegensatz von platonisch-aristotelischer Psychologie und der Geisttheorie der Stoiker ist allerdings nicht so aufzufassen, als hätten Platon und Aristoteles den Begriff des Unbewußten antizipiert, während die Stoiker unter der menschlichen Seele allein das Bewußtsein verstehen. Eine solche Deutung des Konfliktpunkts scheint erstmals in der neuzeitlichen Wirkungsgeschichte der Stoa vertreten worden zu sein, nämlich von Descartes. Descartes erklärt den Geist in allen seinen Vermögen für einheitlich und unteilbar (*Meditationes* VI 19), d.h. er identifiziert Bewußtsein und Seele. Er lehnt es ab, unterschiedliche mentale Fähigkeiten wie Wollen, Empfinden oder Erkennen als „Teile des Geistes" zu bezeichnen. Platon und Aristoteles bestreiten jedoch nicht die Einheit des Geistes, sondern suchen nach einer Erklärung für die Vielfalt und Verschiedenheit mentaler Vermögen. Ihr Modell gesteht auch den untergeordneten Vermögen (Wahrnehmungen, Begierden, Bedürfnissen, Emotionen) einen Erkenntniswert zu, rückt aber die übergeordnete Erkenntnisform der Vernunft in den Mittelpunkt. Das Unbewußte als eine autonome außerrationale Größe spielt hierbei keine Rolle. Die Stoiker nehmen dagegen an, daß allein die Orientierung des *hêgemonikon* von Belang sei; affektive und rationale Zustände sind allein ihm zuzuschreiben.

Ist in der Antike überhaupt die Ansicht vertreten worden, psychische Konflikte seien auf eine fatale Eigentätigkeit des unbewußten Seelenlebens zurückzuführen? Der These von der Existenz eines Unbewußten, wie man es seit Freud versteht, kommt in der Antike wohl Epikur am nächsten. Besonders die epikureische Praxis der rückhaltlosen Offenlegung eigener Schwächen und Fehler bietet Indizien hierfür. Denn diese Methode scheint weit über das hinausgegangen zu sein, was der Philosophenschüler *explizit* an Fehlleistungen eingestand; Epikur verwendet für seine Diagnosen seelischer Zustände zusätzlich indirekte Indizien und antizipiert hierin Methoden der Psychoanalyse (vgl. Nussbaum 1994, 133ff.). Der Vorstellung eines autonomen Unbewußten ist wohl auch Poseidonios nahegekommen. Poseidonios vertritt die Ansicht, die Affekte seien durch rationale Einwirkung allenfalls zu mäßigen, aber nicht zu belehren. Obwohl er der Stoa nahesteht, lehnt Poseidonios die Idee einer Affektheilung ab; er meint, man könne das Triebleben allenfalls in einen Zustand bringen, in dem es sich vom Logos leiten lasse (vgl. frg. 31 Edelstein/Kidd). Dennoch, Epikur und Poseidonios sind allenfalls relativ vernunftpessimistisch.

Man könnte nun glauben, daß erstmals Augustinus eine psychoanalytische Theorie des Seelenlebens vertreten habe, nämlich in seiner Konzeption des „zerrissenen Willens" (vgl. *Confessiones* VIII 8,20–10,24). Auf den ersten Blick ist dies eine attraktive Interpretation, denkt man nur an Augustins Beschreibung seiner eigenen, unwillkürlich „sündhaften" Trauminhalte (*Confessiones* X 30,41). Denn anders als Platon (Rep. 571d) glaubt der Kirchenvater, diese seien sogar bei einem Heiligen unvermeidlich. Augustinus versteht die Unverfügbarkeit bestimmter Aspekte der eigenen Persönlichkeit als eine unaufhebbare, überindividuelle Sündenfolge. Jedoch ist zu bedenken, daß zu den von Augustinus angenommenen Folgen des menschlichen Sündenfalls nicht nur die Unzugänglichkeit bestimmter Persönlichkeitsanteile gehört, sondern auch äußere Unglücksfälle sowie das Feld der politischen und sozialen Mißstände. Wie Platon vertritt auch er die Ansicht, daß sich die Ausrichtung aller Persönlichkeitsaspekte auf Gott – wäre es unter irdischen Bedingungen überhaupt möglich, seine Persönlichkeit in dieser Weise zu vereinheitlichen – *zwangsläufig* gegen die irrationalen Seelenanteile durchsetzt. Nun soll eine solche Vereinheitlichung aber nur durch göttliche Gnade und auch dann erst in der „künftigen Welt" möglich sein. Das bedeutet, daß Augustinus durchaus eine platonische Position vertritt, sie aber von der Prämisse göttlicher Gnadenunterstützung und zudem von seiner Endzeitlehre abhängig macht. Die Schwierigkeiten auf dem Weg von der Sünde zur Tugend liegen also gar nicht im menschlichen Unbewußten, sondern darin, daß Gott aufgrund des menschlichen Sündenfalls den ursprünglichen Idealkosmos zu einer Strafordnung mit stark reduzierter Harmonie umgeformt hat.

Augustins Theorie bildet mithin keine Vorwegnahme des Unbewußten; wohl aber ist sie eine interessante Innovation in der Problemgeschichte der Willensschwäche. Der Kirchenvater rückt nämlich erstmals von dem Beschreibungsmodell ab, bei dem die „Unbeherrschtheit" als Konflikt einer rationalen mit einer triebhaft-affektiven Komponente oder zwischen einer guten und einer schlechten Handlungsoption dargestellt wird. In seinen *Confessiones* stellt er das Problem stattdessen als einen Konflikt verschiedener Teile des menschlichen Willens dar. Rationalität oder Irrationalität der Teilwillen ist für den Willenskonflikt nicht entscheidend; nicht alle Konflikte haben die Struktur, daß man sich – in Augustins Beispiel gesprochen – zwischen einem vulgären Theaterstück und einem Kirchgang entscheiden muß. Entscheidend ist nach augustinischer Auffassung vielmehr die „Zerrissenheit" des Wollens überhaupt. Beispielsweise könnten in einem Willenskonflikt sämtliche Willensoptionen schlecht sein, wie wenn jemand unschlüssig zwischen einem Gift- und einem Dolchmord, einem Betrug, einem Diebstahl, einem Ehebruch usw. schwanke (10,24). Schon das bloße Schwanken zwischen Handlungsoptionen, auch wenn es sich ausschließlich um gute Optionen handelt, zeigt die Zerrissenheit des Willens an. Der Mensch ist nach Augustinus keineswegs erst dann unvollkommen und schlecht, wenn er etwas Unmoralisches wie einen Diebstahl begeht. Er ist es schon dadurch, daß es ihm nicht gelingt, sein Wollen zu vereinheitlichen. Augustinus bleibt dabei insofern Sokratiker, als auch er die Einheit des am Guten orientierten Wollens als Inbegriff des guten menschlichen Lebens auffaßt. Nur meint er, daß einem Menschen eine solche Vereinheitlichung des Willens prinzipiell verschlossen sei; der menschliche Wille unterliegt unaufhebbar „dieser Ungeheuerlichkeit“ (*hoc monstrum*: VIII 9,21), nämlich in eine Vielzahl von partikulären Tendenzen gespalten zu sein. Nur durch göttliche Intervention – und selbst dann „in diesem Leben“ nicht endgültig – sei der menschliche Wille zu vereinheitlichen.

Augustinus stellt das Problem der Unbeherrschtheit nicht länger als die Überwältigung eines guten, rationalen Moments durch ein schlechtes, irrationales dar. Unbeherrschtheit erscheint nicht mehr nur als ein moralisches Problem oder doch wenigstens als ein alltägliches Ärgernis; sie weist auf eine fundamentale Handlungsbedingung hin. Der Text aus *Confessiones* VIII behandelt das Problem in drei Hinsichten weiter: Zum einen können mehr als zwei Willen am Konflikt beteiligt sein, überdies liegt „Unbeherrschtheit“ auch dann vor, wenn sich eine gute Option durchsetzt, und schließlich ist die Tatsache, daß das Gute siegt, noch kein moralischer Gesichtspunkt. Gut wäre der Wille bei Augustinus nur dann, wenn er ausschließlich Gutes wollte; eben das liegt aber nicht in seiner Macht.

4.3 Verantwortlichkeit, freier Wille, böse Absicht

Läßt sich die These rechtfertigen, daß Rationalität schon für sich ausreicht, um eine glückliche und tugendhafte Lebensführung zustandezubringen (moralischer Intellektualismus)? Bis zu Augustinus – und sogar bei ihm noch in gewisser Weise – scheint dies, wenn auch mit unterschiedlichen Nuancen, die gemeinsame Überzeugung aller ethischen Modelle gewesen zu sein. Nun haben wir die Frage nach der Triftigkeit dieser Überzeugung bislang nur in einem bestimmten Sinn untersucht. Wir fragten lediglich, ob sich die Widerstände, die sich einer wünschenswerten Lebensform entgegenstellen, *überhaupt* mit vernünftigen Mitteln überwinden lassen. Die Frage so zu stellen, heißt, wissen zu wollen, ob sich die Rationalität gegen irrationale Hindernisse durchsetzen *kann*. In der Moderne besteht eine grundlegende Skepsis, ob sich Zufallsumstände, Affekte und Begierden rational entschärfen lassen – es sei denn um den Preis einer rigorosen Selbstimmunisierung. Der antike Intellektualismus erwies sich aber keineswegs als rigoristisch. Auch das Problem des Fehlverhaltens scheint mit intellektualistischen Mitteln beantwortbar zu sein, jedenfalls soweit es sich um einfache Fälle wie den der Willensschwäche handelt.

Es bleibt aber noch eine zweite Frage zu stellen: *Muß* sich jemand bei klarer Einsicht in die Richtigkeit einer Handlungsoption für diese Option entscheiden? Nach Sokrates zweifellos ja; denn wenn falsches Handeln notwendig auf Unwissenheit zurückgeht, ist es ausgeschlossen, daß jemand bei klarer Einsicht die falsche Handlungsoption wählt. Bildet die Instanz, mit der wir gutes von schlechtem Handeln unterscheiden, aber wirklich einen zureichenden Motivationsfaktor? Offenkundig nur dann, wenn man Rationalität, wie die Antike dies tat, als Orientierungsvermögen *und* als Strebenstendenz versteht. Denn dann liegt es auf der Hand, daß das Vernünftige zugleich das ist, was anzustreben ist. Diese Ansicht erscheint aber in gewisser Hinsicht sehr unplausibel. Man könnte einwenden: Gleichgültig, ob eine Handlungsoption rational oder irrational, gut oder schlecht ist, wir können uns in jedem Fall für oder gegen sie entscheiden; und nur aufgrund dieser Entscheidungsfähigkeit kann jemand im moralischen Sinn verantwortlich sein. Eine solche vernunftunabhängige Wahlinstanz, die uns befähigt, vorliegenden Optionen zuzustimmen oder ihnen unsere Zustimmung zu versagen, kann man als „Willen“ bezeichnen.

Der gemeinte Willensbegriff läßt sich wie folgt charakterisieren: Der Wille bezeichnet die Entscheidungsinstanz, an der wir die Vorstellung von Verantwortlichkeit und Zurechenbarkeit festmachen und auf die wir moralische Leistungen oder

Schuld zurückführen. Der Wille ist ein ich-nahes, kein irrationales Vermögen; und er ist ein Vermögen, das ein Ereignis spontan herbeiführen kann. Wir sprechen je nach der Güte des maßgeblichen Handlungsmotivs von einem guten und einem bösen Willen; die Qualität einer Handlung beurteilen wir somit nach der Dignität der zugrundeliegenden Absicht. Weiter handelt es sich um ein Vermögen, das willkürlich verfahren kann. Der Wille gestattet es, trotz Einsicht in die Vorzüge des Besseren das Schlechtere zu wählen, oder auch, im nächsten Augenblick anders als jetzt gerade zu handeln. Das bedeutet keineswegs, daß er irrational wäre. Er verhält sich vielmehr neutral gegenüber der Alternative von Rationalität und Irrationalität. Kennzeichnend für den Willen ist nur die Überlegtheit oder auch Bewußtheit einer Absicht, nicht ihre Rationalität. Rationalität ist für die bewußte Überlegung zwar wünschenswert oder normativ, nicht aber determinierend. Weiter ist für den Willen charakteristisch, daß er seine Tätigkeit schlechthin nicht unterbrechen oder beenden kann. Wer einen Willen hat, kann nicht nicht-wollen.

Nun gibt es gute Gründe anzunehmen, daß der Begriff eines solchen Willens erst der jüdisch-christlichen Tradition entstammt (Dihle 1985, Horn 1996). Denn erst die biblische Vorstellung, der Mensch könne in „extremer Gottlosigkeit" sogar gegen sein Heil entscheiden, enthält die entscheidende begriffliche Komponente: Der menschliche Wille reicht weit genug und ist hinreichend mächtig, alles Positive und sogar das höchste Positive trotz klarer Einsicht zu negieren. Könnte sich der Mensch nämlich nicht wissentlich gegen das Gute entscheiden, so wäre er für die Fehlentscheidung nicht verantwortlich; dann aber hätte ein moralisches Weltbild keinen Sinn, nach dem Gott die Guten belohnt und die Bösen bestraft. Die klassische Antike hätte hingegen den Gedanken unbegreiflich gefunden, jemand entscheide sich bewußt dafür, sein Glück zurückzuweisen. Er kann nach antiker Auffassung bestenfalls die Wege zum Glück mißverstehen und deshalb z.B. ein Verbrechen um seines vermeintlichen Vorteils willen begehen. Damit scheinen die vorchristlichen Autoren durchgehend das rationale oder irrationale Handlungsmotiv mit dem bewußten oder vermindert zurechnungsfähigen Entscheidungsakt identifiziert zu haben. Griechische Begriffe für Wollen (*boulesthai*, *thelein*) bezeichnen bestimmte Handlungstendenzen oder Strebensrichtungen, nicht Wahlakte.

Nun wäre es allerdings nicht richtig zu behaupten, die Antike kenne das Problem von Verantwortlichkeit, Zurechenbarkeit oder Schuldfähigkeit nicht. Sie scheint allerdings nur zu bedingt plausiblen Lösungen gelangt zu sein, weil sie keinen Willensbegriff im beschriebenen Sinn besaß. Eine aufschlußreiche Passage findet sich bereits in Platons Mythos von der vorgeburtlichen Schicksalswahl. Bei Platon entscheidet die Seele über ihr späteres Schicksal selbst, weswegen der wählende Mensch und nicht Gott verantwortlich sein soll (Rep. 617e). Moralisches Übel ist somit nicht Gott, sondern der freien menschlichen Entscheidung anzulasten. Jedoch, näher betrachtet ist die von Platon beschriebene Entscheidung weder im Moment der Schicksalswahl frei (vielmehr wird sie von der Lebensführung in früheren Inkarnationen determiniert), noch besteht ein bleibend freies Vermögen, das eine getroffene Wahl im nachhinein korrigieren könnte. Es ist also nicht ersichtlich, weshalb diese Konzeption den platonischen Gott von seiner Verantwortung entlasten sollte. Der Mythos beinhaltet sicherlich keine Willenskonzeption im skizzierten Sinn; Platon deutet aber immerhin die Einsicht an, daß allein die Selbständigkeit einer Handlungswahl dasjenige ist, woran sich die Verantwortlichkeit des Handelnden knüpfen läßt. Allerdings führt der Mythos zugleich Determinanten dieser Wahl an, die in charakterlichen Dispositionen der Wählenden liegen sollen. Platon gibt damit den Wahlbegriff wieder preis und läßt außer acht, daß die Wählenden nur in dem Maß verantwortlich sein können, wie ihre Handlungswahl undeterminiert ist. Tatsächlich trifft er aber nirgends eine deutliche Unterscheidung zwischen einer selbständigen, zurechenbaren Wahl und einer bereits determinierten Scheinwahl. Im *Timaios* geht Platon sogar soweit, die generelle Unfreiwilligkeit von unbeherrschtem Verhalten zu behaupten und sie mit medizinisch-physiologischen Determinanten zu begründen (86d–e). Auch der späte Platon scheint das moralische und juristische Problem der Zurechenbarkeit nicht bewältigt zu haben. Denn er unterscheidet in den *Nomoi* zwar zwischen unfreiwilligen und vorsätzlichen Straftaten (860e). Unerörtert bleibt jedoch, weshalb man berechtigt ist, jemandem die Verantwortung für sein Fehlverhalten zuzuweisen.

Aristoteles schenkt den Fragen der moralischen und der juristischen Zurechenbarkeit eine wesentlich detailliertere Aufmerksamkeit als Platon; besonders die *Eudemische Ethik* (II 6–11) und die *Nikomachische Ethik* (III 1–8) enthalten subtile einschlägige Überlegungen. Als aristotelisches Pendant für den Willen kommen mindestens drei Begriffe in Betracht: der Ausdruck *hekousion* (freiwillig), die *prohairesis* (Wahlvermögen) und die *boulêsis* (vernünftiges Streben). Die drei Begriffe enthalten jeweils mehrere Aspekte, die für den Willensbegriff wesentlich sind. Dennoch kann man kaum behaupten, Aristoteles verfüge über alle erforderlichen Begriffsanteile oder gar über einen Gesamtbegriff des Willens.

Mit dem *hekousion*-Begriff charakterisiert Aristoteles solche Vorgänge, bei denen man einen rational Handelnden als Prinzip, als Herr oder als Ursache annehmen muß. Diese Eigenschaft, Ursprung seines Handelns zu sein, besitze der erwachsene Mensch im Unterschied zu Tieren und Kindern (EE 1224a 28–30). Bemerkenswerterweise sagt Aristoteles, ein Handeln sei dann *hekousion*, wenn der Handelnde es ebensogut unterlassen könnte. Zudem bezeichnet er dasjenige als *hekousion*, worauf sich Lob und Tadel richten; der Ausdruck gestattet somit die Feststellung, jemand sei zu seinem Handeln weder äußerlich noch innerlich genötigt worden. Aristoteles sagt ferner, Tugend und Schlechtigkeit gehörten zum Bereich des *hekousion* (EE 1223a 18–20); explizit wird es auch als Basis des Unrechttuns verstanden (EE 1223b 1f.). Bei näherer Betrachtung zeigt sich jedoch, daß diese drei genannten Indizien nicht ausreichen, um im aristotelischen *hekousion* einen Willensbegriff zu sehen; der Ausdruck *hekousion* bedeutet eher soviel wie „aus eigenem Antrieb“. Vom Willensbegriff unterscheidet er sich dadurch, daß zu seinen Merkmalen nicht auch ein volles Bewußtsein dessen gehört, was jemand tut. Er bezeichnet nur die Zwanglosigkeit, nicht die Bewußtheit einer Handlung.

Nun scheint es möglich, den Begriff der *prohairesis* als ein aristotelisches Pendant zum Willensbegriff anzusehen. Zwei ihrer Definitionen – nämlich „mit Überlegung verbundenes Streben im Bereich des uns Verfügbaren“ (EN 1113a 10) und „eine Synthese aus Überlegen und Streben“ (*De motu animalium* 700b 23) – legen es nahe, daß die *prohairesis* rationale und irrationale Elemente ebenso verknüpfen kann wie der Willensbegriff, zumal dieses Wahlvermögen auch eine Entscheidung zugunsten einer schlechten Option zu treffen vermag. Aber auch diese Vermutung ist falsch. Zwar versteht Aristoteles die *prohairesis* ebenfalls aus einem Gegensatz zu Begehren und Unbeherrschtheit (EN 1111b 13f.). Er konstatiert aber nicht nur einen partiellen, sondern einen prinzipiellen Gegensatz seines *prohairesis*-Begriffs zu den Inhalten des Begehrens. Ein Wahlvermögen, das sich für die Begierden entscheidet, ist nach Aristoteles unsinnig; dagegen kann das, was die Begierden anstreben, durchaus zum Inhalt des Willens werden. Auch scheint es nicht zwingend, daß sich der Wille nicht auch auf etwas Unmögliches richten kann, was Aristoteles für seine *prohairesis* ausschließen will (EN 1111b 22). Hinzu kommt, daß Aristoteles die *prohairesis* auf die Wahl der richtigen Mittel zu einem vorgegebenen Ziel beschränkt. Auch wird der Aspekt des Überlegens (*boulê*), den die *prohairesis* mit dem Willensbegriff gemeinsam hat, nur als ein Moment der Mittelwahl und nicht der Zielbestimmung beschrieben (EN 1112b 11f. u.ö.). Für die Willenskonzeption ist dagegen die Ziel-Mittel-Unterscheidung ebensowenig konstitutiv wie das Kriterium der Erreichbarkeit oder Unerreichbarkeit des Gewollten.

Kommen wir schließlich noch zu der dritten Möglichkeit, dem Begriff der *boulêsis* (Streben). Umstritten ist, ob man ihn rationalistisch oder irrationalistisch interpretieren muß. Wenn die aristotelische *boulêsis* ein rationales Strebevermögen meint, dann ist sie dasjenige, was die Freiwilligkeit einer Handlung ausmacht. Bei Aristoteles findet sich ein gutes Indiz zugunsten dieser Interpretation, die Seelenteilungslehre von *De anima* (III 9). Dort werden drei Weisen des Strebens (*orexis*) voneinander unterschieden, und die *boulêsis* wird dem rationalen Teil zuerkannt. Doch ist die *boulêsis* nicht deshalb schon ein Entscheidungsvermögen. Sie bezeichnet vielmehr ein vernünftiges Strebevermögen; gemeint ist nicht die Fähigkeit einer bewußten, aber möglicherweise irrationalen Entscheidung. Überhaupt läßt sich für die aristotelische Handlungsbewertung festhalten, daß ihr Kriterium die richtige Einsicht und nicht der gute Wille ist. So hätte Aristoteles z.B. keine Möglichkeit, den guten Willen dessen zu honorieren, der aus Einfältigkeit falsch handelt.

In der Stoa besteht ein gewisses Pendant des Willensbegriffs in dem von Aristoteles übernommenen Ausdruck *eph' hêmin* (lat. *in nostra potestate*). Die Stoiker bezeichnen als *eph' hêmin* das, was „in unserer Verfügung" liegt. Am Beginn seines *Encheiridion* zählt Epiktet hierzu das Urteil, den Antrieb, das rationale Streben und die Abneigung; nicht in unserer Verfügung seien dagegen der Körper, Besitz, Ansehen oder öffentliche Ämter. Das zeigt bereits, daß der *eph' hêmin*-Begriff nicht mit der Willenskonzeption identisch sein kann. Sollten die Stoiker über ein begriffliches Äquivalent verfügen, so müßte es eine der Größen sein, die in unserer Verfügung liegen, nicht aber der Gesamtbereich des für uns Verfügbaren. Nun scheint der Wille aber auch mit keinem der genannten Elemente des *eph' hêmin* identisch zu sein. Weder ist er ein Urteil, d.h. eine Meinung, noch ein Antrieb, d.h. ein Impuls. Gegenüber einem bloßen Urteil zeichnet ihn die Absicht zur Realisierung des Gewollten aus, gegenüber einem bloßen Impuls die Zustimmung zu einem Handlungsmotiv. Die rationale Zu- oder Abneigung unterscheiden sich aber, wie gesagt, vom Willen als einem nicht notwendig rationalen Entscheidungsakt. Eher als die genannten Kandidaten kommt wohl der stoische Zustimmungsbegriff (*synkatathesis*) als Äquivalent in Betracht. Mit der *synkatathesis* ist jener Akt gemeint, durch den ein rationales Individuum eine bloße Vorstellung (*phantasia*) oder einen

Impuls (*hormê*) zu einer Wahrnehmung, einer Meinung oder einer Absicht macht (SVF II 988). Damit hat die *synkatathesis* zwar ebenfalls eine weitere Bedeutung als der Willensbegriff: Sie bezeichnet insgesamt das Akzeptieren oder Für-wahrhalten eines epistemischen Inhalts, nicht allein die Entscheidung zur Realisierung einer Handlungsoption. Dennoch scheinen hier die begrifflichen Wurzeln der Willenkonzeption zu liegen.

Vergleicht man die vorchristlichen Willens- oder Strebensbegriffe mit der Konzeption Augustins, so fallen freilich immer noch Unterschiede auf. Augustinus definiert den Willen durch zwei Elemente, die von der strebenstheoretischen Beschreibung abweichen: Er bestimmt ihn zum einen als „zwanglose Geistesbewegung mit dem Ziel, etwas nicht zu verlieren oder aber zu erreichen“ (*voluntas est animi motus cogente nullo ad aliquid vel non amittendum vel adipiscendum*), und er kennzeichnet ihn zum anderen als „unser bekanntestes“ Vermögen (*nobis autem voluntas nostra notissima est*: *De duabus animabus* 10,14). Der Wille soll vollkommen autonom und ganz in unserer Verfügung sein. Auf diese Weise gelangt Augustinus zum Begriff eines freien, spontanen und verantwortlichen Wahlvermögens. Vielleicht die interessanteste Verwendung dieses neu konzipierten Begriffs erscheint in der augustinischen Schrift *De civitate dei* (XII 6). Dort ist davon die Rede, daß der „Abfall böser Engel“ von Gott seine letzte Ursache in einer freien Willensentscheidung gegen das Gute habe. Augustinus sagt ausdrücklich, eine Erklärung dieser bösen Entscheidung könne es nicht geben; denn jede Erklärung würde ja bedeuten, daß man die Selbständigkeit und Freiheit des Willens der „bösen Engel“ wieder zurücknehmen würde.

Augustinus scheint auch der erste Philosoph gewesen zu sein, der klar zwischen dem Willen als Strebevermögen und dem Willen als Entscheidungsfähigkeit differenziert hat. Seit seiner Schrift *Contra Fortunatum* (392) findet sich häufig die pointierte Unterscheidung zwischen der *voluntas* und dem *liberum arbitrium*. Augustinus läßt ein deutliches Bewußtsein für die Differenz erkennen, die zwischen der unfreiwilligen oder durch eigene Willensentscheidung gewählten Handlungstendenz und dem freien Entscheidungsakt besteht. Einerseits weisen zahlreiche Äußerungen Augustins in die strebenstheoretische Richtung. Der Ausdruck *voluntas* hat in aller Regel den traditionellen Sinn von rationaler Neigung, Tendenz oder Impuls und steht selten für ein freies Entscheidungsvermögen. Andererseits spricht er von einem *liberum arbitrium*, d.h. von einer Fähigkeit, eine bewußte und spontane Entscheidung zu treffen.

Der Willensbegriff scheint somit zwar keineswegs eine Erfindung des Christentums zu sein; wesentliche Begriffsanteile sind auch in der vorchristlichen antiken Philosophie präsent. Auch setzt sich Augustins Willensbegriff, wie eine nähere Untersuchung zeigen würde, weitgehend aus traditionellen Begriffsanteilen zusammen. Dennoch dürfte sich das Problem der moralischen Verantwortlichkeit erst im christlichen Kontext so pointiert gestellt haben, daß es zur Herausbildung des skizzierten Willensbegriffs kam; er erweist sich als eklektisch und originell zugleich (Kahn 1988). Das führt zu der Frage, ob die vorchristliche Antike bereits über die Konzeption von Moralität verfügt.

5. Antike Ethik und moderner Moralitätsbegriff

Antike und moderne Moralphilosophie unterscheiden sich voneinander in mehreren Aspekten. Erstens ist auffällig, wie sehr man in der Antike die handelnde Person in den Mittelpunkt rückt, während sich neuzeitliche Philosophen auf die moralische Bewertung bestimmter Handlungen konzentrieren. Die antike Ethik verfährt „akteurzentriert“ (*agent-centred*), während die moderne Ethik „handlungszentriert“ angelegt ist (*act-centred*; vgl. Annas 1993, 124). Im Altertum bestand ein zentrales Interesse daran, die Bedingungen eines Übergangs vom philosophischen Anfänger, dem „Toren“, zum Philosophen, dem „Weisen“, zu erkunden. Kennzeichnend für die Neuzeit ist hingegen das Bemühen, moralisch angemessenes von unangemessenem Verhalten zu unterscheiden, Konfliktfälle zu diskutieren, Begründungen zu liefern und allgemeine Verbindlichkeiten auszuweisen. Darin kommt ein zweites Differenzierungsmerkmal zum Ausdruck. In der Moderne wird Moralphilosophie – anders als im Altertum – nach dem Muster einer Wissenschaft betrieben; deren Kennzeichen sind eine objektivierende Distanz, ein methodisches sowie systematisches Vorgehen und eine kasuistische Vollständigkeit. Auch ein dritter Punkt steht damit im Zusammenhang: Moderne Ethiken scheinen in ihrer Bemühung um Objektivität und Normativität gleichsam aus der Gottesperspektive formuliert zu sein; sie geben unschwer zu erkennen, daß sie die Erben der jüdisch-christlichen Gebotsmoral mit universalistischer Tendenz sind.

Maßgeblich scheint aber ein vierter Punkt zu sein. Die antike Ethik bestimmt das gute oder wertvolle Handeln, indem sie die Frage aufwirft, was *für jemanden* gut oder wertvoll ist: Sie untersucht das, was jemand tun sollte, aus dem Blickwinkel, welches Handeln ihm einen Nutzen einträgt. Ausgangspunkt moralphilosophischer Überlegungen ist also wie bei Platon die

Frage: „Wie soll man leben?" (*hontina tropon chrê zên*: Rep. 352d; ähnlich 344e; 578c; Gorg. 492d; 500d; Leg. 806d). Zu beachten ist, daß das „soll" hier nicht für ein moralisches, sondern für ein prudentielles Sollen steht (vgl. etwa Stemmer 1989). Die Frage lautet anders formuliert: Welches Leben entspricht meinem wohlüberlegten Vorteil? Gegen Überlegungen dieser Art erhebt sich der Verdacht, daß sie die Unterscheidung zwischen dem, was moralisch gut ist, und dem, was wir im außermoralischen Sinn als gut bezeichnen, verfehlt oder doch unzulässig verwischt (vgl. Kants *Kritik der praktischen Vernunft*, AA V 110). Darf man moralische Probleme aus dem Blickwinkel der eigenen Glücksmehrung betrachten?

Fassen wir diese Schwierigkeit etwas allgemeiner. Die antiken Moralphilosophien gehören fast ausschließlich zu den teleologischen Ethiken (im Unterschied zu den deontologischen Ethiken). Diese Differenzierung ergibt sich aus der Art und Weise, wie man die Begriffe des Guten und des Richtigen in einer Moralphilosophie zueinander in Beziehung setzt. Teleologische Ethiken geben in einem ersten Schritt eine zunächst noch nicht-moralische Bestimmung des Guten und erklären in einem zweiten Schritt dasjenige für das moralisch Richtige, was dieses Gute maximiert. Umgekehrt verfahren deontologische Ethiken: Sie bestimmen zunächst, was getan werden muß, d.h. was zu tun richtig ist. In einem zweiten Schritt charakterisieren sie das Gute dann durch seine strikte Orientierung am Richtigen. Unter einer teleologischen Ethik versteht man also eine Konzeption, die ein höchstes oder allgemein erstrebenswertes Gut ansetzt. Richtig handelt, wer mit der Zielsetzung agiert, das höchste Gut zu erreichen oder zu vermehren (vgl. Frankena 1972, 21f.). Beispielsweise gehört der Hedonismus zur Familie der teleologischen Ethiken. Denn er besteht einerseits aus der Überzeugung, Lust sei das unüberbietbare, schlechthin erstrebenswerte Gut, und andererseits aus der Auffassung, richtiges Handeln zeichne sich durch die Erzeugung oder Vermehrung von Lust aus. Kennzeichen einer deontologischen Ethik (Pflichtenethik) ist es dagegen, moralische Verbindlichkeiten güterunabhängig zu formulieren.

Deontologische Ethiker – man denke besonders an Kant – weisen auf den Pflichtcharakter moralischen Handelns hin, der auch dann bestehen soll, wenn der Akteur mit seiner Pflichterfüllung keinerlei Gut erlangt. Folgerichtig widerstrebt der christlich-kantisch geprägten Vorstellung von Moralität der Gedanke, moralisches Handeln diene dem Selbstinteresse des Handelnden, indem es ein Instrument seiner Glückserlangung darstellt. Man würde argwöhnen, daß moralisches Handeln damit seiner eigentlichen Pointe beraubt wird.

Sollten teleologische Ethiken tatsächlich keine moralischen Pflichten formulieren können, dann wären sie vielleicht, motivational gesehen, bescheiden und realistisch. Sie würden ja ethischen Akteuren nichts weiter abverlangen als eine rationale Verfolgung ihres Eigeninteresses. Aber unserer Intuition von Moralität würden sie nicht gerecht werden. Natürlich könnte man den Spieß auch umdrehen und behaupten, etwas stimme mit unserem neuzeitlichen Ethikverständnis nicht, und die moderne Auffassung werde dem gewöhnlichen moralischen Überlegen nicht gerecht, das klugheitsbezogen sei; dies ist etwa die These des Philosophen Bernard Williams, der den Moralitätsbegriff für eine historische Fehlentwicklung hält (vgl. Kap. 6.2). Nehmen wir im folgenden einmal an, der moderne Moralitätsbegriff sei sinnvoll. Dann ergibt sich eine zentrale Schwierigkeit für teleologische Ethiken: Sie können scheinbar keine moralischen Pflichten oder verbindlichen Regeln formulieren und werden auch in anderer Hinsicht dem moralischen Standpunkt nicht gerecht.

5.1 Der Begriff der Moralität und die ethische Tradition der Antike

Ist die antike Ethik egoistisch ausgerichtet, oder läßt sie Raum für eine angemessene Beachtung fremder Interessen? Um die kontroverse Frage klarer in Augenschein nehmen zu können, empfiehlt es sich, die moderne Vorstellung von Moralität knapp zu skizzieren. Kennzeichnend ist zunächst, (a) daß moralische Bewertungen unterstellen, der Handelnde sei die Ursache seines Verhaltens und deshalb verantwortlich. Weiterhin ist ein zentrales Charakteristikum, (b) daß die moralische Perspektive dem Handelnden verbietet, ausschließlich seine eigenen Interessen zu verfolgen; er soll vielmehr fremde Interessen angemessen berücksichtigen. Hinzu kommt (c) die Annahme, moralische Forderungen seien stets miteinander vereinbar; zwischen ihnen soll ein Konflikt ausgeschlossen sein. Für die Moralitätskonzeption, wie sie von Kant auf den Begriff gebracht worden ist, sind zusätzlich folgende Merkmale kennzeichnend. (I) Moralisch relevant ist in erster Linie die Absicht, die einer Handlung zugrunde liegt, und erst sekundär die Handlung; (II) moralisches Verhalten zeichnet sich durch eine unparteilich-objektive Berücksichtigung fremder Interessen aus; (III) moralische Pflichten gelten in einem strikten und unbedingten Sinn; und (IV) moralische Pflichten sind niemals nur subjektiver oder persönlicher Art, sondern werden mit einem transsubjektiven, evtl. sogar überkulturellen und überzeitlichen Anspruch vertreten.

Man könnte die Merkmale (a)–(c) als Kriterien eines „schwachen" und die Merkmale (I)–(IV) als zusätzliche Kriterien eines „starken" Moralitätsbegriffs bezeichnen. Betrachten wir für die kantischen Moralitätskriterien einige Beispiele. (I) Angenommen, jemand würde einen Ertrinkenden nur retten, weil er es auf den damit verbundenen Ruhm oder auf eine Belohnung abgesehen hat. Dann wäre seine Tat (obwohl sie äußerlich betrachtet lobenswert wäre) keineswegs als moralisch wertvoll zu betrachten; der Grund hierfür wäre, daß der Handlung ein verwerfliches Motiv zugrunde lag. Man kann mit Kant noch einen Schritt weitergehen. Angenommen, der Antrieb zu dieser Handlung wäre darauf zurückzuführen, daß der Lebensretter kurz zuvor im Radio sentimentale Musik gehört hat. Dann wäre zwar kein moralisch verwerfliches Motiv im Spiel, aber auch kein angemessenes. Weil nur ein zufälliges Gefühls-, kein konstantes Vernunftmotiv vorläge, könnte das Verhalten wiederum nicht als moralisch wertvoll gelten. Am krassesten wirkt vielleicht folgendes Beispiel: Gesetzt den Fall, jemand würde sich äußerlich immer korrekt verhalten, dies aber mit der Überlegung tun, daß regelwidriges Handeln die geltenden Konventionen auflösen würde; eine Auflösung der Konventionen wirke sich aber zum allgemeinen Nachteil, also letztlich zum eigenen Nachteil aus. Dann wäre auch dieses Verhalten moralisch noch ungenügend. Denn wer so überlegt, gründet sein moralkonformes Verhalten auf eine Folgenabschätzung; entfiele diese Abschätzung, würde er unmoralisch handeln. Die Beispiele zeigen, wie stark sich die kantische Handlungsbewertung an der Absicht des Handelnden orientiert. Moralisches Verhalten liegt erst dann vor, wenn angemessenes Handeln *angemessen motiviert* ist: Das moralisch Richtige muß getan werden, weil es das moralisch Richtige ist – und aus keinem anderen Grund.

(II) Bezeichnend für den starken Moralitätsbegriff ist ferner eine Aufforderung des Typs „Handle so, daß du neben deinen eigenen Interessen auch diejenigen von Personen berücksichtigst, die innerhalb deines Aktionsradius liegen!" Zwar zählen nicht alle Interessen anderer gleich oder sogar mehr als unsere eigenen; aber für einige fremde Interessen soll dies durchaus gelten. Angenommen, Person A kann Person B vor dem Ertrinken retten, würde deshalb aber zu spät zu einer Verabredung kommen. Dann würden wir es für moralisch richtig halten, daß Person A um der Rettung von B willen den Termin fallen läßt. Sicher keine Pflicht läge hingegen vor, wenn es um die Frage geht, ob A der Person B dabei behilflich sein soll, das Leben eines verwöhnten Schlemmers zu führen. A braucht, so würden wir sagen, einen wichtigen Termin nicht zu verpassen, um B mit kulinarischen Köstlichkeiten zu versorgen, selbst wenn B zu ihrer Beschaffung allein nicht imstande wäre. Aus moralischer Perspektive gibt es einige fremde Interessen (Überleben, Gesundheit, Freiheit usw.), die ich mir zu meinen eigenen machen soll. Solche zentralen Interessen ergeben sich aus den Bedingungen der rationalen Handlungsfähigkeit einer Person.

(III) Moralische Aspekte des Handelns sollen überdies von so durchschlagender Wichtigkeit sein, daß sie, sobald sie nur auftreten, nicht-moralische Aspekte außer Gefecht setzen. Moralität ist kein konkurrierendes Handlungsmotiv, sondern ein übergeordneter Wertgesichtspunkt. Wenn jemand beispielsweise kurz vor einem vorteilhaften Geschäftsabschluß steht, dann aber feststellt, daß das Geschäft eine bisher übersehene kriminelle Komponente enthält, wäre es moralisch richtig, wenn der Betreffende auf das Geschäft verzichten würde. Er soll, so die starke Konzeption von Moralität, den moralischen Aspekt höher bewerten als sein Geschäftsinteresse – auch wenn er bereits viel Zeit und Arbeit investiert haben sollte und auch wenn er sich sagen muß, daß daraufhin andere das Geschäft abschließen werden. Dahinter steht der Gedanke, daß Moralität für jeden Handelnden gleichgültig mit welcher Handlungsabsicht verbindlich ist. Moralität unterstellt eine kategorische, eine unbedingte Verbindlichkeit.

(IV) Zur kantischen Auffassung von Moralität gehört schließlich, daß moralische Verbindlichkeiten für alle Vernunftwesen in einem überzeitlich-objektiven Sinn gelten, zumindest sofern diese unter ebenso konfliktträchtigen Bedingungen leben wie Menschen (Sinnlichkeit und Leiblichkeit, knappe Güter usw.). Der Universalismus der Vernunftmoral schließt die Forderung ein, traditionelle Handlungsregeln seien nötigenfalls zu relativieren oder zu überwinden. Daß etwa irgendwann und irgendwo Blutrache üblich, geduldet, akzeptiert oder vorgeschrieben gewesen sein mag, wäre so betrachtet kein triftiges Argument zugunsten der Blutrache. Blutrache, so der moralische Standpunkt, soll nirgendwo und niemals praktiziert werden. Der Verdacht, ein solcher Universalismus könnte einem ethnozentrischen Gestus der westlichen Welt entspringen, wäre insofern unplausibel, als eine moralische Sichtweise gerade niemandes Interesse dient. Im Gegenteil, sie soll einseitige Vorteile ja ausschließen. Moralisch ist es, auch dann eine richtige Handlung zu wählen, wenn die Eigeninteressen eines Handelnden nicht bedroht oder gar nicht im Spiel sind, ja sogar dann, wenn sich aus diesem Handeln ein Nachteil für den ergibt, der gemäß der moralischen Perspektive handelt.

Damit zurück zur antiken Ethik. Ein schwacher Moralitätsbegriff ist ihr sicher zuzuerkennen: Menschliches Handeln liegt in der Verantwortung des Handelnden und geht nicht – wie gelegentlich in der *Ilias* – auf die Einwirkung von Göttern zurück; alle philosophischen Positionen betonen, daß Menschen für ihre Handlungen verantwortlich sind. Fremde Interessen sollen grundsätzlich berücksichtigt werden (wenn auch vielleicht in einem zu geringen Ausmaß), und die Handlungsregeln sind im großen und ganzen widerspruchsfrei (wenigstens der Intention nach). Hingegen ist es auf den ersten Blick schwer, in der antiken Ethik die kantische Vorstellung einer moralischen Motivation oder die einer unparteilichen Einbeziehung fremder Interessen zu finden. Auch der Begriff eines kategorischen Sollens und die Idee objektiv-universeller Verbindlichkeit scheinen zu fehlen. Jedenfalls dürfte diese Einschätzung nach den bisherigen Ausführungen zur antiken Moralphilosophie recht plausibel sein.

Ein grober Blick auf die vorphilosophische antike Ethik legt eine Erklärung dafür nahe, weswegen die Moralitätsvorstellung in der antiken Philosophie möglicherweise auszuschließen ist: Ein moralisch-religiöser Hintergrund vergleichbar dem des christlichen Nächstenliebegebots fehlt ganz. Natürlich folgt daraus nicht, daß die frühgriechische Ethik das Persönlichkeitsziel eines raffinierten, asozialen Vorteilssuchers propagiert. Auch Figuren wie Prometheus oder Odysseus sind nicht auf diese Weise charakterisierbar. Betrachtet man die frühe griechische Literatur, fällt vielmehr auf, daß Ethik fast durchgehend im Sinn einer Standesethik, einer Polismoral oder im Sinn von Lebensklugheit verstanden wird. In der *Ilias* lautet eine zentrale Begründung dafür, daß jemand eine überlegte Handlungswahl trifft: „Es schien ihm aber vorteilhafter (*kerdion*) zu sein". Das Tugendideal, wie es im Epos oder bei den Lyrikern Kallinos, Tyrtaios und Pindar greifbar ist, richtet sich auf den Begriff der Ehre (*timê*) und auf den einer tüchtigen Persönlichkeit (*kalos kagathos*); auch das religiöse Ideal der „frommen Scheu" (*aidôs*) wird tendenziell in der Bedeutung eines bloßen höflichen Respekts aufgefaßt (vgl. Snell ^{5}1980, 151–177). Ethische Standards ergeben sich in der vorklassischen Zeit also insgesamt aus der Bindung des Individuums an einen Stand oder eine Gemeinschaft. Das Individuum orientiert sich in seinem Handeln an den vorgegebenen Werten, weil andernfalls eine soziale Ächtung drohen würde. Man spricht von einer „Schamkultur".

Nach einer älteren These von E.R. Dodds (1970, Kap. 2) folgt auf die archaische Adelsethik eine Moralauffassung, die man im Unterschied zu einer Schamkultur als „Schuldkultur" bezeichnen kann. Ob sich eine solche pointierte Unterscheidung auf das historische Material präzise anwenden läßt, kann man mit Recht bezweifeln; dennoch ist das Begriffspaar von Schamkultur und Schuldkultur heuristisch hilfreich. Die zweite vorphilosophische Moralauffassung soll jedenfalls auf der Vorstellung einer tiefreichenden religiös interpretierten Schuld beruhen, eines düsteren Verhängnisses oder einer moralischen Befleckung; Schuldvorstellungen dieser Art sind noch in der klassischen Tragödie greifbar, z.B. in der *Orestie* des Aischylos oder im *König Ödipus* des Sophokles. Auch die Vorstellungswelt einer Schuldkultur, z.B. der Gedanke der Orphiker, falsches menschliches Handeln werde durch Strafen in der Unterwelt vergolten, erreicht den Moralitätsbegriff sicherlich nicht. Sie setzt vielmehr ebenfalls eine Ethik der persönlichen Vorteilssuche voraus. Auch die Orientierung an Handlungsnormen des pythagoreischen Typs (etwa am Verbot, Bohnen zu essen, Hauptstraßen zu begehen, Feuer mit einem Messer aufzurühren oder den rechten Schuh vor dem linken anzuziehen) sind so betrachtet Klugheitsregeln. Dasselbe gilt für die kultischen Regeln der Mysterien. Sogar die Sprüche der Sieben Weisen gehen über Ratschläge der Lebensklugheit nicht erkennbar hinaus, auch wenn sie nicht allein konventioneller Art sind. Solons Vorstellung einer kosmischen Gerechtigkeit oder moralischen Weltordnung weist zwar einen leicht revisionären Charakter auf: Menschliches Handeln soll nicht gemeinschaftsorientiert, sondern an kosmischen Regeln ausgerichtet sein; es unterliegt einem moralischen Gesetz, auf das man sich durch sein Verhalten einstellen kann. In Solons dritter Elegie erscheint das Recht (*dikê*) geradezu als Weltprinzip (vgl. auch frg. 1). Dennoch sind die Grenzen der Klugheitsethik damit nicht überwunden.

Weiter verstärkt werden unsere Bedenken bei einem Blick auf die sprachlichen Grundlagen der antiken Ethik. Hier zeigt sich nämlich, daß es weder einen eindeutigen Ausdruck für moralisches Gutsein gibt noch einen Begriff, der kategorisches Sollen ausdrückt. Zunächst, Begriffe wie *esthlos* (edel) und *kalos* (schön) bezeichnen zwar häufig ein sittliches Moment, aber keineswegs exklusiv. Sie dienen auch zu außermoralischen Wertungen. Zudem stehen sie primär für eine konventionelle Bedeutung von Sittlichkeit (etwa im Sinn der Ausdrücke „ehrenhaft", „anständig", „vortrefflich"). Ähnlich liegt der Fall bei *epainetos* (lobenswert) und besonders bei der vorphilosophischen Verwendung des *aretê*-Begriffs. Noch bei Platon wird das Wort *kalon* oft außermoralisch aufgefaßt. So erscheinen im *Hippias maior* neben der formalen Deutung des *kalon* als des *prepon* (des Angemessenen) auch die inhaltlichen Interpretationen, es sei ein *chrêsimon* (das Nützliche) oder *hêdonê* (hier die sinnliche Lust; 290 d bis Schluß). Im *Gorgias* heißt es, mit dem *kalon* sei entweder etwas Nützliches oder etwas „Angenehmes für einen Betrachter" gemeint (474 d, 475 a; vgl. Leg. 667 b). Nach dieser Worterklärung hätte *kalon* (und ebenso sein Gegenteil *aischron*) entweder eine nutzenbezogene oder eine ästhetische, nicht aber eine moralische Bedeutung. Mehr noch, auch der Begriff *agathon* (gut) steht für eine funktionale oder utilitäre, nicht für moralische Gutheit; auf einen Menschen angewandt meint er sowohl dessen Tüchtigkeit als auch dessen Wohl, verstanden als sein wohlverstandenes Strebensziel (vgl. Gorg. 468 b–d; Men. 87 e). Wenn Platon von einer „Idee des Guten" (*idea tou agathou*) spricht, will er also lediglich behaupten, es gebe eine schlechthin vollkommene, eine bestmögliche Entität, und nicht, es existiere etwas moralisch schlechterdings Gutes. Ähnlich liegt der Fall bei den griechischen Ausdrücken für Pflicht oder für Sollen (*deon*, *prepon*, *proshêkon*). Auch sie scheinen meist konventionell gemeint zu sein (etwa im Sinn der Sollenssätze „Befolge die Regeln der Tradition! Lebe nach den Konventionen deiner Gemeinschaft! Handle nach dem Willen der Götter!"). Oder aber sie sind als Aufforderungen zu verstehen, seine Interessen so und so wahrzunehmen; in der Sprache Kants wären sie also als hypothetische Imperative zu bezeichnen („Wenn du dies und das willst, handle so und so!"). Auf den neuzeitlichen Moralphilosophen muß es besonders irritierend wirken, daß in antiken Texten häufig der Nachweis versucht wird, daß das sittlich Gute zugleich das Angenehme (*hêdy*) oder das Vorteilhafte (*chrêsimon*, *ôphelimon*, *sympheron*, *lysiteles*) sei (vgl. dazu Stemmer 1989, 542 ff.).

Nun ist die Frage nach der außerphilosophischen Vorgeschichte und nach den sprachlichen Grundlagen noch nicht besonders aussagekräftig. Kann man sagen, daß die philosophischen Ethikmodelle der Antike den Moralitätsbegriff aufweisen? Zumindest soviel scheint bereits jetzt sicher: Ihr therapeutischer und eudämonistischer Charakter spricht dagegen. Die antike Ethik ist gleichsam aus der Kundenperspektive formuliert, aus der Sicht dessen, der sich Vorteile davon verspricht, wenn er sich dem Lehrprogramm eines Philosophen oder einer bestimmten Schule anvertraut. Andererseits stellt die Orientierung der antiken Ansätze am Tugendbegriff, also am habituellen richtigen Handeln, ein Indiz für Moralität dar. Die These von der Amoralität der antiken Ethik läßt sich zu vier Bedenken differenzieren, entsprechend unserer vorher skizzierten starken Moralauffassung. Erstens kennt die antike Ethik möglicherweise kein Handeln aus moralischer Motivation. Zweitens könnte es sein, daß immer dann, wenn in antiken Ethiken von Interessen anderer die Rede ist, in Wahrheit an eine egoistische Berücksichtigung fremder Interessen gedacht ist (wie wenn jemand einem Armen hilft, um ein selbstbezogenes Tugendprogramm zu erfüllen). Drittens wäre es denkbar, daß mit dem Sollens- und Aufforderungscharakter in der Antike lediglich ein Appell an die Wahrnehmung *eigener* Interessen gemeint ist; dann wäre ein kategorischer Pflichtbegriff nicht vorhanden. Viertens schließlich ließe sich vermuten, daß die Interessen anderer Personen in der antiken Ethik nur soweit von Belang sind, wie es sich um die Interessen der eigenen Kleingemeinschaft handelt, z. B. der eigenen Polis oder der eigenen Philosophenschule (und nicht um diejenigen der Menschheit, wie man es in der Neuzeit annimmt). Dann hätte es keinen Universalismus und keinen Anspruch auf Allgemeingültigkeit gegeben.

5.2 Elemente der Moralität in der Philosophie des Altertums

Trotz der literarischen und der sprachlichen Gegenindizien kann man die These, die Antike kenne das Thema Moralität nicht, im Blick auf die philosophische Ethik verwerfen. Die genannten Einwände und die Beobachtungen zum Sprachgebrauch verleiten vorschnell zu der Schlußfolgerung, daß auch die philosophische Ethik der Antike amoralisch sein müsse. Insbesondere wäre es voreilig, ihre Amoralität daran festzumachen, daß sie im Horizont von Therapie, Glück und Tugend dargestellt wird. Ein solcher Schluß vom Darstellungskontext auf den Inhalt ist keineswegs zwingend. Plausibler ist wohl eine andere Erklärung: Die Formulierung der antiken Ethik aus der Vorteilsperspektive dürfte die „sophistische Herausforderung" spiegeln, also den Umstand, daß die Sophisten die Frage stellten, ob sich Moral für ein Individuum überhaupt bezahlt macht.

Die Sophisten scheinen entweder zu der Antwort tendiert zu haben, daß sich moralisches Verhalten überhaupt nicht lohnt (Thrasymachos bei Platon) und daß man seinen Vorteil ohne falsche Zurückhaltung suchen solle (Kallikles bei Platon), oder aber zu der Ansicht, man müsse sich auf eine Rechtsordnung verständigen, der alle gleichermaßen unterstehen und die den individuellen Vorteil eines jeden mit dem jedes anderen koordiniert (Protagoras). Alle drei Positionen richten sich gegen eine metaphysische bzw. auf dem Naturbegriff basierende Legitimation von Moral und Recht. Die moralische Handlungsbewertung kann demnach nicht auf ein überpositives, objektives Fundament zurückgreifen. Nach Platons Darstellung waren einige Sophisten sogar der gegenteiligen Ansicht, Unrechttun (d.h. sich alle verfügbaren Güter anzueignen) sei von Natur (*physis*) aus gut, Unrechtleiden hingegen schlecht. Protagoras' Vertragstheorie faßt Moral und Recht zwar als legitime und sinnvolle menschliche Satzung oder Konvention (*thesis*) auf; er gesteht der Moral- und Rechtsordnung aber lediglich zu, auf einer subjektiven Auffassung und einem vorübergehenden Konsens zu beruhen (vgl. Kahn 1981; Sprute 1989). Platon referiert die vertragstheoretische Auffassung ebenso distanziert wie die offen eingestandene Vorteilssuche des Thrasymachos (Rep. 358e ff.; ähnlich Gorg. 483b; Tht. 167c).

Sokrates, Platon und Aristoteles erhoben dagegen den Anspruch, die traditionelle Moral- und Rechtsauffassung lasse sich philosophisch begründen. Sie betrachteten die Position der Sophisten als überwindbare Herausforderung; man kann daher die sophistische Provokation als wichtige Ursache dafür auffassen, daß der Darstellungskontext der antiken Ethik von der Kunden- oder Schülerperspektive bestimmt ist. In der von Sokrates geprägten klassischen und hellenistischen Philosophie hielt man mit den Sophisten an einer Hörerorientierung des Lehrangebots fest, akzeptierte aber im Gegensatz zur Sophistik keine sachliche Antithese zwischen traditioneller Moral- und Rechtsordnung und Natur. Im Gegenteil, der Naturbegriff wurde nunmehr zum festen Topos der antiken Ethikbegründung, ohne daß dieser Begriff einen vorteilsorientierten Sinn behalten hätte. Bereits bei Speusipp dient die Berufung auf die Natur als Maßstab für ein sittlich vollkommenes menschliches Leben. Über den Akademiker Polemon gelangte das Prinzip des naturgemäßen Lebens in die Ethik der Stoa; der Grundsatz, man solle ein Leben „in Übereinstimmung mit der Natur führen", bildete dann das Zentrum der stoischen Ethik. Auch bei Aristoteles gibt es eine umfangreiche Berufung auf einen Naturbegriff, der einen moralischen und keinen egoistischen Sinn aufweist (vgl. Annas 1993, 142–158). Seit Sokrates, so könnte man vereinfacht sagen, versucht die Mehrzahl der antiken Philosophen zu erweisen, daß das *kalon kai dikaion*, das sittlich Gute, in der „natürlichen Tendenz" des Menschen liegt. Ausgehend von der Kundenperspektive und der konventionellen Sittlichkeitsauffassung besteht also die Hauptlinie der antiken Ethik darin, einen philosophischen Moralitätsbegriff zu entwickeln und gegen Bedenken zu verteidigen.

Aber erreicht die antike Ethik dabei tatsächlich den starken Begriff von Moralität, den wir durch die Merkmale moralische Motivation, Unparteilichkeit, kategorische Gültigkeit und Universalismus gekennzeichnet haben? Die Frage läßt sich nur differenziert beantworten; verschiedene Positionen stehen der Moralitätskonzeption unterschiedlich nahe. Insgesamt kann man aber positiv auf die Frage antworten, ob es im Altertum *überhaupt* etwas dem kantischen Standpunkt Vergleichbares gegeben hat. Kehrt man die historische Reihenfolge um, so kommt man zu den klareren Beispielen. Während nämlich die Stoiker über den Moralitätsbegriff recht eindeutig verfügen, scheint Epikur ihm nur eine begrenzte Sympathie entgegengebracht zu haben. Bei Aristoteles und schließlich bei Platon ist die Situation dagegen viel schwerer zu beurteilen.

Am einfachsten liegt der Fall bei der stoischen Ethikkonzeption. Die Stoiker erklären die Tugend, wie wir sahen, zum einzigen Gut: Das bedeutet, sie wenden sich gegen die Vorstellung, die *aretê* könne als Instrument zur Erlangung irgendeines anderen Guts aufgefaßt werden. Diese Stellung der Tugend rechtfertigen sie, indem sie die Tugend unmittelbar als glückskonstitutiv auffassen. Die Tugend ist nicht Mittel zum Glück, sie *ist* bereits das Glück. Damit ist aber ausgeschlossen, daß die Tugend mit anderen Gütern konkurrieren oder um irgendwelcher Annehmlichkeiten oder weiterer Ziele willen erstrebt sein kann. Die *aretê* ist in sich wählenswert und nur um ihrer selbst willen wählbar (SVF III 38ff.). Also ist das erste Kriterium, das der moralischen Motivation, in der stoischen Ethik erfüllt. Aber ist die hier gemeinte Tugend überhaupt moralisch aufzufassen? Man könnte bezweifeln, daß die Begriffe *kalon* oder *honestum*, die das Handlungsziel der Tugend bezeichnen, tatsächlich für ein uneigennütziges Verhalten stehen. Sieht man die Tugendlisten der Stoiker daraufhin an, welche Charakterqualitäten als erstrebenswert ausgezeichnet werden, so wird aber klar, daß eher selbstbezogene Eigenschaften wie Besonnenheit, Klugheit, Beharrlichkeit oder Tüchtigkeit neben eher fremdbezogenen wie Gerechtigkeit, Tapferkeit, Großzügigkeit oder Freundlichkeit zu finden sind (vgl. etwa SVF III 262 oder

264). Tugendbesitz bedeutet also durchaus die Einbeziehung des anderen um seinetwillen. Auch das Kriterium der unparteilichen Beachtung fremder Interessen ist somit erfüllt.

In einem bemerkenswerten Referat zum stoischen Freundschaftsbegriff heißt es bei Cicero: „Was aber die Freundschaft betrifft, so meinen die Stoiker, daß man sie üben müsse, weil sie zu den Dingen gehöre, die sittlich nützen. Zwar ist dabei nach Auffassung der einen das Interesse des Freundes dem Weisen ebenso teuer wie sein eigenes, nach Auffassung der anderen aber das eigene einem jeden teurer; jedoch bekennen auch die Vertreter dieser letzteren Auffassung, daß es mit der Gerechtigkeit, für die wir ja geschaffen scheinen, nicht vereinbar ist, jemandem etwas abzusprechen, was man sich selbst herausnimmt. Auf keinen Fall kann es die Lehre, über die ich spreche, aber gelten lassen, daß man sich zur Gerechtigkeit oder zur Freundschaft um des Nutzens willen entschließt und sie deshalb gutheißt. Dieselben Nützlichkeitserwägungen können sie ja auch erschüttern und ins Gegenteil verkehren. Denn weder Gerechtigkeit noch Freundschaft können überhaupt bestehen, wenn man sie nicht um ihrer selbst willen erstrebt" (fin. III 70; Übers. H. Merklin). Das Zitat belegt zum einen, daß die Stoiker ein Folgenkalkül als Motiv für Freundschaft oder Gerechtigkeit ausschließen; sie geben dafür die „kantische" Begründung, daß andernfalls das Motiv zu instabil sei; es könne dann keine dauerhafte Freundschaft oder Gerechtigkeit geben. Zum anderen zeigt der Text, daß die stoische Position strikte Unparteilichkeit fordert; niemand dürfe sich etwas zugestehen, was er anderen nicht ebenso einräumt. Darin liegt im Kern bereits die Ansicht, moralische Regeln müßten verallgemeinerungsfähig sein.

Daneben läßt sich der stoische Begriff der angemessenen Handlung (*kathêkon*, *officium*) der modernen Vorstellung einer kategorischen Verbindlichkeit annähern. Zwar steht nicht so sehr der Aspekt der Nötigung im Vordergrund als vielmehr der Aspekt der Vernunftbegründung; ein *kathêkon* ist das, für dessen Ausführung sich eine vernünftige Rechtfertigung geben läßt (vgl. fin. III 58). Aber der Verpflichtungscharakter soll zugleich mit dem Vernunftmoment gegeben sein. Bei gewöhnlichen, moralisch unvollkommenen Personen soll es nach dem Referat Ciceros (fin. III 20ff.) ebenfalls solche *officia* geben; das heißt, richtiges Handeln ist nach stoischer Ansicht bereits für Personen verbindlich, die noch nicht über eine habituelle Einsicht in das Gute verfügen. Cicero berichtet zudem von der Unterscheidung einer „vollkommenen Pflicht" (*officium perfectum*) von einer „Anfangspflicht" (*officium inchoatum*). Erstere bezieht sich auf den Weisen, letztere auf den Anfänger. Das Prinzip, nach dem sich die Anfangspflichten ausweisen lassen, bleibt allein die vernünftige Einsicht. Die Stoiker sollen überdies „Pflichten ohne Kontextbedingung" (*aneu peristaseôs*) von „kontextbezogenen Pflichten" (*peristatika*) unterschieden haben, also strikte von weiten Verbindlichkeiten. Mit ersteren sei etwa die Sorge für die eigene Gesundheit gemeint, mit letzteren etwa die Preisgabe des eigenen Besitzes (DL VII 109). Zudem ist die Unterscheidung zwischen „dauerhaften" und „nichtdauerhaften" Pflichten überliefert (ebd.) Die Idee einer kategorischen Verbindlichkeit ist bei den Stoikern also gleichfalls vorhanden. Und schließlich vertritt die Stoa einen markanten Vernunftuniversalismus, der besonders in ihrem Kosmopolitismus zum Ausdruck kommt (vgl. Plutarch, *Moralia* 329a–d); ihre Ethik weist keine soziale Kontextbindung auf. Die Stoiker erfüllen mithin alle Kriterien eines anspruchsvoll verstandenen Moralitätsbegriffs.

Umgekehrt läßt sich feststellen, daß Epikur wohl kaum die Auffassung vertreten haben kann, unter Ethik sei Moralität zu verstehen. Nehmen wir zunächst die Frage der Motivation. Epikur spricht sich zwar für die Erlangung der Tugend aus, hält es aber für falsch, sie allein um ihrer selbst willen zu befolgen. Er drückt diesen Punkt bekanntlich recht kraß aus: „Ich spucke auf das sittlich Gute (*kalon*) und diejenigen, die es ohne Sinn anstarren, solange es keine Lust verschafft" (Us. 512). Zwar meint Epikur nicht, die Tugend sei irgendein Zweck neben anderen Zwecken. Er hält sie vielmehr für etwas, das für ein Optimum an Lust notwendig ist. Doch ist die Tugend damit nicht schon ein Zweck-an-sich; sie ist lediglich das, was vom Zweck-an-sich unablösbar ist. Interessanterweise sagt Epikur aber auch, man müsse Lust einer Prüfung anhand des Kriteriums von gut und schlecht unterziehen: „Jede Lust nun ist, weil sie eine uns zugehörige Natur besitzt, ein Gut, nicht jede jedoch ist wählenswert, wie auch jeder Schmerz ein Übel ist, nicht jeder aber immer zu meiden ist. Das alles muß man jedoch durch eine vergleichende Abwägung und mit Blick auf Vor- und Nachteile entscheiden. Denn wir behandeln das Gut zu gewissen Zeiten als Übel und umgekehrt das Übel als Gut" (*Brief an Menoikeus* 129f.). Freilich führt diese Erwägung nicht zu einer moralischen Motivation im strikten Sinn, sondern allenfalls zu einer überlegten Folgenabschätzung. Zudem scheint die Berücksichtigung der fremden Person bei Epikur allein auf die Freundschaftsbeziehung beschränkt zu sein; Epikur nimmt Freundschaften immerhin sehr ernst: „Der Weise empfindet keinen größeren Schmerz, wenn er selbst gefoltert wird, als wenn sein Freund gefoltert wird" (GV 56). Die Einbeziehung des anderen um seinetwillen erstreckt sich freilich nicht auf alle Vernunftwesen. Auch die Vorstellung kategorischer Verbindlichkeit und die eines Vernunftuniversalismus werden bei ihm nicht stark akzentuiert. Immerhin scheint Epikur eine universelle freundschaftliche Verbundenheit aller Menschen für möglich zu halten (GV 52).

Bei Aristoteles ergibt sich zunächst eine Schwierigkeit: Er erklärt eine Reihe außermoralischer Güter, z. B. Lust oder Ehre, für intrinsisch gut. Weder der aristotelische Begriff der „Güter-an-sich" (*kath' hauta agatha*: z.B. EN 1096b 13f.) noch der des „Guten schlechthin" (*haplôs*: EN 1152b 26ff.) bezeichnet ausschließlich das moralisch Gute. Im ersten Fall sind Güter wie Sieg, Ehre oder Reichtum gemeint (EN 1147b 29ff.), im zweiten Fall allgemeinmenschliche Güter, das, was gewöhnlich erstrebt wird (EE 1248b 25). Es hat also den Anschein, als ob moralische Güter allenfalls unter anderen intrinsischen Gütern vorkämen. Aristoteles differenziert jedoch präzise zwischen Gütern, die man nicht um eines anderen Gutes wählen *kann*, und solchen Gütern, die in sich *wählenswert* sind. Es soll durchaus Güter geben, die nicht (oder nicht immer) erstrebenswert sind, obwohl sie nicht anders als um ihrer selbst willen erstrebt werden können, *falls* jemand sie erstrebt, beispielsweise die Lust. Der Begriff intrinsischer Güter ist also kein Hinweis darauf, daß der Moralitätsbegriff für Aristoteles' Ethik keine maßgebliche Bedeutung hätte. Im Gegenteil – einzig die kognitiven und die moralischen Tugenden sollen in sich wählenswert sein. Aristoteles verfügt also über die Vorstellung moralischer Motivation. Die Tugenden und nur sie sind um ihrer selbst willen wählenswert. Denn nach aristotelischer Vorstellung läßt sich Glück nicht direkt intendieren; es besteht vielmehr darin, daß man die Tugenden um ihrer selbst willen wählt. Aus dem Besitz der Tugend ergibt sich aber ein sittlich gutes Verhalten; die Tugend bringt lobenswerte Handlungen hervor (EN 1101b 31f.). Tugendhafte Handlungen werden somit nicht nur wissentlich, absichtlich, zuverlässig und konstant, sondern vor allen Dingen „um ihrer selbst willen" gewählt (EN 1105a 28–33; vgl. EE 1248b 8–16). Aristoteles diskutiert ausdrücklich den Fall, daß jemand das Richtige (*to kalon*) aus einer unangemessenen Motivation tut, sei es „unfreiwillig", „aus Unwissenheit" oder sei es aus einem nichtmoralischen Motiv. In solchen Fällen werde zwar getan, „was getan werden muß" (*ha dei*) und was ein moralischer Mensch tun würde, aber das sittlich Gute wird dann nicht um seiner selbst willen getan (EN 1144a 13–20; weitere Stellen bei Irwin 1985, 122). Da die moralischen Tugenden zugleich selbst- wie fremdbezogen sind, kann man darauf schließen, daß der aristotelische *phronimos* oder *spoudaios* fremde Interessen gleichwertig in sein praktisches Überlegen aufnimmt (vgl. EN 1168b 5f.). Aristoteles versteht unter dem höchsten Grad von Tugend, jedem nützlich zu sein (*Rhetorik* 1367b 6f.). Im übrigen diskutiert er zumindest an einer Stelle den scheinbaren Konflikt von Tugend und Eigennutz ausdrücklich: Wer gerecht handelt oder besonnen oder sonst einer Tugend folgt und sich insgesamt um das *kalon* bemüht, wird nach Aristoteles von niemandem als selbstbezogen getadelt; er ist es aber in einem wohlverstandenen Sinn, nicht indem er Ziele wie Geld, Ehre oder Vergnügen anstrebt (*philautos*: EN 1168b 25–29). Nach

Aristoteles schließt eine richtig verstandene Selbstliebe eine Beachtung anderer durchaus ein: Der *spoudaios* tut vieles um seiner Freunde oder seiner Heimat willen; er soll sogar bereit sein, für sie zu sterben, wenn dies erforderlich ist (EN 1169a 18–20; vgl. EE 1248b 34–38).

In der Formel „was getan werden muß" (EN 1144a 17 u.ö.) liegt überdies ein Hinweis auf einen aristotelischen Begriff moralischer Verbindlichkeit. Für ein Äquivalent zum Pflichtbegriff sind zahlreiche weiteren Stellen einschlägig, an denen Aristoteles das Verhalten der tugendhaften Person als das kennzeichnet, was man tun soll (*dei*: vgl. EN 1119a 11ff., 1120a 23ff., 1179a 3–13). Auch deutliche Indizien für einen Universalismus der aristotelischen Ethik lassen sich anführen. Aristoteles diskutiert in seiner Beschreibung der Charaktertugenden ausschließlich allgemein-menschliche Erfahrungen; er bestimmt das sittlich Richtige allein anhand der *phronêsis*, also der Vernunft. Das Element allgemeiner Menschenliebe wird zudem greifbar, wenn Aristoteles feststellt: „So kann man denn auch in der Fremde sehen, wie vertraut und lieb jeder Mensch einem Menschen ist" (EN 1155a 21f.).

Erheblich schwieriger ist die Frage bei Platon zu entscheiden. Hier liegt es besonders nahe, aufgrund oberflächlicher Indizien auf das Vorhandensein oder Fehlen des Moralitätsbegriffs zu schließen. Zunächst ist festzuhalten, daß die berühmte Bevorzugung des Unrechtleidens gegenüber dem Unrechttun nicht bereits Moralität anzeigt. Zwar liegt hierin eine Innovation gegenüber der konventionellen griechischen Ethik, welche u.a. von dem Grundsatz bestimmt war, man müsse seinen Freunden Gutes und seinen Feinden Schlechtes antun (Rep. 334b). Auch wird damit der Standpunkt einiger Sophisten attackiert, eine Vorteilssuche dürfe mit allen Mitteln betrieben werden, also auch durch Unrechttun. Da „Unrechttun" bei Platon jedoch einfach soviel heißt wie „jemandem Schaden zufügen" und da das Gute für das Vorteilhafte steht, kann nur gemeint sein: Wer jemand anderem Schaden zufügt, schädigt sich selbst am meisten; Unrechttun erweist sich also für die rationale Vorteilssuche als „schlechter" (*kakion*). Das Gute oder das „gute Leben“, das man anstreben müsse, wird eindeutig aus der Perspektive des wohlverstandenen Vorteils betrachtet. Andererseits heißt es im *Kriton*, Unrechttun sei unter keinen Umständen schön (49a); man dürfe selbst einem Feind oder einem bösen Menschen nicht schaden (Rep. 335b ff.). Der Standpunkt der Moralität scheint hier insofern erreicht, als eine unbedingte, kategorische Forderung gestellt wird. Ausdrücklich wird ein „gutes Leben“ an die notwendige und hinreichende Bedingung der persönlichen Gerechtigkeit geknüpft, wenn es heißt: „Für uns aber ist, da es unsere Rede so festlegt, gar nichts anderes zu betrachten als […], ob wir gerecht handeln“ (*Kriton* 48c f.).

Aber auch dieses Indiz ist nicht zureichend; es könnte durchaus sein, daß Platons Forderung nach einer konsequent befolgten Gerechtigkeit allein von einem vorteilsorientierten Standpunkt aus vorgetragen wird. Gerechtigkeit soll ja für denjenigen gut sein, der nach Glück strebt (Rep. 358a). In welchem Sinn ist das möglich? Platon versteht unter Gerechtigkeit einen philosophischen Habitus, eine vernünftige Haltung der Seele. Sein Gerechtigkeitsbegriff richtet sich nicht hauptsächlich auf ein bestimmtes Außenverhalten, sondern auf die bestmögliche innere, seelische Ordnung einer Person (vgl. *taxis*, *kosmos*: Gorg. 504b ff.). Auch für die *Politeia* gilt, daß Platon die Tugend als „eine Art Gesundheit, Schönheit und guter Verfassung der Seele“ kennzeichnet (Rep. 444d f.). Gerechtigkeit im Sinne eines angemessenen Sozialverhaltens ergibt sich erst sekundär aus der Gerechtigkeit als vollkommener Ordnung der Seele: Der platonische Gerechte begeht, wie es heißt, weder Unterschlagung noch Tempelraub noch Diebstahl, Verrat, Vertragsbruch usw. (Rep. 442e f.). Täte er dies aber nur deshalb nicht, damit seine Seele keinen Schaden nähme, so würde Platon die Perspektive der Moralität verfehlen: Zwar fordert er Gerechtigkeit *unter allen Umständen*, formuliert mit dieser Forderung aber letztlich eine Klugheitsregel. Gegen den Sinn des Moralstandpunkts verstößt etwa auch, daß Ungerechtigkeit für Platon keine größere Gefahr für die Seele darzustellen scheint als leibliche Vergnügungen (vgl. Rep. 519a f.).

Der moralische Standpunkt ist somit, wie es scheint, noch nicht erreicht; Platons Ethik ruft das Individuum zu einer besonders hintergründigen Form der persönlichen Vorteilssuche auf. Es hat den Anschein, als verstände Platon ein uneigennütziges Sozialverhalten als einen wichtigen, aber dennoch nur instrumentellen Baustein von Gerechtigkeit. Irritierend wirkt z.B., daß Platons Philosophen, also die vollkommen Gerechten, zur Rückkehr in jene Höhle der politisch-sozialen Realität gezwungen werden müssen (Rep. 539e). Aber ist Platons Ethik damit angemessen charakterisiert? Immerhin stellen Glaukon und Adeimantos in Buch II der *Politeia* die Frage nach der Gerechtigkeit ausdrücklich so, daß der Eigenwert der Gerechtigkeit unabhängig von allen günstigen Folgen gezeigt werden soll. Die Dialogteilnehmer fordern von Sokrates eine Lösung für das Problem, das entsteht, wenn gerechte Menschen fälschlich als ungerecht gelten und ungerechte Personen fälschlich als gerecht angesehen werden. Während die erste Gruppe gravierende soziale Nachteile (bis hin zur Verfolgung und Tötung) hinnehmen müsse, genieße die zweite Gruppe alle sozialen Vorteile. Entscheidend sei also vielfach nicht (so die Herausforderer des Sokrates), ob jemand tatsächlich gerecht oder ungerecht sei, sondern wie er auf seine Umwelt wirke. Erhärtet wird diese These durch das berühmte Gedankenexperiment vom „Ring des Gyges“ (Rep. 359b ff.): Angenommen, jemand besäße einen Fingerring, der ihn unsichtbar machen und in die Lage versetzen würde, sich unbemerkt alles Gewünschte aneignen zu können; dann würde er sich rein vorteilsorientiert verhalten – womit gezeigt sein soll, daß er Gerechtigkeit unter gewöhnlichen Umständen nur wegen drohender Strafen und wegen des sozialen Scheins aufrechterhält. Auch die Dichter lobten Gerechtigkeit stets nur instrumentell, und selbst die Götter gälten als bestechlich. Die Provokation, die von der Gedankenführung Glaukons und Adeimantos' ausgeht, läßt sich schwerlich anders denn als Forderung nach einer moralischen Sichtweise verstehen: Sie fordern eine Darstellung der Gerechtigkeit als eines Gutes an sich (Rep. 367b).

Überdies unterscheidet Platon bisweilen die Gerechtigkeit als innere Harmonie explizit von einer Vorteilsperspektive. Beispielsweise heißt es in der *Politeia*: „Wenn also der Gute und Gerechte den Schlechten und Ungerechten schon an Lust so beträchtlich übertrifft, um wieviel mehr wird er ihn an guter Lebensführung, Sittlichkeit (*kallos*) und Tugend übertreffen?" (Rep. 588 a). Der Grund dafür, Gerechtigkeit zu wählen, kann also nicht allein in der Lust, d.h. im Vorteil, liegen; Gerechtigkeit muß intrinsisch wertvoll sein. Und in den *Nomoi* findet sich folgende ähnliche Stelle: „Denn weder sich selbst noch das Seine soll derjenige lieben, der ein großer Mann werden will, sondern das Gerechte, ob es nun bei ihm selbst oder bei einem anderen mehr praktiziert wird" (Leg. 732 a). Platon empfiehlt hier offenkundig eine Art von Selbstdistanzierung und Unparteilichkeit, die der Moralität sehr nahekommt; bei näherer Betrachtung kann man Platon einen Moralitätsbegriff durchaus zuerkennen (dazu ausführlicher unten Kap. 5.3).

Es scheint also gute Indizien dafür zu geben, daß die starke, kantische Moralitätsauffassung bereits in der klassischen und der hellenistischen Ethik zu finden ist. Das ist im Grunde nicht erstaunlich; man kann nämlich zeigen, daß Kant sich wesentliche Teile dieses Begriffs in Auseinandersetzung mit den Stoikern und ihrem Pflichtbegriff erarbeitet hat (vgl. Förster 1992). Während Kant noch in der *Kritik der reinen Vernunft* (1781) die Auffassung vertrat, daß nur Gott das Fundament der Sittlichkeit bilden könne, indem nämlich in einer zukünftigen „gehofften Welt" Glückseligkeit und Moralität miteinander versöhnt würden, scheint Kant erstmals unter dem Eindruck von Christian Garves Schrift *Philosophische Anmerkungen und Abhandlungen zu Cicero's Büchern von den Pflichten* (1783) seinen charakteristischen Pflichtbegriff gewonnen zu haben, der dann in der *Grundlegung zur Metaphysik der Sitten* (1785) erscheint. Kant dürfte seine Vorstellung eines „Handelns aus Pflicht", das sich vom nur „pflichtmäßigen" Handeln absetzt, anhand der stoischen Vorstellung vom *kathêkon* (*officium*) entwickelt haben.

Immerhin am Rande sei die Frage berührt, ob sich im Altertum auch Spuren des Utilitarismus finden lassen und ob es Indizien für ethische Fallstudien oder für die Analyse von Konfliktsituationen gibt. Hier existieren jeweils nur wenige Beispiele und Hinweise, die aber zumindest das Vorurteil widerlegen, solche Elemente seien der antiken Ethik grundsätzlich fremd. Zwei utilitaristische Argumentationen haben wir bei Platon bereits kennengelernt. Eine findet sich etwa in Platons *Protagoras*; Sokrates empfahl, wie wir sahen, dort eine „Meßkunst", mit deren Hilfe man vermeiden könne, daß man ein im Augenblick verlockendes, aber langfristig schädliches Vergnügen wählt (oder umgekehrt ein kurzfristiges Übel meidet, obwohl es langfristigen Nutzen brächte, das Übel in Kauf zu nehmen; 351 b–358 e). Eine weitere utilitaristische Überlegung liegt vor, wenn Platon dem Gerechten zusichert, er werde 729 mal lustvoller leben als ein Tyrann (Rep. 587 e). Für ihre utilitaristische Argumentation sind in der Antike ansonsten besonders die Kyrenaiker bekannt; nach kyrenaischer Auffassung sind auch Einsicht oder Freundschaft allein um ihrer Vorteile willen zu erstreben (DL II 91). Eine recht ausführliche ethische Fallstudie findet sich im platonischen *Kriton*; Sokrates untersucht dort mit zahlreichen Argumenten das Für und Wider einer Flucht aus dem Gefängnis, wodurch ihm die Hinrichtung erspart bliebe. Er entscheidet sich schließlich dafür, den „Gesetzen zu gehorchen". Ein Beispiel für ein moralisches Dilemma, eine schwierige Konfliktsituation, stellt Platon im *Euthyphron* dar. Ist es angemessen, daß Euthyphron seinen eigenen Vater eines Verbrechens anklagt? Euthyphron behauptet, wahre Frömmigkeit bestehe darin, Übeltäter unter allen Umständen vor Gericht zu stellen, also auch eigene Verwandte (5 d ff.). Soll die Verfolgung eines Vergehens das Übergewicht gegenüber der persönlichen Bindung erhalten oder nicht?

5.3 Das Modell einer teleologischen Ethik

Entgegen dem ersten Augenschein gibt es gute Gründe dafür, der antiken Philosophie den Begriff der Moralität zuzuerkennen. Wir können diese Behauptung noch vertiefen, wenn wir uns dem Begriff des Strebens zuwenden, der für die antike Handlungstheorie zentral ist. Es wird sich zeigen, daß es ein Vorurteil ist zu meinen, eine strebenstheoretische Ethik erreiche das Thema Moralität nicht, weil „Streben" stets eine individuelle Vorteilssuche voraussetze.

Unter einer teleologischen Glückstheorie verstanden wir eine Konzeption, bei der die *eudaimonia* als höchstes Strebensziel (*telos*) interpretiert wird (vgl. oben S. 76ff.). Platon dürfte als erster Philosoph über eine solche Position verfügt haben. Im *Symposion* heißt es an zentraler Stelle: „Durch den Besitz des Guten sind die Glücklichen glücklich, und es bedarf keiner weiteren Frage mehr, zu welchem Zweck jemand glücklich sein wolle, sondern das Antworten scheint hier ein Ende zu haben" (205a). Nicht alle Vertreter teleologischer Modelle rücken freilich den Glücksbegriff ins Zentrum. So haben etwa Eudoxos und Epikur Strebensmodelle entwickelt, deren Zentrum der Lustbegriff bildet. Es ist daher sinnvoll, allgemeiner von teleologischen Ethiken zu sprechen. Diesen stellt man, wie wir sahen, gewöhnlich den Typus deontologischer Ethiken gegenüber (vgl. oben S. 193f.). Dabei handelt es sich jedoch um eine sehr grobe Gegenüberstellung, die – wie man leicht sieht – dem Sinn der teleologischen Ethiken des Altertums nicht gerecht wird. Bei diesen geht es nicht um Gütermaximierung, sondern um die Herausstellung logischer Verhältnisse zwischen bestimmten Gütern. So hat Platon etwa auf die grundlegende Unterscheidung verwiesen, daß manche Güter um ihrer selbst willen erstrebt werden (intrinsische Güter), während andere nur Mittel zu weiteren Zielen darstellen (extrinsische oder instrumentelle Güter: Rep. 357b–d). Der Begriff intrinsischer Güter ist zwar noch nicht gleichbedeutend mit dem eines höchsten Strebensziels; in welchem Sinn der Begriff eines höchsten *telos* den des intrinsischen Gutes überbietet, ist aber gar nicht leicht zu sagen. Soviel ist klar: Es gibt zum einen Güter, die man um eines anderen Gutes willen erstrebt, die also als Mittel dienen, zum anderen solche, die um ihrer selbst willen erstrebt werden. Zur zweiten Gruppe gehören etwa Spielen, Betrachten, Lernen oder Sichunterhalten.

Betrachten wir dazu die Konzeption des Eudoxos von Knidos, der zu den frühesten Vertretern einer strebenstheoretischen Ethik gehörte. Folgt man Aristoteles (EN 1172b 9–25), so hat Eudoxos die Lust als das Gute (*tagathon*) bestimmt und dafür drei Argumente ins Feld geführt: (a) Lust sei das schlechthin Gute, weil alle Lebewesen, sowohl vernünftige als auch vernunftlose, nach ihr strebten und weil in allen Dingen das Wählenswerte (*haireton*) zugleich das Gute sei, das höchstgradig Wählenswerte (*to malista haireton*) aber das Beste. Die Tatsache nun, daß sich alles auf dasselbe hinbewege, zeige, daß es für alle das beste sei. Denn jedes Wesen finde (von Natur aus) das, was für es gut sei, z.B. seine Nahrung. Was aber für alle gut sei und wonach alle strebten, das sei das Gute (EN 1172b 9–15; Eudoxos vertrat auch das komplementäre Argument, wonach Unlust das allgemein für meidenswert gehaltene Übel sei: 1172b 18–20). (b) Das höchstgradig Wählenswerte sei dasjenige, was wir nicht aufgrund eines anderen und nicht um eines anderen willen wählten. Von dieser Art sei aber nach übereinstimmender Meinung die Lust. Denn niemand könne weiterfragen, zu welchem Zweck man Lust empfinde, weil die Lust offenkundig etwas an sich Wählenswertes sei (*kath' hautên hairetên*: 1172b 20–23). (c) Wenn Lust zu irgendeinem Gut hinzugefügt werde, etwa zu gerechtem oder besonnenem Handeln, dann mache sie dieses Gut wählenswerter. Vergrößert werde etwas Gutes aber nur durch Gutes (1172b 23–25).

Argument (b) enthält offenbar die Unterscheidung zwischen intrinsischen und instrumentellen Gütern. Will Eudoxos sagen, daß alle Lebewesen alle anderen Güter nur um der Lust willen erstreben? Die Argumente (a) und (b) erwecken diesen Anschein. Wäre also die Lust nachweislich das *einzige* intrinsische Gut für alle Lebewesen, so hätte Eudoxos recht: Lust müßte nicht nur das höchste, sondern ein unüberbietbares, alle anderen Güter umfassendes Strebensziel sein. Argument (c) wirkt jedoch fehlerhaft. Da sich nach Argument (b) der Gütercharakter aller Güter aus dem höchsten Gut, also der Lust, herleiten läßt, müßte Eudoxos behaupten, daß das höchste Gut nicht durch die Hinzufügung fremder Güter vergrößert wird. Er müßte eigentlich sagen: Da das, was an anderen Gütern gut ist, lediglich ihr Mittelcharakter im Dienst der Lust ist, kann der Lust nichts hinzugefügt werden, was ihren Gütercharakter vermehrt. Tatsächlich sagt Eudoxos aber, Lust vergrößere andere Güter. Damit gesteht er zu, daß es andere Güter *sui generis* gibt und daß die Lust, als ein Gut unter mehreren, nicht das höchste Gut sein kann. Sowohl Platon (*Philebos* 60a–61a) als auch Aristoteles (EN 1172b 26–35) haben Eudoxos diese fehlerhafte Argumentation zum Vorwurf gemacht.

Noch wichtiger als dieser Einwand ist aber ein Bedenken, das sich gegen Argument (a) richtet. Danach ist die Tatsache, daß etwas *in sich erstrebt* wird (und sei es auch von „allen Lebewesen") noch kein Beweis dafür, daß es in sich *erstrebenswert* ist. Zwar kann man beispielsweise kulinarischen Genuß unmöglich instrumentalisieren; niemand kann z.B. die Lust an gutem Essen anstreben, um damit etwas anderes zu erreichen. Aber daraus folgt nicht, daß kulinarischer Genuß immer wählenswert ist; er ist es etwa nicht bei angegriffener Gesundheit. Lust kann unter gewissen Umständen schlecht sein; dieses Bedenken findet sich schon beim frühen Platon (Gorg. 499d). Vielleicht geht es sogar auf eine Beobachtung des historischen Sokrates zurück. Lange vor Eudoxos skizzierte dieser den Begriff eines nicht-ambivalenten Strebensziels, das er als Glück bestimmte. Wie wir durch den Bericht Xenophons wissen, unterschied Sokrates zwischen dem Glück als einem eindeutigen Gut, das sich nicht zum Schlechten wandeln kann, und den vielen uneindeutigen Gütern wie Gesundheit, Wissen, Schönheit, Kraft, Reichtum, Ansehen und Macht. Die zuletzt genannten haben einen ambivalenten Gütercharakter: Sie sind nicht einfachhin gut, sondern erweisen sich in bestimmten Fällen als nachteilig (*Memorabilien* IV 2,31ff.). Gesundheit könne etwa zur Teilnahme an einer Schlacht bewegen, die einen katastrophalen Ausgang nehme. Schlechterdings erstrebenswert ist für Sokrates nur das Glück. Bereits Sokrates unterschied daher zwischen dem Glücklichsein (*eudaimonein*) als dem An-sich-Guten und solchen stets ambivalenten Glücksgütern (*eudaimonika*) wie Gesundheit oder Wissen.

Das höchste Strebensziel muß also intrinsisch wertvoll sein, und es muß sich um ein nicht-ambivalentes Gut handeln. Platon drückt dies auch so aus: Niemand könne wollen, daß es ihm nicht gut geht (*Euthydemos* 278e). Wenn nämlich Glück ein nicht-ambivalentes Gut ist, gibt es niemals einen guten Grund, es zurückzuweisen. Auch in zwei weiteren Punkten geht Platon über Eudoxos hinaus. Erstens sagt Eudoxos nichts darüber, wie der Zielcharakter der Lust mit dem Gutsein anderer Dinge zusammenhängt. Platon dagegen stellt ausdrücklich fest, das höchste Ziel sei dasjenige, um dessentwillen man alles andere tue (Gorg. 499e; Rep. 505e); anders ausgedrückt, auf das höchste Strebensziel sind alle anderen Ziele als Mittel bezogen (wenn auch nicht alle geeignet sein mögen, es zu erreichen). Zweitens läßt Platon keine weiteren genuinen Güter zu; vielmehr ist das höchste Strebensziel zugleich das, was alle anderen (nur scheinbar selbständigen) Güter gut macht. Platon vertritt somit ein teleologisches Modell mit vier Merkmalen. Das höchste Strebensziel ist für ihn dasjenige, (I) was nur intrinsisch, nicht aber instrumentell erstrebt werden kann (was also nicht Mittel zu einem weiteren Ziel sein kann), (II) was unter allen Umständen (also im nicht-ambivalenten Sinn) gut ist, (III) was mit jedem Gut implizit erstrebt wird (und wonach deshalb zu streben niemand bestreiten kann) und (IV) woraus der Gütercharakter alles anderen folgt (was nicht durch Hinzufügung eines anderen Gutes verbessert werden kann, weil es selbst die Quelle des Gutseins alles anderen ist).

Wie erreicht Platon das Ziel seiner Argumentation? Dadurch, daß er „zwei Konzeptionen des Guten“ entfaltet (vgl. Santas 1985), nämlich eine funktionale und eine metaphysische. Die erste Konzeption (Rep. 352d–354d) besteht aus folgenden Schritten: Einige Dinge besitzen eine spezifische Funktion (*ergon*), z.B. Pferde, Rebscheren oder Augen; die Funktion eines solchen Dings besteht jeweils in dem, was Dinge seiner Art entweder ausschließlich oder doch am besten leisten können. Ein konkretes Ding kann nun die Funktion, die Dingen seiner Art zukommt, gut oder schlecht erfüllen. Deshalb kann man für jede Art von Ding, das eine Funktion hat, eine entsprechende optimale Tauglichkeit benennen; ein Ding erfüllt seine Funktion gut allein dann, wenn in ihm seine angemessene Tauglichkeit „präsent" ist, und schlecht, wenn diese fehlt. So liegt es für Platon auf der Hand, daß Rebscheren bestimmte Aufgaben ausschließlich oder zumindest besser als alle anderen Gegenstände erfüllen; gute Rebscheren erfüllen ihren Zweck auf eine höchst angemessene Weise. Platon meint also, daß ein Gegenstand gut ist, wenn er seine Funktion bestmöglich erfüllt. Schließlich fügt er noch zwei (an anderer Stelle begründete) Annahmen hinzu: Die Bestheit der Seele kann man als „Gerechtigkeit" bezeichnen, und: Der gerechte Mensch führt ein gutes Leben, der ungerechte ein schlechtes.

Platons zweite Theorie des Guten findet sich in den drei prominenten Gleichnissen, dem Sonnen- und Liniengleichnis (504 a–511 e) sowie dem Höhlengleichnis (514 a–521 b), mit deren Hilfe die Konzeption einer „Idee des Guten" entwickelt wird. Wie bereits die funktionale Theorie des Guten zeigt, ist Platon der Meinung, daß das Gute eines Dings dasjenige sei, was dem Ding seine Bestheit (*arêtê*) *verleiht*. Ist dieses Gute im Gegenstand in vollem Umfang präsent, dann ist das Ding in höchstem Maße tauglich. Im Begriff des Guten ist es dieser Übergang von der funktionalen Bestheit zur Ursache der Bestheit, der – wie sich jetzt zeigen wird – plausibel macht, wie Platon von seiner ersten zur zweiten Theorie des Guten gelangen kann. Denn die metaphysisch-epistemologischen Ausführungen zur Idee des Guten in der Gleichnisfolge von Sonne, Linie und Höhle weisen eine Entität aus, die zugleich das höchste Strebensziel wie die Ursache aller Tauglichkeit sein soll. Fassen wir Platons dort getroffene Aussagen zusammen: (a) Das bedeutendste Erkenntnisobjekt ist die Idee des Guten; denn erst durch die Teilhabe an der Idee des Guten wird alles Gerechte und alles andere, was von ihr Gebrauch macht, nützlich und wertvoll. Wenn wir, so Platon, alles wüßten, ohne die Idee des Guten zu kennen, wüßten wir damit noch immer nichts vom sittlich oder utilitär Guten (505 a–b). (b) Die Idee des Guten ist dasjenige Gute, das jede Seele sucht und um dessentwillen sie alles tut; die Seele ahnt, daß es etwas derartiges gibt, befindet sich aber in Aporien und kann nicht hinreichend bestimmen, was es ist (505e). (c) Die Staatsverfassung ist erst dann vollkommen geordnet, wenn die Wächter des Staates wissen, in welchem Sinn Gerechtes und sittlich Gutes zugleich utilitär gut ist (506a–b). (d) Die Idee des Guten verleiht den Denkobjekten ihre Realität und vermittelt der Vernunft deren Kenntnis; die Idee des Guten ist Ursache von Wahrheit und Wissen (508b–509a). (e) Die Denkgegenstände erhalten von der Idee des Guten ihr Sein und Wesen, da das Gute nicht Substanz (*ousia*) ist, sondern noch darüber hinausreicht (509b).

Die beiden Theorien des Guten sind nun keineswegs disparat; vielmehr bietet die zweite die inhaltliche Fortführung und die systematische Fundierung der ersten. Nach der ersten Konzeption erlangt jedes Ding dann seine funktionale Bestheit, wenn es in größtmöglicher Affinität, in einer möglichst engen Partizipationsbeziehung zu seiner Form steht: Das *telos* jeder Entität liegt in seinem *eidos*. Platon meint also, diese Beziehung sei im Sinn einer Kausalität durch Teilhabe zu verstehen; er interpretiert seine funktionale Teleologie mittels der Ideentheorie. Nun kann man argumentieren, Platon habe der Ideentheorie einen prinzipientheoretischen Abschluß durch ein oberstes *eidos* geben wollen; die Idee des Guten wäre dann als erstes Prinzip und als Ursache aller Formen zu verstehen. Die Idee des Guten muß so betrachtet zugleich das allgemeine letzte Strebensziel sein; denn sie stellt die übergreifende Ursache aller Wesensformen dar, die jeweils Einzelaspekte optimieren. Aus der funktionalen Teleologie wird auf diese Weise eine metaphysische Teleologie. Dieser Übergang kommt bereits im frühen Dialog *Lysis* zum Ausdruck; dort wird erstmals das Argument entwickelt, daß das, was uns in Wahrheit schätzenswert (*philos*) erscheint, es um seiner selbst willen sein muß, nicht um eines anderen willen. Dies aber soll für das *agathon* gelten (220a f.). Es soll also ein reines Gutes geben, auf das sich das gesamte Streben zurückführen läßt, weil es in sich wählenswert ist.

Charakteristisch für Platons Teleologie ist somit, daß sie zwar bei der Perspektive einer funktionalen Optimierung einsetzt, aber diese nur als Vorstufe des Strebens nach etwas intrinsisch Wertvollem interpretiert. Zwar bildet das prudentielle Selbstinteresse den Ausgangspunkt der platonischen Darstellung; das selbstbezogene Antriebsmoment erweist sich im zweiten Schritt aber als vorläufig, sobald nämlich jemand begreift, daß das selbstbezogene Streben genauer betrachtet auf etwas in sich Wählenswertes gerichtet ist. Was haben nun eine funktionale und eine metaphysische Teleologie mit Ethik zu tun? Das Gute intrinsisch zu wählen, soll nur dadurch möglich sein, daß man sich für Gerechtigkeit um ihrer selbst willen entscheidet. Platon will also den Nachweis führen, daß sich das, was in sich wählenswert ist und was das wohlverstandene Eigeninteresse darstellt, nur erreichen läßt, wenn man Gerechtigkeit sucht. Warum Gerechtigkeit? Eine Antwort liegt möglicherweise darin, daß Platon die Gerechtigkeit, die er als eine geordnete Vielheit auffaßt, mit dem Geflecht der Ideen, also mit der wechselseitigen Relation der Formen, in Zusammenhang bringt (vgl. oben S. 76).

Der stoische Beitrag zur strebenstheoretischen Ethiktradition besteht in einer ganz ähnlichen Synthese aus dem prudentiellen und dem moralischen Standpunkt. Die Stoiker halten Moralität für das einzige Gut (*monon to kalon agathon*: SVF III 29ff.) und erklären folgerichtig eine habituelle Moralität, also die Tugend, für das höchste und einzige menschliche Strebensziel. Im Hintergrund dieser Auffassung steht die Oikeiosis-Konzeption. Mit dem Begriff *oikeiôsis*, der „Selbstaneignung" oder „Selbstaffirmation" bedeutet, bezeichnen die Stoiker das Phänomen, daß alle Lebewesen ein ursprüngliches Selbstverhältnis aufweisen. Jedes Lebewesen beginne gleich nach seiner Geburt, sich zu sich selbst zu verhalten, und zwar in der Form, daß es nach seiner Selbsterhaltung strebe. Während die Selbsterhaltung im Fall von Pflanzen naturgesetzlich reguliert werde, besäßen Tiere eine innere Selbstwahrnehmung (*syneidêsis*, *synaisthêsis*, *sensus sui*), die von Instinkten und Trieben bestimmt sei. Cicero referiert den gemeinten Sachverhalt so, daß jedes Lebewesen seinen eigenen Zustand liebt und damit zugleich diejenigen Dinge wertschätzt, die den eigenen

Zustand aufrechterhalten (fin. III 16; zur Oikeiosis vgl. fin. III insgesamt und DL VII 85f.). Jedes Lebewesen besitzt also von vornherein eine positive Einstellung gegenüber sich selbst; es bejaht seine Existenz und bedient sich äußerer Güter, um diese Existenz fortzusetzen. Dabei erstrebt es alles Nützliche und meidet alles Schädliche. Gegen die epikureische Auszeichnung der Lust als des höchsten Gutes richtet sich die Bemerkung, als ursprünglicher Trieb (*prôtê hormê*) sei die Selbsterhaltung, nicht die Suche nach Lust anzusetzen.

Cicero gibt an der genannten Stelle drei Belege für die Oikeiosis: Jeder wolle körperlich unversehrt bleiben; bereits jedes Kind schätze es, eine Erkenntnis selbständig zu erreichen; schließlich, alle Menschen suchten sicheres Wissen. Güter dieser Art, so Cicero, würden allein um ihrer selbst willen gewählt (*propter se*). Die Stelle macht deutlich, daß die stoische Theorie eine Kontinuität zwischen natürlichem und vernünftigem Streben nachzuweisen versucht; die stoische Oikeiosis-Konzeption sucht das höchste Gut, das Glück der Moralität, im Rekurs auf einen Prozeß zu bestimmen, der mit der ursprünglichen Ausrichtung auf „natürliche Primärgüter" (*prôta kata physin*, *prima secundum naturam*) beginnt. Scheinbar wirft diese Konzeption mehrere gravierende Probleme auf. Stützt sich die stoische Konzeption, so kann man fragen, auf empirische Beobachtungen? Dann böte sie – wenn überhaupt – nur eine extrem schwankende Grundlage der Ethik. Wird ethisches Handeln nicht für unfrei erklärt, wenn es aus der Kontinuität zu naturalen Umständen interpretiert wird (vergleichbar evolutionären und soziobiologischen Erklärungsmodellen)? Und ist nicht der Sein-Sollens-Fehlschluß im Spiel, wenn die Stoiker von bestimmten Naturtatsachen auf einen normativen Naturbegriff schließen?

Nun wäre es sicherlich falsch, die stoische Konzeption einer natürlichen Selbstaffirmation für eine naturalistische Ethik zu halten. Die Stoiker geben lediglich einen zusätzlichen empirischen Beleg für ihren intellektualistischen Begriff der Selbstsorge. Der Kern ihres Modells liegt anderswo. Sobald sich ein Lebewesen als vernünftig verstehen lerne, werde die Vernunft und nicht mehr die Fortsetzung der körperlichen Existenz zum zentralen Gegenstand der Selbstaneignung. Die Forderung nach einem naturgemäßen Leben meint keineswegs, daß bestimmte empirische Tatsachen, etwa animalische Primärimpulse, normativ interpretiert würden. Auch das entgegengesetzte Mißverständnis ist auszuschließen. Die Tatsache, daß die Stoiker eine metaphysische Kosmologie vertreten, der zufolge die Natur als teleologisch organisierte Vernunftordnung zu verstehen ist, bedeutet keineswegs, daß die Einheit von Natur, Tugend und Vernunft in der stoischen Ethik ausschließlich von spekulativer Art wäre. Die Stoiker *begründen* ihre Forderung nach einem natur-, tugend- und vernunftgemäßen Leben keineswegs mit der Übereinstimmung, die den Weisen mit der Weltvernunft verbindet. Stattdessen ist eine sehr viel attraktivere Interpretation der Oikeiosis-Konzeption möglich (vgl. Forschner 1981, 150ff.; Engberg-Pedersen 1986 und 1990). Danach bedarf es, um den Übergang von einer Theorie der Selbsterhaltung zum Standpunkt der Moralität verständlich zu machen, eines Gedankenexperiments, in dessen Mittelpunkt die Entdeckung der eigenen Rationalität steht.

Die Rationalität erweist sich als das wahre Kriterium dessen, was als „naturgemäß" gelten kann. Denn während Kinder dasjenige, was sie zu ihrer Selbsterhaltung unternehmen, nach stoischer Auffassung aus natürlichem Antrieb tun, ist es für einen vernünftigen Erwachsenen kennzeichnend, seine Selbsterhaltung auf der Basis vernünftiger Überlegung zu betreiben. Anders als beim noch vorrationalen Kind, das über Vernunft nur in einer rudimentären und undeutlichen Antizipation (*prolêpsis*) verfügt, vollzieht sich die Selbstaffirmation des Erwachsenen vor dem Hintergrund eines begleitenden Bewußtseins. Dieses Bewußtsein geht den Stoikern zufolge über die Feststellung „Meine Grundtendenz richtet sich auf Selbsterhaltung" hinaus. Was der Vernünftige vielmehr zusätzlich weiß, ist der Umstand, daß es zu jedem Wollen seiner Zustimmung (*synkatathesis*) bedarf. Die Zustimmung liegt nach stoischer Überzeugung vollkommen „in unserer Verfügung" (*eph' hêmin*). Nach stoischer Auffassung kommt es darauf an, die freie Zustimmungsfähigkeit als den wahren Gegenstand des eigenen Interesses zu begreifen.

Der entscheidende Schritt besteht in folgender Argumentation. Der Vernünftige weiß, daß der einzige sinnvolle Gegenstand seines Interesses in seiner freien Zustimmungsfähigkeit liegt. Die körperliche Selbsterhaltung erweist sich dagegen nur solange als erstrebenswert, wie sie der freien Zustimmungsfähigkeit als Grundlage dient (weswegen die Stoiker den Freitod als erlaubt ansehen). Damit kommt es zu einer Bejahung zweiter Stufe. Eine solche vernünftige Zustimmung zur freien Zustimmungsfähigkeit ist nicht beliebig; den Stoikern zufolge *muß* jedes vernünftige Lebewesen behaupten: „Ich bejahe meine freie Zustimmungsfähigkeit". Anders gesagt, jeder Vernünftige muß seine Vernunft, nicht mehr seine Selbsterhaltung als schlechterdings verbindliches Ziel ansehen. Würde er die Vernunft zur Selbsterhaltung instrumentalisieren, dann würde er das, was die Selbsterhaltung doch erst zum Ziel hat, zum Mittel machen. Nun kann aber das Pronomen „ich", mit dem sich ein Vernunftwesen selbst bezeichnet, von jedem anderen rationalen Wesen in gleicher Weise gebraucht werden; die Selbstbezeichnungsfunktion des Ich gilt für alle Vernunftwesen ohne Unterschied; in Mark Aurels Worten: „Ich bin ein Glied der Gesamtheit aller Vernunftwesen" (SB VII 13). Für die Oikeiosis-Konzeption bedeutet dies, daß jedes vernünftige Lebewesen von sich mit gleichem Recht sagen kann, es sei auf den Erhalt seiner freien Zustimmungsfähigkeit ausgerichtet; es *muß* dies sogar behaupten. Nun weiß ein rationales Lebewesen aber, daß jedes andere rationale Wesen ebenso wie es selbst zu einer vernünftigen Selbstbejahung imstande und gezwungen ist. Daraus folgt nach den Stoikern, daß ich der Selbstbejahung jedes vernünftigen Lebewesens zustimmen muß. Denn ob das „ich" gerade mich oder ein anderes Vernunftwesen bezeichnet, ist rational betrachtet unerheblich. Meine Selbstbejahung ist für mich also nicht verbindlicher als meine Anerkennung der Selbstbejahung aller anderen Vernunftwesen. Die stoische Oikeiosis-Konzeption enthält also ein Transsubjektivitätsprinzip: Alle Vernunftwesen unterliegen einem einzigen rationalen Gesetz (*koinos nomos*). Dies ist aber präzise der moralische Standpunkt des kategorischen Imperativs, wie ihn scheinbar erst Kant formuliert hat.

Die stoische Oikeiosis-Konzeption hat zugleich mit ihrer moralischen Qualität eine politisch-soziale Bedeutung. Ursprünglich richtet sich ein Lebewesen – über seine Tendenz zur Selbsterhaltung hinaus – auch positiv auf Lebewesen seiner Umgebung. Die Stoiker nehmen einen naturalen Sozialimpuls (*instinctus socialis*) an, der ein Lebewesen in gestuften Sympathiegraden mit seinen Eltern bzw. Kindern, seinen Verwandten, Freunden, Mitbürgern und seiner ethnischen Gruppe sowie schließlich mit der gesamten Menschheit verbinden soll. Kommt es nun zur Entdeckung der Vernunft, dann, so die Stoiker, erweise sich die Stufung von Sympathiegraden für die Mitmenschen als verfehlt. Während also das noch unvernünftige oder das unzureichend vernünftige Lebewesen soziale Beziehungen um seiner Selbsterhaltung willen betreibt – man könnte von einem ich-bezogenen Altruismus sprechen –, erfaßt der vollständig vernünftige Mensch, daß seine Selbsterhaltung der Vernunft dienen soll, nicht umgekehrt. Daher wird der stoische Weise zum Kosmopoliten, der der Menschheit als Gemeinschaft aller Vernunftwesen einen Selbstzweckcharakter zuerkennt. Er privilegiert nicht länger bestimmte Sozialbeziehungen aus Gründen der Selbsterhaltung, sondern wendet sich allen Menschen mit gleicher Anteilnahme zu.

Das zeigt nun, daß die stoische These, wonach Vernunftwesen Teil eines teleologischen Naturzusammenhangs seien, keine naturalistische und ebensowenig eine spekulativ-metaphysische These ist (obwohl sie von den Stoikern explizit *auch* auf empirische Beobachtungen und auf kosmologisch-theologische Auffassungen bezogen worden ist; vgl. Cicero, *De legibus* I 23). Im Vordergrund steht vielmehr die Überzeugung von der Autonomie der Vernunft und ihrer notwendigen Selbstbejahung. Erst aus dieser Konzeption leiten die Stoiker die These von einer instrumentell notwendigen Selbsterhaltung des Lebewesens ab. Nicht die natürliche Selbsterhaltung begründet die vernünftige Selbstbejahung, sondern umgekehrt die vernünftige Selbstbejahung die leibliche Selbsterhaltung. Es ist also keineswegs nötig, die Oikeiosis als einen von der Natur kommenden Zwang zu interpretieren. Im Gegenteil, dies wäre geradezu widersinnig. Man kann die „Naturgesetzlichkeit", aufgrund deren man zur Oikeiosis, zur Selbstannahme „gezwungen" ist, im Blick auf den Menschen vielmehr so verstehen, daß niemand sich aus der Position des Wählenden verabschieden kann. Das zentrale, unaufhebbare Interesse jedes Vernunftwesens ist eben die vernünftige Autonomie; die Vernunft ist ihr unbestreitbares Ziel. Was immer jemand wählt, er wählt implizit seine Autonomie. Eben deswegen können die Stoiker, wie wir schon sahen, die Vernunfteinsicht zur Zusammenfassung aller Tugenden erklären und behaupten, daß die gesamte relevante Vernunfteinsicht einzig in der Erkenntnis besteht, der Bereich des mir vernünftig Verfügbaren sei vom Unverfügbaren strikt zu unterscheiden. Im Licht der Oikeiosis-Konzeption erweist sich das Ziel der Vernunftautonomie als „an sich gewollt". Damit ist gemeint, daß jeder, der überhaupt etwas will, nicht nur jeweils dasjenige Gut anstrebt, das ihm als vorziehenswert erscheint, sondern auch diesem einen allgemeinen Endziel zustimmen muß. Mehr noch, er muß es aktuell erstreben und dabei die Gegenstände natürlichen Wollens als Mittel einsetzen.

Was hat also eine teleologische Ethik mit Moralität zu tun? Strebenskonzeptionen basieren auf einer Theorie der Handlungsziele. Sie stützen sich auf die Beobachtung, daß solche Ziele sich als unterschiedlich wählenswert erweisen. Handelnde sind beispielsweise häufig bereit, um eines Vorteils willen einen wohlkalkulierten Nachteil hinzunehmen, etwa wenn jemand nur durch eine schmerzhafte ärztliche Behandlung gesund werden kann. Aber niemand verwendet seinen Vorteil gezielt zu dem Zweck, sich einen Nachteil einzuhandeln; niemand setzt seine Gesundheit ein, um einen Schmerz zu erleiden. Offenkundig gibt es eine Art „natürlicher Ordnung" im Bereich dessen, was wir als Handlungsziele und was wir als Handlungsinstrumente ansehen. Die Wahl der Handlungsziele scheint keineswegs arbiträr zu sein. Platon und die Stoiker interpretieren diesen Sachverhalt unterschiedlich. Nach platonischer Auffassung handelt es sich bei dem implizit angestrebten Ziel um eine höchste Entität; nach stoischer Überzeugung bildet die rationale Handlungsfähigkeit das, was niemand anzustreben bestreiten kann. In beiden Modelle sollen die höchsten Ziele nur dadurch erreichbar sein, daß man moralisch angemessenes Verhalten um seiner selbst willen praktiziert.

5.4 Ethik und Theorie des Selbstbewußtseins

Im Apollon-Heiligtum von Delphi soll an einer Säule die Inschrift „Erkenne dich selbst" (*gnôthi seauton*) angebracht gewesen sein. Gemeint war damit eine Warnung vor menschlicher Überheblichkeit. Es sollte daran erinnert werden, daß das menschliche Glück fragil und der Mensch im Unterschied zu den Göttern sterblich, endlich und hinfällig ist. Der Spruch wurde auf den Gott Apollon oder auf die Sieben Weisen zurückgeführt; Platon erzählt, diese hätten „Musterstücke" ihrer lakonisch kurzen Weisheitslehren dem delphischen Gott überbracht, darunter auch die Mahnung zur Selbsterkenntnis (Prot. 343 a f.). Die antike Überlieferung zum *gnôthi seauton* ist allerdings ziemlich schwankend und unpräzise; bereits in klassischer Zeit konnte man nicht mehr klären, was der Spruch genau bedeutete, auf wen er zurückging und was er mit Delphi zu tun hatte (vgl. Tränkle 1985). Bemerkenswert ist, daß die delphische Forderung nach angemessener Selbsterkenntnis und richtiger Selbsteinschätzung trotz ihrer schlichten Form und trotz ihres unklaren Inhalts eine in Umfang und Gewicht einzigartige Wirkungsgeschichte aufzuweisen hat (vgl. die drei Bände der Motivgeschichte von Courcelle 1974–75).

Die philosophiehistorische Bedeutung des Ausspruchs geht darauf zurück, daß Platon ihn in mehreren wichtigen Zusammenhängen verwendet. Das Motiv der Selbsterkenntnis ist u.a. in der Lehre von der „Sorge um die eigene Seele" und der „Einübung in den Tod" zu greifen sowie im Begriff eines selbstbezüglichen Wissens, das Platon als Besonnenheit (*sô-*

phrosynê) interpretiert (vgl. oben S. 25). Soweit bleibt Platons Deutung der mutmaßlichen Grundbedeutung recht nahe; die Spruchweisheit der Sieben Weisen enthält ja eine Ethik des Maßes und der Besonnenheit (ähnlich auch Heraklit DK 22B112 und 116). Für unseren Zusammenhang ist nun interessant, daß sich mit dem Motiv der Selbsterkenntnis auch die Entwicklung des Gewissensbegriffs, der Theorie des Selbstbewußtseins und der Geistmetaphysik verbinden läßt. Es scheint plausibel, diese stark erweiterte Interpretation des *gnôthi seauton* dem historischen Sokrates zuzuschreiben (wenn man erneut annimmt, daß er in den frühen platonischen Schriften präsent ist). Dem *Phaidros* zufolge bemühte sich Sokrates unablässig darum, sich selbst zu erkennen; bevor Selbsterkenntnis erreicht sei, sei keine andere Frage sinnvoll (229e f.). Auch die platonische *Apologie* legt den Schluß nahe, daß der Spruch zusammen mit der Auskunft des delphischen Orakels, kein Mensch sei weiser als Sokrates, den zentralen Anstoß für das sokratische Philosophieren gebildet haben könnte (Apol. 21a ff.). Denn Platon läßt Sokrates an dieser Stelle sagen, er sei sich entgegen dem delphischen Orakelspruch zu seiner Person wohl bewußt, weder in großem noch in kleinem Umfang weise zu sein. Sokrates' Unwissenheit und seine Weisheit bilden einen Widerspruch, dem er auf den Grund zu gehen versucht. Um die Diskrepanz zwischen seinem Selbstbild und dem Orakel aufzulösen, beginnt er, seine Mitbürger auf ihre Weisheit zu prüfen. Er gelangt dabei zu dem berühmten Resultat, daß eben sein Nichtwissen eine relative Form von Weisheit bedeutet – nämlich im Vergleich zu einem angemaßten Scheinwissen.

Was ist an dem Orakelspruch so bedeutsam, daß Sokrates ihn als Aufforderung versteht, man solle sich zuerst um sich selbst kümmern (Apol. 36c)? Sokrates' Folgerungen aus dem delphischen Spruch und seine Bemühungen um eine angemessene Selbsterkenntnis erschöpfen sich nicht in einem *Memento mori*. Sokrates bringt das Motiv der Selbsterkenntnis mit drei weitergehenden Themen in Verbindung: (a) Er beruft sich für sein Handeln auf eine „innere" Stimme (*daimonion*); (b) er versteht den delphischen Spruch als Mahnung, ein „geprüftes", bewußtes und harmonisches Leben zu führen; (c) er versteht den Orakelspruch als göttlichen Lebensauftrag.

(a) Die *Apologie* stellt eine Verbindung zwischen der Entdeckung des Selbstbewußtseins und der Etablierung einer moralischen „Innensphäre" her. In der Schrift wird die auch anderswo belegte ideengeschichtliche Verbindung zwischen den Begriffen Selbstbewußtsein und Gewissen greifbar. Der griechische Ausdruck *syneidêsis* läßt sich in beiden Bedeutungen gebrauchen; er bildet die Mitte zwischen der Konzeption des Selbstbewußtseins und der einer moralischen Kontrollinstanz. Das Verbindungsmoment zwischen den beiden Wortverwendungen liegt in der Vorstellung von einer „inneren Mitwisserschaft". Daß der Gewissensbegriff auf die Idee eines solchen begleitenden Bewußtseins zurückgeht, läßt sich bereits anhand der frühesten Belegstelle für *syneidêsis* zeigen: Demokrit bestimmt den Begriff als „Bewußtsein des eigenen schlechten Lebenswandels" (DK 68B297; vgl. Zucker 1930; Reiner 1974). Ebenso versteht der Orest des Euripides den Kummer, der ihn in seinem „Inneren" befallen habe, als Wirkung einer bestimmten Einsicht (*synesis*): Er sei sich bewußt (*synoida*), etwas Schreckliches getan zu haben (vgl. *Orestes*, Vers 396). Euripides interpretiert also die peinigende Wirkung der Rachegottheiten, der Erinyen, als ein Phänomen der menschlichen Innensphäre.

Die Entstehung des Gewissensbegriffs aus der Vorstellung einer inneren Mitwisserschaft hängt mit dem bereits erwähnten Übergang von der Schamkultur zur Schuldkultur zusammen: Eine Schamkultur setzt bestimmte Standards des menschlichen Zusammenlebens durch, indem sie Fehlverhalten mit sozialer Ächtung bestraft; eine Schuldkultur rechtfertigt ethische Regeln als göttliche Gebote oder ewige Gesetze. Gegenüber einer Schuldkultur archaisch-religiöser Prägung zeichnet sich der Gewissensbegriff zusätzlich dadurch aus, daß er die mahnende oder strafende Instanz ins Innere des Handelnden verlagert. Denn wenn ich mein Handeln vor einem inneren Mitwisser verantworten muß, ist der Standpunkt der Außen- oder Sozialkontrolle meines Verhaltens zugunsten der Idee eines autonomen Gewissens überwunden. An die Stelle der bloßen Regelbefolgung tritt die autonome Bewertung des eigenen Handelns, eine innere Triebfeder zum Handeln und eine Instanz, die zu Reue und Wiedergutmachung anhält. Eine wichtige Station auf dem Weg von der Schamkultur zur verinnerlichten Schuldkultur stellt Demokrit dar. Er schreibt: „Man soll sich vor sich selbst nicht weniger schämen als vor den Menschen, und man soll, wenn niemand es erfahren wird, genausowenig etwas Böses tun, als wenn es alle Menschen erfahren würden. Vielmehr soll man sich vor sich selbst am meisten schämen; und dies sollte ein festes Gesetz für die Seele sein, so daß man nichts tut, was sich nicht gehört" (DK 68B264). Bei Seneca findet sich ebenfalls eine Stelle, an der der Begriff eines inneren Wissens klar zum Ausdruck kommt: „Darin stimmen wir (mit Epikur) überein, daß die schlechten Taten vom Gewissen gegeißelt werden und diesem die meisten Qualen dadurch entstehen, daß dauernde Beunruhigung es bedrängt und quält" (ep. 97,15). Der Sokrates der platonischen *Apologie* scheint den Zusammenhang zwischen der delphischen Forderung nach Selbsterkenntnis und dem moralischen Bewußtsein am klarsten vollzogen zu haben. Denn er berichtet bekanntlich von einer „inneren göttliche Stimme" (*daimonion*: Apol. 31d ff.), die er mit seiner Lebensaufgabe, seine Mitbürger zu prüfen, ausdrücklich in Zusammenhang bringt. Moralität wird hier insofern erreicht, als Handlungen allein nach einem „inneren" Prinzip bewertet werden sollen, nicht nach Folgenabschätzungen. Sokrates versteht Tugend (*aretê*) als Resultat einer strengen Selbstprüfung und stellt dazu fest, ein „ungeprüftes Leben" sei für einen Menschen gar nicht lebenswert (Apol. 38a). In diesem Sinn versteht noch Kant das *gnôthi seauton*: als Aufforderung, seine Motive zu erforschen und auf dem Weg über die „Höllenfahrt des Selbsterkenntnisses" einen guten Willen zu entwickeln (*Metaphysik der Sitten*, AA VI 441).

(b) Daneben scheint das Motiv der Selbsterkenntnis noch für einen zweiten Aspekt der antiken Ethik maßgeblich zu sein. Eine bewußte Lebensführung besteht nicht nur in der Fähigkeit, vom eigenen Handeln Rechenschaft abzulegen, sondern zudem im Erreichen einer möglichst großen Selbstübereinstimmung. Dieser Harmoniethese sind wir bei Platon schon mehrfach begegnet. Platon verlangt, jedes Individuum solle durch Ausführung seiner spezifischen Funktion „nicht viele, sondern einer werden" (Rep. 423d). Er versteht unter innerer Harmonie nicht nur die Gesundheit oder Wohlgeordnetheit der Seele, sondern ihre Einheit (Rep. 444d f.; Leg. 628d f.). Erst im Jenseits soll nach Platon klarwerden, ob eine Seele „vielgestaltig oder eingestaltig" ist (Rep. 612a), ob sie also bestimmte nicht zu ihr gehörende „Ablagerungen" mit sich herumträgt (611c f.). Wer zum „Bewußtsein seiner selbst gekommen" (*eis ennoian autos hautô aphikomenos*: Rep. 571d f.) sei, werde von allen sinnlichen Begierden frei. Bei Aristoteles findet sich die Harmoniethese besonders in der Konzeption einer „Freundschaft mit sich selbst" (vgl. EN IX 8). Aristoteles setzt dort eine wohlverstandene Selbstliebe, die in keinem Konflikt zum moralischen Verhalten gegenüber anderen stehen soll, gegen eine falsche Selbstliebe ab, die sich auf Güter wie Geld, Ehre oder Vergnügen richtet. „Am meisten ist man sich selbst ein Freund; man muß sich nämlich selbst am meisten lieben" (EN 1168b 9f.). Auch die stoische Oikeiosis-Lehre ist, wie wir gesehen haben, eine Konzeption der wachsenden Selbstübereinstimmung; wie bei Aristoteles soll gelten, daß die größtmögliche Harmonie mit sich selbst zugleich die bestmögliche Zuwendung gegenüber anderen einschließt. Der Zusammenhang zwischen Selbstübereinstimmung und dem Gewissensbegriff wird explizit in der mittleren Stoa, nämlich seit Panaitios, thematisiert. Nach Panaitios stößt der Mensch im Verlauf seiner zunächst natürlich motivierten Selbstsuche in sich auf den *logos*, der ihm zur angemessenen Handlungsbeurteilung verhilft. In der vernünftigen Selbstaneignung findet ein Vernunftwesen alles, was zur moralischen Lebensführung notwendig und hinreichend ist.

(c) Schließlich hat sich das Motiv der Selbsterkenntnis noch auf ein drittes Thema der antiken Moralphilosophie ausgewirkt: auf die ethisch verstandene Geistmetaphysik. Dieser Zusammenhang scheint bereits in der *Apologie* und im *Phai-*

dros angelegt zu sein; entfaltet wird er aber besonders im pseudo-platonischen *Großen Alkibiades.* Auf die Frage, was der Mensch eigentlich sei, lautet dort die Antwort, er sei eine Seele (*ti pot' oun ho anthrôpos; psychê*: 129e). Diese Antwort beruht auf der Beobachtung, daß man nicht nur sagen kann, ein Mensch gebrauche seine Hände oder Augen, sondern auch, er gebrauche seinen Körper insgesamt; die gebrauchende Größe müsse aber von der gebrauchten verschieden sein. Im sogenannten Augengleichnis wird zudem erklärt, Selbsterkenntnis bedeute, auf die eigene Seele zu sehen, genauer auf ihr gottähnliches Zentrum. In der Tradition verstand man dies so, als verlange der delphische Spruch, man solle sich selbst als geistiges oder göttliches Wesen verstehen lernen (z.B. fin. V 55; TD I 52, V 70; ep 41,1f.). Denn das Göttliche soll dasjenige sein, das sich unmittelbar selbst erfaßt. Bei Aristoteles findet sich eine epistemologisch-metaphysische Version dieses Motivs im Begriff eines sich selbst erfassenden göttlichen Denkens (Met. 1074b 34f.). Die Selbstreflexion, von der Aristoteles und die geistmetaphysische Tradition handeln, ist also keineswegs identisch mit der menschlichen Subjektivität im neuzeitlichen Sinn; Selbstbewußtsein ist hier kein alltägliches, sondern ein ethisch gefordertes Phänomen, durch das abgesehen von Gott nur der Philosoph charakterisierbar ist. Die wichtigste geistesgeschichtliche Station für dieses Verständnis von Selbsterkenntnis bilden die Neuplatoniker (vgl. Beierwaltes 1991, Halfwassen 1994). Das *gnôthi seauton*-Motiv wird dort im Sinn der Aufforderung zu Verinnerlichung und zum geistigem Aufstieg aufgefaßt. Die damit verbundene Preisgabe des individuellen Vorteilsstrebens scheint ebenfalls ein wichtiger Bestandteil der Geschichte des Moralitätsbegriffs zu sein.

6. Historische Stationen des Lebenskunstmodells

Zwischen dem antiken und dem modernen Philosophieverständnis besteht offenkundig eine erhebliche Differenz. Das zeigt sich einerseits an den gewichtigen Indizien dafür, daß man im Altertum unter Philosophie – nicht insgesamt, aber doch in weitem Umfang – eine orientierende, beratende und handlungsleitende Disziplin verstand. Zudem behandelte die antike Ethik charakteristisch andere Themen und gebrauchte dabei andere Leitbegriffe als die neuzeitliche Moralphilosophie, indem sie innerhalb des Paradigmas von Lebenskunst und Selbstsorge Fragen von Glück, Tugend, Selbsterkenntnis, Lust, Willensschwäche usw. aufwarf. Wie wir bereits sahen, wird diese Epochendifferenz unterschiedlich interpretiert und bewertet. Eine angemessene Interpretation des gewandelten Philosophieverständnisses müßte vor dem Hintergrund einer umfassenden Theorie der Moderne entwickelt werden. In Fragen der Modernitätstheorie gehen die Meinungen allerdings denkbar weit auseinander.

Nun kann man sich der Frage, worauf dieser Wandel im Philosophieverständnis beruht, dadurch nähern, daß man den Zeitpunkt der Abwendung von dem antiken Modell zu bestimmen sucht. Dabei fällt zunächst ins Auge, daß die Selbstinterpretation der Philosophie als Lebenskunst bereits von den Scholastikern größerenteils nicht mehr vertreten worden ist. Die an den Universitäten des hohen Mittelalters gelehrte Schulphilosophie folgte vielmehr einem systematisch-wissenschaftlichen Philosophiemodell, dessen Haupttätigkeit in der präzisen Textkommentierung und in der Klärung von oft subtilen Sachfragen bestand. Dieser Wandel ist um so erstaunlicher, als etwa Augustinus und Boethius, die für die mittelalterliche Philosophie einschließlich der Scholastik prägend gewesen sind, vom Lebenskunstideal nachhaltig bestimmt waren. Damit gelangt man zwangsläufig zur Frage nach dem präzisen Zeitpunkt und den Ursachen der Auffassungsänderung. Betrachten wir dazu einige wirkungsgeschichtliche Stationen und historische Wendepunkte. Wann genau und aufgrund welcher historischer Ereignisse hat man das Lebenskunstmodell preisgegeben? Geschah dies schlagartig und einhellig oder langsam und nur teilweise? Mit welchen Intentionen wurde das Modell später u.U. wieder aufgegriffen? Besitzt das Modell über die älteren Versuche seiner Wiederbelebung hinaus eine bleibende, eine aktuelle Bedeutung?

6.1 Kontinuität und Diskontinuität in der Wirkungsgeschichte

Drei verschiedene Erklärungen für die Epochendifferenz bieten sich an: Zunächst könnte man den Verlust der antiken Auffassung von Ethik als Ergebnis der Christianisierung der Alten Welt ansehen. Sodann ist es erwägenswert, ihn als Resultat der Verwissenschaftlichung der Philosophie im Hochmittelalter zu betrachten. Und schließlich könnte er sich vom Standpunkt der Subjektivität in der frühen Neuzeit aus ergeben haben. Alle drei Erklärungen müßten, um halbwegs plausibel zu werden, aufwendig und differenziert erläutert werden; an dieser Stelle sind nur wenige und knappe Bemerkungen möglich (eine aspektreiche Darstellung der Entstehung des modernen Moralbewußtseins bietet etwa Charles Taylor 1994).

Die Wechselwirkungen von Christentum und antiker Philosophie lassen sich weder zu einer Konflikt- noch zu einer Harmoniethese zusammenfassen. Wichtig ist zunächst die Beobachtung, daß das Neue Testament selbst – entgegen dem oberflächlichen Eindruck – keine Verwerfung der Philosophie enthält. Die paulinischen Texte, die eine anti-philosophische Tendenz aufzuweisen scheinen (nämlich *Kolosser* 2,8 und *1. Korinther* 1,17–21 mit 3,19), lehnen keineswegs die Philosophie insgesamt ab, sondern wenden sich gegen einzelne Lehren (vgl. etwa Michel 1973, 182f.). Auch wäre es ein Mißverständnis, wollte man das berühmte Diktum aus der Bergpredigt „Sorgt euch nicht um eure Seele [...]!" (*Matthäus* 6,25 ff. parr.) als Absage an die philosophische Selbstsorge verstehen. Gemeint ist hier nur die Sorge um alltägliche Güter, und zurückgewiesen wird allein eine ängstliche und selbstbezogene Güteranhäufung. Umgekehrt wäre es ebenso übertrieben, in Jesu Aufforderung zur Wachsamkeit und zum „Bereitsein" (*Markus* 13,35 ff. parr.) eine enge Parallele zum philosophischen Training geistiger Aufmerksamkeit zu sehen. Im neutestamentlichen Kontext bildet die endzeitliche Naherwartung den Hintergrund für eine solche Mahnung zur Wachsamkeit. Das Neue Testament erweist sich gegenüber dem philosophischen Lebenskunstmodell als neutral. So waren für einen Christen Zustimmung und Ablehnung der antiken Philosophie gleichermaßen möglich. Tatsächlich finden sich beide Tendenzen in erheblichem Umfang: Während die griechischen Kirchenschriftsteller die Philosophie eher positiv aufgriffen, herrschte im lateinischen Westen die Zurückweisung einer „weltlichen" oder „heidnischen" Weisheit unter Berufung auf Paulus vor (vgl. Görgemanns u.a. 1989).

Die mehrheitlich positive Einstellung, mit der die griechischen Apologeten seit der zweiten Hälfte des 2. Jahrhunderts auf Argumentations- und Ausdrucksmittel der Philosophie zurückgriffen, ergab sich zum einen aus Prestigegründen. Ein Verzicht auf die begrifflichen Mittel der Philosophie hätte dem Christentum den Charakter einer vulgären Sekte verliehen; der Spott der gebildeten heidnischen Öffentlichkeit ist ohnehin in den anti-christlichen Traktaten des Kelsos und später des Porphyrios greifbar. Christliche Autoren operierten daher mit den Momenten Würdigung, Instrumentalisierung, Überbietung und Verwerfung der heidnischen Philosophie, dies aber weitgehend mit deren eigenen begrifflichen Mitteln. Auch scheint gerade die Tatsache, daß die antike Philosophie einen lebenspraktisch-moralischen Charakter aufwies, eine Brücke zum Selbstverständnis des Christentums gebildet zu haben. Daß Religionen, Weisheits- und Heilslehren für sich den Begriff „Philosophie" in Anspruch nehmen konnten, ist überdies ein

Phänomen, das älter als das Christentum ist: Es läßt sich bereits im hellenistischen Judentum und für die Gnosis belegen. Insbesondere Philon von Alexandria bot eine eindrucksvolle Synthese aus religiöser Offenbarung und Philosophie; er wirkte mit seiner Verbindung aus Schrift- und Vernunftargumenten und mit seiner Verwendung platonischer und stoischer Begriffe zur Bibel-Interpretation als wichtiges Vorbild für christliche Autoren.

Die bewußte Adaption der Philosophie durch christliche Apologeten beginnt mit Justinus, der bereits vor seiner Konversion Philosoph war und diese Selbstbezeichnung auch als Christ beibehielt; er ging soweit, das Christentum insgesamt als Philosophie zu charakterisieren, und zwar mit einem Ausdruck aus der platonischen Tradition als „wahre Philosophie". Justinus brachte damit die Überzeugung zum Ausdruck, die heidnische Philosophie vollende sich im Christentum; weil die Christen „mit dem Logos [d.h. mit Christus] leben" (*hoi de meta logou biosantes kai biountes*), sind sie nach Justinus „die wahren Philosophen" (*Apologie* 46; PG 6,397). Insbesondere Clemens von Alexandria hat in seinen *Stromata* diese These vom Christentum als der wahren Philosophie weiter ausgeführt. Der zentrale Vertreter einer christlichen Philosophie, die zugleich praktisch-asketisch aufgefaßt wurde, ist im griechischen Osten neben Clemens der Konvertit Origenes. Clemens bezeichnet die Philiosophie als einen „Dienst an den Menschen" (*peri tous anthrôpous therapeia*) mit dem Ziel einer moralischen Besserung, Einsicht und Rettung (*Stromata* VII 1,3,1). Der Lebenskunstaspekt im Philosophieverständnis des Origenes ist u.a. in der Nachricht greifbar, Origenes habe „im Höchstmaß ein philosophisches Leben praktiziert, teils durch Fastenübungen, teils durch Beschränkung seiner Schlafdauer" (Eusebius, *Kirchengeschichte* VI 3,9). Den Wert der antiken Bildung für die Lebensführung eines Christen hat zudem Basilius von Caesarea in der Schrift *Pros neous* verteidigt; überdies beeinflußte er mit seinen *Asketika* das östliche Mönchtum wesentlich. Eine bedeutende Wirkung in der philosophischen Mystik altkirchlicher Autoren entfaltete das platonische Motiv der *homoiôsis theô* (vgl. Merki 1952; Pannenberg 1996, 50–55). Zudem behielt das Christentum die parrhesiastische Tradition bei, den Begriff und die Praxis der Askese und ebenso die Figur des „weisen Meisters“ (vgl. die Spruchsammlung der Wüstenväter: *Apophthegmata Patrum*; Hadot 1991, 48–65). Im lateinischen Westen griffen besonders Ambrosius, Marius Victorinus und Augustinus positiv auf die Philosophie zurück. Augustinus übersetzte „Philosophie“ in Gefolge Ciceros als *studium sapientiae* oder *amor sapientiae* und bescheinigte neben dem Christentum auch dem Platonismus, mehr als nur eine „Weisheit dieser Welt“ zu sein (vgl. Fuhrer 1997).

Im Verlauf des 4. Jahrhunderts scheint unter christlichen Autoren dagegen eine Geringschätzung der praktischen Leistungen der Philosophie aufgekommen zu sein. Noch Justinus gestand auch Nichtchristen wie Heraklit und Sokrates zu, sie hätten ein Leben „gemäß dem Logos“ geführt. Demgegenüber findet sich bei Johannes Chrysostomos, wie Domanski nachweist (1996, 29), ein sehr ungünstiges Urteil über die ethische Praxis der Heiden, darunter auch Polemiken gegen Sokrates oder gegen den Kyniker Diogenes. Chrysostomos schätzte die ethische Praxis der Philosophen verglichen mit der der Christen als minderwertig und unbedeutend ein. Auf diese Weise begünstigte er in der Folgezeit ein Urteil, das den Wert der Philosophie auf den Bereich des Theoretischen beschränkte und die ethische und religiöse Praxis ganz dem Christentum vorbehielt. Eine ähnliche Abwertung der philosophischen Lebensform wie bei Chrysostomos findet sich beim späten Augustinus. Auch Augustinus behauptet die Unzulänglichkeit der antiken Tugendkonzeption für die Erlangung des Glücks und das moralische Versagen der Philosophen. Die Tugenden der Philosophen besäßen kein Fundament in Gott, seien daher unvollkommen und sogar eher als Laster einzustufen (*vitia potius quam virtutes*: *De civitate dei* XIX 25). Dieses augustinische Urteil ist zwar keine pauschale Abwertung; es meint nur, daß die antike Tugendpraxis erst vor dem Hintergrund der christlichen Gnadenkonzeption einen vollständigen Sinn erhält. Der Kirchenvater selbst bleibt mit seiner Absicht, das Christentum als theoretische wie als praktische Vollendung der Philosophie zu erweisen, vom antiken Modell der Selbstsorge maßgeblich bestimmt; Philosophie ist auch für Augustinus eine „geistige Übung" (*exercitatio mentis*: vgl. *De trinitate* XI 12,17). Jedoch, durch die negativen Urteile bei Chrysostomos und Augustinus bereitet sich die Tendenz vor, das Lebenskunstmodell zugunsten einer ausschließlich religiösen Frömmigkeitspraxis zu ignorieren.

Doch wann genau und unter welchen Umständen ging das philosophische Praxismodell der Antike verloren? Nach der Auffassung Hadots (1991) liegt der entscheidende Wendepunkt in der hochmittelalterlichen Instrumentalisierung der Philosophie. Als einer „Magd der Theologie" scheint der Philosophie nur noch die Aufgabe zugefallen zu sein, die christliche Religion durch theoretische Begriffsklärungen und systematische Argumente zu verteidigen. Auf der einen Seite sei damit die lebensorientierende Funktion der Philosophie aus dem Blickfeld geraten, zumal man die christliche Frömmigkeitspraxis als überlegene Form der Lebensorientierung auffaßte (Betonung des „übernatürlichen" Charakters der Offenbarung). Andererseits führte die Beschränkung der Philosophie auf wissenschaftliche Grundlagenarbeit schließlich zu ihrer Emanzipation gegenüber der Theologie. Ein solcher Gewinn an eigenständiger Bedeutung ergab sich besonders aus der Wiederentdeckung des Aristoteles in der Hochscholastik (Betonung des „natürlichen" Charakters der Vernunft). Nach den Forschungen von Domanski (1996) findet sich ein wichtiges älteres Indiz für eine Neubewertung der Philosophie darin, daß sie seit Alkuin (also seit dem 8. Jahrhundert) den *artes liberales*, also den propädeutischen Disziplinen, gleichgestellt wird. Eine stark szientistische Umdeutung der Philosophie habe sich aber erst im 13. Jahrhundert ergeben. Zu dieser Verwissenschaftlichung der Philosophie sollen besonders zwei Faktoren beigetragen haben: Die methodische Kommentierungsarbeit, als die man jetzt hauptsächlich Philosophie betrieb, und die Trennung von systematischer Theologie und Glaubenspraxis, wobei die Philosophie ausschließlich auf Seiten der Theologie wirksam war (Domanski 1996, 49). Es scheint sich aber nicht um einen abrupten und vollständigen Paradigmenwechsel gehandelt zu haben. Genau besehen lassen sich im 13. Jahrhundert scholastische Autoren anführen, die explizit an der Verbindung von Theorie und Praxis in der Philosophie festhalten, etwa Boethius von Dazien, Robert Kilwardby und Roger Bacon.

Überdies wäre es verkehrt, die mittelalterliche Philosophie auf die Scholastik zu reduzieren. Vielmehr überlebte das antike Praxisideal, zum Teil sogar unter der Bezeichnung Philosophie, im mittelalterlichen Mönchtum, welches stark von der philosophischen Mystik der neuplatonischen Tradition bestimmt war. Ein philosophisches Lebenskunstideal erscheint z.B. ebenso bei den Zisterziensern wie bei den deutschen Mystikern. In einem grundlegenden zisterziensischen Text heißt es etwa, die Mönche von Clairvaux hätten sich unter ihrem Abt Bernhard „in die Techniken der himmlischen Philosophie eingeübt" (*caelestis philosophiae disciplinis imbuebantur*: *Exordium magnum Cisterciense*, PL 185,1135). Und Meister Eckhart hat seine Forderung nach geistlicher Armut (*gelâzenheit*, *abegescheidenheit*) mit dem platonischen Motiv der „Vereinfachung" und des „Aufstiegs" der Seele sowie mit einer detaillierten Praxis der philosophischen Seelenleitung verknüpft. Der Sache nach, wenn auch nicht unter dem Titel der Philosophie, finden sich vergleichbare Techniken der Seelenschulung auch in der Mystik der frühen Neuzeit, z.B. bei Thomas von Kempen. Aus der Zeit der konfessionellen Spaltung Europas läßt sich ein weiteres Beispiel anführen: Ignatius von Loyola, der Begründer des Jesuitenordens, hat sich ausführlich mit der Praxis der Seelenleitung beschäftigt, auch wenn seine *Exercitia spiritualia* nicht ausdrücklich auf die philosophische Tradition Bezug nehmen. Es ist daher eine kontrovers diskutierte Frage, ob die ignatianischen Übungen mit den antiken Praktiken verwandt sind, wie Rabbow (1954) und Hadot (1991) dies behauptet haben, oder ob die Ähnlichkeit allenfalls oberflächlicher Art ist (so etwa Newman 1989).

Zahllose Belege für eine Rückkehr zum praxisorientierten Philosophiebegriff finden sich im Spätmittelalter, der Renaissance und im Humanismus. Beispielsweise spricht sich Petrarca in bewußt anti-scholastischer Absicht gegen die Theorielastigkeit der aristotelischen Ethik aus. Anders als durch die Lektüre von Cicero, Seneca oder Horaz sei er, wie er sagt, durch seine Teilnahme an Vorlesungen über Aristoteles „vielleicht gelehrter, aber nicht moralisch besser" geworden (*forsitan doctior, sed non melior factus*, zitiert nach Domanski 1996, 92). Die Vorliebe für platonische und stoische Autoren und deren Betonung des philosophischen Lebensideals wird von der Mehrzahl der Renaissancephilosophen geteilt. So dehnt Marsilio Ficino seine Absicht, eine Synthese aus Christentum und Platonismus herzustellen, ausdrücklich auch auf die ethische Lebensführung aus. Ficino verbindet mit Gestalten wie Sokrates, Platon oder Plotin eine Wertschätzung, die der Verehrung christlicher Heiliger vergleichbar ist. Eine ähnliche Sympathie bringt Erasmus von Rotterdam dem Lebenskunstaspekt der antiken Philosophie entgegen; unter Philosophie, so Erasmus, verstehe er nicht eine Prinzipienwissenschaft, sondern „wie bereits Salomon die göttliche Weisheit" (*Brief* 2533). Daß neben Platonismus und Stoizismus auch der antike Epikureismus eine kräftige Wiederbelebung in der Renaissance erfahren hat, läßt sich anhand eindrucksvoller Beispiele belegen (vgl. Kimmich 1993, 54–88). Neben der Wirkung Epikurs (etwa auf Lorenzo Valla, Erasmus, Rabelais und Thomas Morus) war es besonders das Werk *De rerum natura* des Lukrez, dessen atomistische Naturphilosophie das Denken der Renaissance grundlegend beeinflußt hat. Michel de Montaignes Moralphilosophie und seine Idee einer philosophischen Lebenskunst sind nicht allein von Cicero, sondern wesentlich auch von Lukrez geprägt.

Eine bedenkenswerte Alternativerklärung für die Preisgabe des antiken Philosophiebegriffs findet sich im Werk Michel Foucaults. Während Hadot und Domanski nur bestimmte Tendenzen im Christentum und besonders die Hochscholastik für den Wandel verantwortlich machen, führt Foucault den Verlust der antiken Selbstsorgeidee auf das Christentum insgesamt und die durch es erzeugte „Disziplinargesellschaft" zurück. In der Philosophie habe Descartes die Weichen zur Unterwerfung des Individuums gestellt. Descartes habe den

Übergang vom Individuum, auf das sich die Selbstsorge richtete, zum reinen epistemischen Subjekt exemplarisch vollzogen. Was Descartes damit erreicht habe, sei nichts Geringeres, als „ein Subjekt, das durch Selbstpraktiken konstituiert war, durch ein Subjekt als Begründer von Wissenspraktiken zu ersetzen" (zitiert nach Schmid 1991, 264f.). Foucaults These ist zweifellos bedenkenswert; es läßt sich zeigen, daß Descartes als erster Philosoph auf den Gedanken kam, die Existenz materieller Körper (einschließlich desjenigen, der mit dem denkenden Ich korreliert ist) und die Existenz des Fremdpsychischen prinzipiell in Zweifel zu ziehen (vgl. Burnyeat 1982). Erstmals Descartes hat das Ich der Introspektion der leiblichen Person und der materiellen Welt insgesamt gegenübergestellt. Tatsächlich scheint die Idee einer philosophischen Selbstsorge nicht im Hochmittelalter, sondern erst in der frühen Neuzeit in die Defensive geraten zu sein. Zugleich betrieb Descartes Philosophie in einer streng deduktiven und hierarchischen Form, bei der Ethik eine systematisch nachgeordnete Rolle spielte.

Immerhin kann man dennoch Elemente einer Ethik der Selbstsorge in der französischen Moralistik des 17. und 18. Jahrhunderts (mit ihrer Unterscheidung von *amour-propre* und *amour de soi*) entdecken, zudem in der *Encyclopédie* und besonders bei Diderot (vgl. Schmid 1995, 119f.). Aber die zentrale Stellung dieser Philosophiekonzeption scheint nunmehr verloren zu sein. Von besonderem Interesse sind daher kleinere Passagen zum Begriff der Selbstsorge, die sich bei Johann August Eberhard, bei Christoph Martin Wieland und besonders bei Kant finden lassen (vgl. Schmid 1995, 121ff.). In Wielands Erzählung *Musarion* (1768) wird die antike Lebenskunstauffassung freilich in erster Linie ironisiert: Wieland stellt einen von der Liebe enttäuschten jungen Athener dar, der sich aufs Land zurückzieht, um das Leben eines „geschwollenen Stoikers" zu führen; dieses Unternehmen endet mit dem Besuch des Mädchens Musarion und einem Trinkgelage, in dessen Verlauf sich die Unsinnigkeit des philosophisch-asketischen Lebensideals erweist. Kant macht hingegen eindeutig einen positiven Gebrauch vom Lebensideal der antiken Philosophie.

Vor allem die von Kant entwickelten „Pflichten gegen sich selbst" weisen in die Richtung einer Versöhnung des Moralitätsbegriffs mit der vormodernen Lebenskunstkonzeption; in seiner *Tugendlehre* (1797) verlangt Kant eine Praxis der Selbsterkenntnis und Selbstvervollkommnung. Erst in letzter Zeit wird wieder stärker diese Affinität von kantischer und antiker Tugendkonzeption betont (vgl. etwa Sherman 1997). Mittlerweile erscheint auch die übliche Einschätzung als fragwürdig, in Kants Ethik spielten teleologische Elemente keine Rolle; der kategorische Imperativ läßt sich durchaus als Telosformel nach antikem Vorbild verstehen. Ebenso wird die Ansicht in Frage gestellt, Kants Ethik stehe Faktoren fremd gegenüber wie dem Kontextbezug, der Urteilskraft oder den Emotionen (vgl. O'Neill 1989; Höffe 1990; Herman 1993; Korsgaard 1996).

Eine entscheidende Station für die moderne Wiedergewinnung einer Ethik von Lebenskunst und Selbstsorge liegt bei Friedrich Nietzsche. Zwar polemisiert Nietzsche heftig gegen einen Askesebegriff der Selbstentsagung (vgl. „Der Asket macht aus der Tugend eine Noth": KSA 2,84). Er verbindet diese Vorstellung von Askese mit der äußerst negativ beurteilten „priesterlichen" Lebensform, für die er Judentum und Christentum verantwortlich macht (vgl. *Zur Genealogie der Moral, Dritte Abhandlung: was bedeuten asketische Ideale?*). Hingegen erklärt er die „praktische Asketik", wie sie alle griechischen Philosophen besessen hätten, sowie den antiken Tugendbegriff für gravierende Desiderate der modernen Bildungsidee. Nietzsche hält die zeitgenössische Wertschätzung der klassischen Antike in diesem Punkt für oberflächlich; dem modernen „Nachdenken über Moral" fehlten die „strengen und muthigen Versuche, in dieser und jener Moral zu *leben*". Es fehle besonders daran, die „Eintheilung des Tages und des Lebens und die Ziele des Lebens" zu thematisieren (*Morgenröthe* III 195; KSA 3,169). In der antiken Moral seien die Philosophen „Turnmeistern" zu vergleichen, deren Übungen zur selbständigen, tugendhaften Persönlichkeit formen sollten (ebd. III 207; KSA 3,187f.). Nietzsches Überlegungen richten sich in erheblichem Umfang darauf, in Anlehnung an antike

Vorbilder eine Lebensform zu finden, deren „ewige Wiederkehr" bejaht werden könne (vgl. Schmid 1992).

Berührungspunkte mit den Vorstellungen einer Lebenskunst weist auch die Existenzphilosophie auf. Heideggers Kennzeichnung des Menschen („Dasein") als des Seienden, dem es „in seinem Sein um dieses Sein selbst geht", Sartres anti-essentialistische Vorstellung einer freien Wahl der eigenen Identität, Jaspers' Konzeption einer „Existenzerhellung" sowie die Wiederaufnahme des Persönlichkeitsideals der „Gelassenheit" bei Jaspers und Heidegger lassen sich zu Begriffen aus der Ethik des Altertums in eine enge Beziehung setzen. Allerdings stehen im Hintergrund dieser Konzeptionen noch stärker Kierkegaards Vorstellungen eines christlichen Individualismus, einer situativen Erlebniszeit und der Wahl der eigenen Existenz. Kierkegaards Existenzbegriff ergibt sich aber nicht aus dem antiken Lebenskunstmodell, sondern aus einer Gegenüberstellung der (tendenziell negativ beurteilten) zeitlosen philosophischen Einsicht und der (positiv bewerteten) punktuellen Hinwendung zum christlichen Glauben, die ständig neu vollzogen werden müsse. Ähnlich weist die Existenzphilosophie teilweise einen anti-rationalistischen Geist auf, der der antiken Synthese aus Philosophie und Lebensführung fremd ist und in der menschlichen Existenz stattdessen die Aspekte Singularität, Unableitbarkeit, Historizität und Perspektivität betont.

Eine gewisse Affinität zur antiken Auffassung von philosophischer Therapie läßt sich in Wittgensteins therapeutischer Sprachkonzeption der dreißiger und vierziger Jahre finden, ohne daß sich Wittgenstein dieser Nähe selbst bewußt gewesen wäre. Ähnlich wie für Sextus Empiricus bildet für ihn die Philosophie einerseits das Problem und andererseits das Heilmittel. Aufgrund undurchschauter sprachlicher Voraussetzungen des Denkens verstricke sie sich in Schwierigkeiten, die wiederum eine philosophische Therapie nötig machten. Die „vollkommene Klarheit", die Wittgenstein anstrebt, soll darin liegen, die Philosophie in verschiedene Methoden aufzulösen, in „gleichsam verschiedene Therapien", um so die „Philosophie zur Ruhe" zu bringen (*Philosophische Untersuchungen* § 133).

„Der Philosoph", so Wittgenstein in derselben Schrift, „behandelt eine Frage, wie eine Krankheit" (§ 255). Er müsse „in sich viele Krankheiten des Verstandes heilen", ehe er „zu den Notionen des gesunden Menschenverstandes kommen" könne (*Vermischte Bemerkungen* 1944). Ebenso heißt es in einem Text aus den *Bemerkungen über die Grundlagen der Mathematik*: „Die Krankheit einer Zeit heilt sich durch eine Veränderung in der Lebensweise der Menschen und die Krankheit der philosophischen Probleme konnte nur durch eine veränderte Denkweise und Lebensweise geheilt werden, nicht durch eine Medizin, die ein einzelner erfand" (II § 23). Einer „guten Lehre" solle man folgen „wie der Vorschrift eines Arztes" (*Vermischte Bemerkungen* 1946). Sextus Empiricus verwendet für sein Modell einer Aufhebung falscher Denkformen ähnliche Vergleiche, etwa wenn er sagt, der Skeptiker wolle „aus Menschenfreundlichkeit nach Kräften die Einbildung und Voreiligkeit der Dogmatiker heilen", wobei er „wie die Ärzte, teils stärkere, teils schwächere Heilmittel" einsetze (PH III 280).

In den vergangenen zwei Jahrzehnten hat sich ein breites öffentliches Interesse an der antiken Lebenskunstkonzeption entwickelt. Dieses Interesse hängt mit der wachsenden Abneigung gegen unreflektierte Weltbilder und starre Rollenerwartungen zusammen; das antike Modell wird dagegen mit dem Ideal eines selbständigen Vernunftgebrauchs und einer freien Selbstgestaltung assoziiert. Ein gutes Indiz dafür bietet die Bewegung für eine „philosophische Praxis", deren Beratungsangebot sich sowohl gegen das psychologische Therapiemodell und als auch gegen das kirchliche Seelsorgemodell zu profilieren sucht; die philosophische Beratung scheint dabei den Vorteil einer undogmatischen, phänomennahen Klärung von Lebensfragen auf ihrer Seite zu haben (vgl. Thurnherr 1997). Daneben besteht in der Didaktik der Philosophie, in der „Philosophie für Kinder", in philosophischen Diskussionsforen und Publikumszeitschriften eine Tendenz, das „sokratische Gespräch", also eine offene Form der Entwicklung von Sinn- und Lebensfragen, zu erneuern und zu pflegen. Schließlich hat sich eine breitgestreute populäre philosophische Literatur etabliert, in der gerne auf die antike Moralphilosophie zurückgegriffen wird, wenn diese auch mitunter auf bloße „Lebensweisheiten" reduziert zu werden scheint. Allerdings gibt es auch mehrere philosophische Wiederaufnahmen der antiken Ethik, von denen im folgenden die Rede sein soll.

6.2 Hat die antike Ethik eine bleibende philosophische Bedeutung?

Die zeitgenössischen Rückgriffe auf die Moralphilosophie des Altertums beruhen – wenn auch in verschiedenem Umfang und mit unterschiedlichen Akzentsetzungen – auf den genannten Diagnosen zu den Ursachen der Epochendifferenz. Fast überall ist von der einschneidenden, vielleicht sogar fatalen Wirkung des Christentums die Rede. In allen Ansätzen spielt eine Rolle, daß man hinter den neuzeitlichen Anspruch, Philosophie als „strenge Wissenschaft" zu betreiben, zurückgehen will; die antiken Modelle, die schwächere Geltungsansprüche erheben und geringere Anforderungen an die systematische Konsistenz und Vollständigkeit ihrer Theorien stellen, scheinen daher vielversprechend. Bei einigen Autoren wird besonders die cartesische Philosophie der Subjektivität als üble Wurzel der „verirrten" modernen Moralauffassung betrachtet. Gelegentlich scheint auch eine gewisse Romantik für vormoderne Lebenswelten mit ihrer Traditionsbindung und ihrer Übersichtlichkeit mitzuschwingen. Vielleicht die pointiertesten Bewertungen der Epochendifferenz stammen von Michel Foucault (a) sowie von Bernard Williams (b). Auch dem Standpunkt von Hans Krämer (c) liegt eine kritische Einschätzung der Voraussetzungen moderner Moralphilosophie zugrunde, ebenso dem des Kommunitaristen Alasdair MacIntyre (d). Zurückhaltender fällt dagegen die Bewertung der Ethikgeschichte bei Martha Nussbaum (e) und bei Julia Annas (f) aus. Nussbaum differenziert zwischen nützlichen und unbrauchbaren Elementen der antiken Ethik vor dem Hintergrund ihres eigenen systematischen Interesses, und auch Annas mildert die epochale Antithese im Blick auf die zugrunde liegenden Handlungsprinzipien wiederum ab.

(a) Michel Foucault wandte sich in seinen letzten Lebensjahren, nämlich in seinen Schriften *L'usage des plaisirs* und *Le souci de soi* (beide 1984: dt. 1986 und 1986a), den antiken Techniken der Selbstgestaltung zu. Für Leser seiner früheren Werke wirkt dies zunächst überraschend, weil Foucault seit den sechziger Jahren alle Formen von Subjektivität, Rationalität und Humanismus zurückgewiesen und plakativ vom „Tod des Menschen" gesprochen hat. Foucault interpretiert die antike Praxis der Selbstgestaltung allerdings unverändert aus der Perspektive, wonach sich in der Neuzeit ein übermächtiges, autoritäres und regelorientiertes Gesellschaftssystem herausgebildet habe, das das Individuum zum Unterworfenen, zum „Subjekt" macht. In seinen frühen Arbeiten hatte sich Foucault um die Aufdeckung repressiver gesellschaftlicher Mechanismen bemüht, die er besonders an den Beispielen Psychiatrie, Strafjustiz und staatliche Herrschaft untersuchte. Foucault zieht aus seinen Beobachtungen den Schluß, in der Neuzeit sei eine autoritäre Tendenz am Werk, das Individuum zu normieren, um es einheitlichen Herrschaftsgebilden (wie Kirche, Staat, Armee, Fabrik usw.) gefügig zu machen. Foucault führt diese Tendenz auf den Verinnerlichungs- und Gebotscharakter der christlichen Moral zurück. Die philosophische Variante dieser repressiven Beschneidung des Ich sieht er in der transzendentalen Subjektphilosophie; er proklamiert daher das Ende aller Festlegungen im Menschenbild und fordert ein Lebensmodell der Offenheit, Freiheit und des Experiments.

Aus diesem Blickwinkel erklärt sich seine späte Wertschätzung der antiken Ethik. Nach Foucault verfügt die Antike über eine Kultur der Selbstkonstituierung durch Diätetik, Ökonomik, Erotik und Philosophie, die den modernen persönlichkeitsformenden Faktoren wie Justiz, Militär, Religion, politische Macht usw. vorzuziehen sei. Foucault untersucht diesen Unterschied exemplarisch am Verhältnis antiker Gesellschaften zur Sexualität, genauer anhand der Frage nach der antiken Bewertung von sexueller Lust, Ehe, Homosexualität und nach dem Verhältnis von Vernunft und Sexualität. Dabei zeigt sich nach Foucault der nicht-repressive Charakter der antiken Praxis. Die antike Selbstsorge besitze, zumal in ihrer Blütephase, der römischen Kaiserzeit, ein reiches Instrumentarium von „Technologien des Selbst" (*techniques du soi*), einer „Ästhetik der Existenz" (*esthétique de l'existence*). Diese könnten dem Individuum dabei helfen, die zentralen Lebensthemen wie Freundschaft, Erotik, Gefühle, Wahrnehmungen oder das Sterben zu thematisieren und durch „Askese" und „Stilistik" zu einer selbstgewählten Lebensform zu gelangen. Die antike Askese hat für Foucault nichts mit Verzicht und Entsagung zu tun; ebensowenig versteht er selbst unter Stilistik einen bloßen Ästhetizismus der Selbststilisierung. Im Altertum seien einerseits Übungspraktiken gemeint, die einen Sinn für wahre Güter und für eine sittliche Lebensführung kultivieren helfen sollen, und andererseits die Wahl einer persönlichen Haltung, eines eigenen Lebensstils. Zu den von Foucault besonders geschätzten Elementen der antiken Selbstkultur gehört der Umstand, daß alle Praktiken, Regeln und Gebote, denen man sein Leben unterzieht, selbstauferlegt sind und nicht einem göttlichen, staatlichen oder sozialen Gesetz entspringen. Weiterhin gehört dazu die Tatsache, daß „Seelenführung" nicht allein als individuelle, sondern als gesellschaftliche Aufgabe betrachtet wurde, ferner die Idee einer bewußten Lebensführung, also der sokratische Gedanke der Selbstprüfung, und schließlich eine Kultivierung der körperlichen Genußfähigkeit.

(b) Für seinen Rückgriff auf die Ethik der Antike beruft sich der englische Philosoph Bernard Williams nicht auf die kaiserzeitliche Asketik, sondern einerseits auf Aristoteles und andererseits auf das frühgriechische Epos sowie die klassische Tragödie. Er versucht zu zeigen, daß der moderne, christlich und kantisch geprägte Moralitätsbegriff ethisch unangemessen ist: Praktisches Überlegen, so Williams, ließe sich ohne die Moralitätsvorstellung wesentlich besser vollziehen (1985, Kap. 10). Denn Moralität bilde ihrem Selbstverständnis nach ein kontextunsensibles, „unentrinnbares" System von kategorischen Verpflichtungen, bei dem eine Pflicht nur durch eine übergeordnete andere Pflicht außer Kraft gesetzt werden könne. Williams selbst sieht das Ziel des praktischen Überlegens im „menschlichen Wohlergehen" (*human flourishing*) des Reflektierenden und schlägt vor, das Überlegen am Maßstab einer „internalistischen Perspektive" auszurichten, d.h. im Blick auf eigene Dispositionen, Fähigkeiten und auf sozial erworbene Gütervorstellungen. Für diesen ethischen Reflexionstyp beruft er sich auf Aristoteles, der dem Handelnden ebenfalls keine äußeren Standards auferlege, sondern eine Entwicklung eigener Anlagen aus der Innenperspektive empfehle, ohne daß er deswegen mit äußeren Standards in Konflikt kommen müßte (1985, 51f.). Träten solche Konflikte aber auf, so gebe es für sie keine situationsunabhängigen Lösungen, wie der Moralitätsbegriff suggeriere. Die Vorstellungen von Autonomie, Verantwortlichkeit, moralischer Schuld, „Reinheit" der Motivation und unbedingter Verpflichtung belasteten das Individuum lediglich mit Regeln, die zu weit vom angemessenen prudentiellen Überlegen entfernt seien und die zentrale Frage nach dem Lebenserfolg ignorierten.

In seinen *Sather Lectures* (1993) vergleicht Williams die moderne ethische Praxis mit der antiken und gelangt dabei zu der These, daß der Antike die Vorstellung von Moralität noch unbekannt gewesen sei; die Handlungssteuerung durch verinnerlichte Regeln stelle erst ein modernes Phänomen dar. Nach seiner Darstellung handelt es sich bei der Entwicklung eines Moralitätsbegriffs um eine Verengung, nicht um einen historischen Fortschritt. Zustimmend zitiert er das Diktum Nietzsches, wonach „das Christenthum ... uns um die Ernte der antiken Cultur gebracht" habe (*Der Antichrist* 60; KSA 6,249). Williams entwickelt seine Einschätzung anhand der frühgriechischen Vorstellung angemessenen Handelns, die meist aus der Perspektive des inzwischen erreichten „Fortschritts" mißverstanden werde. Er wendet sich einerseits gegen eine Auffassung von Snell (^{5}1980), die Figuren der homerischen Epen besäßen keine durchgehende personale Identität und seien nicht für ihr Handeln verantwortlich. Im Epos werde vielmehr ein Typ von Verantwortlichkeit greifbar, der nicht auf der Isolierung eines reflektierenden Ich beruhe und daher moralische nicht von unmoralischen Motiven unterscheide. Zum anderen wendet sich Williams gegen das moderne „Mißverständnis des Schambegriffs", den er für das positive Zentrum der frühgriechischen Auffassung hält; der Begriff der Scham bedeute keineswegs ein unterentwickeltes und fremdbestimmtes Verständnis von Handlungsregulierung. Vielmehr verbinde er ein normatives Selbstbild mit dem Faktor Fremderwartung und sei daher weniger restriktiv und künstlich als die Moralitätsvorstellung; auch schließe er durchaus Vorstellungen wie Schuld, Buße oder Reue ein, enthalte also wesentliche Elemente, für die man angeblich die Idee von Moralität benötige. Den Beginn der moralischen Reflexion macht Williams an Platons Seelenteilungslehre aus der *Politeia* fest (1993, 42f.); in dieser Lehre würden Handlungsmotive erstmals auf einen rationalen Impuls reduziert. Von dort aus habe sich die Tendenz entfaltet, eine allgemeinverbindliche, abstrakte Instanz der Handlungsbewertung zu postulieren.

(c) Auf einer verwandten, aber nicht so zugespitzt vorgetragenen Analyse beruht der Ansatz von Hans Krämer zur Gewinnung einer *Integrativen Ethik* (1992). Krämer wendet sich gegen das nach seiner Überzeugung überzogene und nicht mehr zeitgemäße Unternehmen einer kognitivistischen und pflichtorientierten Moralbegründung, das er als den beherrschenden Ethiktyp der Moderne identifiziert. Vor allem lehnt er den kantischen, genauer den neukantianischen Typ einer Sollensethik ab und spricht geradezu von einem „Kantischen Sündenfall" in der philosophischen Ethik (1992, 101). Krämer versucht eine lebensnahe und phänomenorientierte Ethik der Selbstsorge wiederzugewinnen, wie es sie in der Antike gab; er plädiert dafür, auch Fragen der alltäglichen, nicht-moralischen Lebensführung wieder in die Ethik einzubeziehen. Allerdings ist sein Anliegen kein historisches, sondern zielt auf einen „dritten Ethiktypus": auf eine Ethik, die das eigene Glücksstreben und die Beachtung fremder Interessen in ein einziges Modell integriert. Immerhin bietet die antike Ethik für Krämer in einigen Punkten ein Vorbild für sein innovativ konzipiertes

Projekt. Zunächst hätten in der antiken Ethik bescheidenere Geltungsansprüche bestanden als etwa der strenge Maßstab der Universalisierbarkeit (vgl. 1992, 80ff.). Sodann, wie im Altertum erhalten bei ihm Fragen des gelingenden Lebens Vorrang vor Fragen der Moralität. Die Ethik soll sich zudem nach antikem Vorbild mit der realen Lebensführung einzelner Individuen befassen und eine praktische Aufgabe in der beratenden Aufklärung desorientierten Strebens finden (1992, 323). Krämer gibt recht konkrete Umrisse praktischer Lebensregeln; darin kommen auch solche in der modernen Philosophie mißachteten Elemente wie Gymnastik, Diät, Freundschaft oder Zeitplanung vor. Die Ethik soll jene konsiliatorische Funktion zurückerhalten, die ihr im Altertum zukam.

Im Unterschied zur antiken Strebensethik lehnt Krämer freilich jegliche metaphysische Teleologievorstellung ab. Absolute Letztziele oder Selbstzwecke lassen sich demnach nicht mehr behaupten; alle Gütervorstellungen hätten sich als relativ und variabel erwiesen. An die Stelle kategorischer Forderungen oder eines höchsten Gutes soll vielmehr wie bei Williams das prudentielle Selbstinteresse treten. Auch richtet sich die hier anvisierte beratende Tätigkeit der Philosophie anders als in der Antike nicht auf die Zielvorstellungen von Autarkie und Eudämonie, sondern auf eine „virtuell unbegrenzte Selbststeigerung" (1992, 128). Krämer schlägt eine breit angelegte Topisierung der praktischen Philosophie vor, die diesem Praxisbezug dienen soll; Ethik soll durchaus auch kasuistisch vorgehen, also Einzelfragen der alltäglichen Lebensführung behandeln. Das menschliche Selbst erscheint bei Krämer als ein Bündel von Dispositionen und Möglichkeiten, die bewußt zur Entfaltung gebracht oder aber beschränkt werden können. Dabei nimmt er eine Reihe von transzendental-anthropologischen Invarianten an (Kap. 4), mit deren Hilfe sich Lebensqualität messen läßt und auf die sich die philosophische Lebensberatung stützen kann, wozu er etwa das Motiv der Schmerzfreiheit zählt. Von besonderer Bedeutung ist für ihn die Kategorie der „Hemmung", also verhindertes Streben oder Können, die je nach sozialer oder individueller Verträglichkeit etabliert bzw. beseitigt werden müsse. Moralität im Sinn einer Abgleichung des Wollens verschiedener Individuen ist nach Krämer nicht auf der Basis eines abstrakten Sollens, sondern nur durch einen stufenweisen gesellschaftlichen Konsens möglich.

(d) Eine weitere markante Form des zeitgenössischen Rückgriffs auf antike Ethik besteht in der Betonung des (angeblichen) antiken Kontextprinzips. Folgt man der kommunitaristischen Auffassung, so wird das einzelne moralische Subjekt im Altertum stets aus seinem traditionellen kulturellen und sozialen Kontext heraus begriffen. Aus der Perspektive des Kommunitarismus liegt das moralische Zentralproblem der Gegenwart in der Traditionslosigkeit, Bindungslosigkeit und Individualisierung der Gesellschaft. Nach der Analyse von Alasdair MacIntyre (1987 und 1988) beruht die moderne liberale Moralauffassung, die solche Wertvorstellungen wie Neutralität, Verfahrensgerechtigkeit und Unparteilichkeit in den Mittelpunkt stellt, geradezu auf einer „moralischen Katastrophe" (1987, 16f.). MacIntyre führt sie auf ein skeptizistisches Mißverständnis von Moral zurück, das er der frühneuzeitlichen Aufklärung anlastet; er wirft der Moderne einen Skeptizismus vor, der gegen die wahren Wurzeln der Moral gerichtet sei. In der Antike, und zwar besonders bei Aristoteles, sei demgegenüber der für eine angemessene Moraltheorie zentrale Tugendbegriff wiederzufinden. Dieser Tugendbegriff soll drei wesentliche Elemente einschließen: Die Einbindung der Person in eine traditionelle Gemeinschaft, die Verwurzelung des moralischen Handelns in bestimmten gesellschaftlichen Üblichkeiten und eine teleologische Interpretation der menschlichen Natur und der menschlichen Biographie. Nach MacIntyre muß sich eine Gerechtigkeitskonzeption von einer geteilten Idee des Guten herleiten; in liberalen Staaten ohne eine solche geteilte Wertüberzeugung (oder richtiger: mit einer uneinheitlichen Idee des guten Lebens) herrsche dagegen ein „Bürgerkrieg mit anderen Mitteln" (1987, 337).

MacIntyres Analyse der Gegenwart stützt sich u.a. auf die Beobachtung, es gebe eine Entleerung des öffentlich gebrauchten moralischen Vokabulars, und auf die Analyse der aporetischen Lage, in die moralische Debatten über Konfliktfragen wie gerechter Krieg, Abtreibung oder soziale Gerechtigkeit führten. In diesen Debatten würden unvereinbare Positionen gegeneinander gestellt mit dem Resultat, daß argumentative Pattsituationen entstünden. Dabei nähmen moralische Äußerungen den Charakter emotionaler Stellungnahmen an und blieben mangels gemeinsamer Überzeugungen rational unentscheidbar. MacIntyre versteht sich als Kritiker moralischer Begründungsversuche, für die es, wie er glaubt, keine standpunktunabhängigen rationalen Lösungen gibt. Besonders sieht er sich als Kritiker Kants; dessen universalistisches Begründungsdenken sei unhaltbar und arbeite bestenfalls Moralkritikern wie Nietzsche und den Emotivisten in die Hände, die gegenüber Kant im Recht seien, nicht jedoch gegenüber dem vormodernen Moralverständnis. Von zentraler Bedeutung für MacIntyre ist die Frage, in welchen sozialen Rollen oder typischen Figuren eine Moralkonzeption ihren adäquaten Ausdruck findet. In der Gegenwart, die stark durch manipulative Techniken und eine Instrumentalisierung des Menschen gekennzeichnet sei, sollen diese Figuren oder „Charaktere", wie MacIntyre sagt, der reiche Ästhet, der Manager und der Therapeut sein (1987, 50). Gemeinsam weisen diese gegenwartstypischen Charaktere den „Verlust aller letzten Kriterien" auf; d.h. sie treffen ihre Entscheidungen situativ, ohne rationale Begründung und aus der Perspektive unbefragt hingenommener, vorgegebener Ziele (1987, 53).

Nach MacIntyres Auffassung ist es für die moralische Identität einer Person grundlegend, daß sie eine feste Charakterrolle spielt. Eine solche Rolle kommt zustande, wenn sich die Person als Teil einer nacherzählbaren Geschichte begreifen kann. Die moralkonstituierende Frage par excellence lautet also: „Als Teil welcher Geschichte oder welcher Geschichten sehe ich mich?" (1987, 288). In einer solchen Geschichte gehe es stets um bestimmte Güter, die innerhalb einer kooperativen Praxis angezielt werden; daraus ergäben sich die Standards angemessenen Verhaltens. Tugenden sollen demnach als erworbene Eigenschaften zu verstehen sein, in denen Vortrefflichkeiten im Blick auf die Ziele einer Gemeinschaft formuliert werden. Erst aus ihnen sollen sich verbindliche moralische Regeln ergeben, nicht umgekehrt. Für MacIntyres Tugendmodell ist zudem die These kennzeichnend, die aristotelischen Tugenden hätten dazu gedient, „interne Güter" zu erlangen. Damit sind diejenigen Ziele gemeint, die einer bestimmten gesellschaftlichen Praxis inhärieren und die diese Praxis prägen. MacIntyre versteht interne Güter im Sinn derjenigen Ziele, die in einem gemeinsamen Projekt angestrebt werden. Für MacIntyre schließt die Verteidigung des Tugendbegriffs zwangsläufig die Forderung ein, zu einem geschlossenen, vormodernen Gesellschaftsmodell zurückzukehren. Es legt sich der Verdacht nahe, daß es sich bei einer solchen Position um eine problematische und unpraktikable Form von Sozialromantik handelt. Für unseren Zusammenhang ist jedoch die Frage wichtiger, ob sich MacIntyre zu recht auf die antike Tugendphilosophie beruft; das scheint kaum plausibel. Es lassen sich u.a. folgende Einwände geltend machen: Die gesamte antike Tugendphilosophie – und so auch die aristotelische – versteht sich in einem revisionären, d.h. traditionskritischen Sinn und erhebt einen Wahrheitsanspruch, der über den Kontext einer Polis oder einer Nation hinausreicht; für keinen antiken Tugendethiker ist der Tugendbegriff einfach gemeinschaftsabhängig. Zudem ergeben sich Tugenden nirgendwo aus den Gütern, die den Projekten einer Gemeinschaft zugrunde liegen. Und vor allem ist die Ausübung der Tugend mit der These von der zentralen Stellung der Vernunft gekoppelt; MacIntyre hat für einen starken Vernunftbegriff hingegen keinerlei Verwendung (vgl. zudem die Einwände bei Rapp 1997).

(e) Von erheblichem Interesse ist auch der Ansatz von Martha C. Nussbaum (zusammengefaßt in: 1994). Unter den Philosophen, die gegenwärtig das antike Modell der Selbstsorge aufgreifen, lehnt sie die wissenschaftliche Distanziertheit der neuzeitlichen Philosophie (aber auch schon diejenige des antiken Platonismus) am entschiedensten ab. Die Autorin plädiert für eine enge Anbindung der Philosophie an Fragen der persönlichen Lebensführung und fordert eine Ethik der Empathie.

Nussbaum bedient sich daher der Therapiekonzeption der antiken Philosophie nur soweit, wie sich deren Nachteile vermeiden lassen. Ihre kritischen Leitfragen lauten: Erweist sich die hellenistische Empfehlung einer Auslöschung der Begierden und Affekte als sinnvoll? Bedeuten die Ideale von Ataraxie und Apathie eine Stärkung oder eine Schwächung unserer positiven Lebensmöglichkeiten? Sind sie amoralisch und apolitisch? Oder lassen sich die Modelle und Argumente zugunsten einer Affektklärung, der Überwindung von Trauer, Todesfurcht oder psychischer Abhängigkeit auch unabhängig vom Ideal eines von der Welt unberührten, über den Alltagsproblemen stehenden Weisen verwenden? Nussbaum bejaht letzteres; sie sucht nach Möglichkeiten, die hellenistischen Konzeptionen der Selbstentwicklung und der rationalen Lebensgestaltung unmittelbar mit ihrer eigenen Konzeption einer fragilen, endlichen und mitfühlenden Lebensform zu verknüpfen. Entsprechend ihrer Position muß Nussbaum folgende Einzelheiten der hellenistischen Schulen kritisch bewerten. Erstens lehnt sie alle Konzeptionen ab, die nur individualistisch und apolitisch orientiert sind. So lobt sie etwa den epikureischen Gemeinschaftsgeist oder den stoischen Kosmopolitismus, tadelt aber deren Folgenlosigkeit auf dem Gebiet politischer Handlungen oder zumindest politischer Forderungen. Zweitens lehnt sie alle jene Modelle ab, die die Wahrheitssuche dem subjektiven Therapieerfolg unterordnen; dies trifft besonders die Skeptiker. Drittens problematisiert Nussbaum das Expertenwissen des philosophischen Therapeuten dann, wenn es auf Kosten der Individualität und der Einzelpersönlichkeit zu gehen scheint oder wenn es zu einem autoritären, asymmetrischen Lehrer-Schüler-Verhältnis führt. Und viertens weist sie alle therapeutischen Konzeptionen zurück, die das Ziel einer Auslöschung der Wünsche und Affekte soweit vorantreiben, daß ihr Ideal der zum Solitär gewordene Weise ist, der sogar noch Liebe, Mitgefühl und Solidarität einbüßt.

Ihrem philosophischen Grundansatz nach vertritt Nussbaum einen „aristotelischen Essentialismus" ([2]1993 und 1992). Das bedeutet, daß die Autorin die Existenz bestimmter invarianter Wesensmerkmale des Menschen behauptet, fester Merkmale, die über alle Kultur- und Epochengrenzen hinwegreichen sollen und dennoch Raum für kulturelle und individuelle Ausprägungen lassen. An die Theorie gemeinsamer Kennzeichen aller Menschen (*features of our common humanity*) knüpft sie den Gedanken einer adäquaten Entwicklungsmöglichkeit humaner Tugenden und schließt daran wie Aristoteles eine Glückstheorie an. Auf diese Weise entsteht eine „starke, aber inhaltlich vage Theorie des Guten" (*thick vague theory of good*), die freilich nicht im traditionellen, metaphysischen Sinn zu verstehen ist. Anders als MacIntyre faßt Nussbaum Aristoteles nicht als den Verteidiger polisspezifischer Traditionen auf, sondern präsentiert ihn als Anti-Relativisten. Aristoteles argumentiere, so Nussbaum, für eine einzige Konzeption der *eudaimonia*, der gedeihlichen Entwicklung des Menschen (*human flourishing*). In loser Anlehnung an die aristotelische Analyse entwickelt sie folgende acht anthropologische Merkmale: 1. die Sterblichkeit, d.h. das Wissen um den Tod und das Verhältnis zu ihm; 2. die Leiblichkeit, d.h. unser Verhältnis zu den Bedürfnissen, Möglichkeiten und Grenzen unseres Leibes; 3. Freude und Schmerz; 4. kognitive Fähigkeiten; 5. praktische Vernunft; 6. die (früh)kindliche Entwicklung; 7. zwischenmenschliche Beziehungen und 8. Humor ([2]1993, 263f.). Alle acht Punkte sollen menschliche Charakteristika in dem Sinn sein, daß ein Nicht-Verhältnis zu ihnen schlechthin ausgeschlossen sei. In einer späteren Publikation erweitert sie diesen Katalog um drei Punkte: sie nennt 9. die Bezogenheit jedes Menschen auf nicht-menschliche Lebewesen und die Natur sowie 10. die Erfahrungen, die Menschen mit ihrer Individualität sowie 11. Erfahrungen, die sie mit extremer Einsamkeit machen (1992, 222–224).

(f) Die sachlich und philologisch engste Affinität zur antiken Ethik weist vermutlich die Position von Julia Annas (1993) auf; allerdings verfolgt Annas damit – anders als die bisher genannten Autoren – nicht vorrangig systematische Ziele. Es geht ihr um eine historische Darstellung, die die Bedeutung der antiken Moralphilosophie herausstreicht, die moderne Ethik damit aber nicht attackiert. Annas akzentuiert in ihrer Darstellung die historischen Unterschiede, ohne ihnen einen prinzipiellen und fundamentalen Charakter beizulegen. So hebt die Autorin zwar hervor, die antike Ethik richte sich an Personen, die an Fragen der Lebensorientierung interessiert sind. Sie betont diesen Aspekt jedoch nicht auf Kosten des Moralitätsbegriffs. Auch nach Annas ist die Adressatenorientierung für die philosophische Ethik der Antike kennzeichnend (1993, 124); Vorzüge dieses Modells lägen darin, sich auf ein lebenspraktisches Erfahrungswissen zu stützen und über ein flexibles Anwendungswissen zu verfügen. Besonders betont sie die Ausrichtung der antiken Ethik am „Leben als einem ganzen" (1993, 29). Auf diese Weise könne die Ethik der Antike auf eine Pluralität von Charakteren und alltäglichen Situationen reagieren. Moderne Moralphilosophien argumentierten dagegen wissenschaftlich, d.h. allgemeingültig und prinzipienorientiert; sie versuchten kategorische (und d.h. unpersönliche) Regeln und Normen anzugeben. Die konkrete Durchsetzung moralischer Prinzipien bleibe dann lediglich ein Thema für Moralpsychologie und Moralpädagogik. In antiken Texten finde man Methoden und Techniken, die ein bestimmtes Individuum zur Überwindung persönlicher Schwächen und zur Erlangung von Tugenden führen sollen. Demgegenüber böten moderne Abhandlungen zur Ethik eine Diskussion von Einzelfällen nur dann, wenn diese als ethische Konfliktfälle (z.B. Notwehr, Euthanasie oder Tyrannenmord) einen besonderen Prüfstein für eine Theorie bilden. Moderne Moralphilosophien thematisierten nicht nur normative Fragen, sondern bemühten sich zudem um Fragen der Moralbegründung und versuchten, die theoretischen Voraussetzungen und Grundlagen moralischer Urteile zu klären – zwei Themen, die in der Antike weitgehend unbekannt seien. Auch Julia Annas beruft sich darauf, daß die antike Moralphilosophie lediglich schwache Begründungsformen kenne, also wissenschaftstheoretisch moderner sei als die Positionen der Neuzeit; die antiken Glücksmodelle seien „unspezifisch", also nicht für eine lebenslange oder überindividuelle Geltung konzipiert (1993, 46). Die Autorin sieht im

Korrektiv- und Strafcharakter moderner Ethiken mit ihren Imperativen und Verpflichtungen zum einen den jüdisch-christlichen Entstehungshintergrund des neuzeitlichen Denkens gespiegelt. Insbesondere erblickt sie aber im methodisch-kasuistischen Vorgehen und im Anspruch, ethische Theorien „hierarchisch" und „komplett" abzuhandeln, eine problematische Übertragung des modernen wissenschaftlichen Vorgehens auf den Moralbereich. Im Gegensatz dazu habe die Antike den Tugendbegriff auf das Leben als komplexe Ganzheit bezogen und ihn zwar als „primär", nicht aber im derivativen Sinn als „basal" aufgefaßt.

Aber obwohl auch Annas die Unterschiede der beiden historischen Ethikmodelle herausstellt, warnt sie davor, deren sachliche Differenz zu überschätzen. Zunächst lehnt sie die kommunitaristische Interpretation ab, es handle sich um parochiale, strikt kontextbezogene Formen von Ethik (1993, 16). Vielmehr verhalte sich die antike Moralphilosophie stets kritisch gegenüber den herrschenden Moralvorstellungen. Annas vertritt zudem die These, die antike Moralphilosophie sei durchaus vernunftzentriert; eine unsystematische Interpretation weist sie ganz zurück (1993, 443). Insbesondere verteidigt Annas gegen Williams den Moralitätsbegriff kantischer Prägung und versucht den Nachweis, daß die Einbeziehung der Interessen anderer Personen bereits zu den zentralen Anliegen antiker Moralphilosophen gehört.

Soweit einige der in jüngster Zeit vertretenen Rückgriffe auf die antike Ethik. Allerdings fehlt es auch nicht an Kritik gegenüber den zeitgenössischen Aktualisierungsversuchen antiker Selbstkultivierung. Erwähnenswert ist etwa die Sichtweise von Gernot Böhme (1994). Böhme ist der Ansicht, das antike Ideal des Philosophen sei ungeachtet seiner eminenten historischen Bedeutung gegenwärtig überholt; es habe in der Neuzeit bereits allzu großen Erfolg errungen. Das Philosophenideal der Antike werde in der modernen Zivilisation übermäßig realisiert, ja geradezu trivialisiert. Heute sei es eine Selbstverständlichkeit, daß jeder seine Affekte und Leidenschaften eines selbstreflexiven Ich beherrsche und seinen Körper als bloßes Instrument seiner Seele verstehe – Forderungen, die für den antiken Menschen noch revolutionär gewesen seien. Der Mensch der Neuzeit ist nach Böhme ein „domestiziertes" und „pazifiziertes" Wesen, dem kaum noch klarzumachen sei, wovon die griechische Philosophie spreche, wenn sie zur Affektkontrolle aufruft. Böhmes Beispiel ist das des Ehestreits während einer Autofahrt; auch heftige Emotionen brächten einen Fahrer gewöhnlich nicht von der Beherrschung seines Wagens ab (1994, 151). Anstelle der antiken Konzeption der Selbstsorge plädiert Böhme für ein Lebenskunstmodell, das er durch den Ausdruck „Dasein" charakterisiert. Es soll darin bestehen, Affekte und Leidenschaften wiederzugewinnen, den Umgang mit Atmosphären zu lernen, ein „Leibbewußtsein" zu entwikkeln und eine wache Aufmerksamkeit an die Stelle der Selbstreflexion zu setzen. Mit Nietzsche, Freud und Foucault plädiert Böhme für eine Abkehr von der Vorstellung, man könne sein „wahres", „inneres" oder „geistiges" Ich entdecken. Darin liegt zudem eine Affinität zu Richard Rortys Ideal des ironischen, liberalen und solidarischen Intellektuellen, dessen Lebensform sich ebenfalls durch Pluralisierung oder Selbsterweiterung (anstelle von Vereinfachung und Selbstsuche) charakterisieren läßt (vgl. etwa 1988 und 1989). Freilich stellt die bei Rorty häufig anzutreffende handwerkliche Metaphorik – er bezeichnet etwa das Vokabular, das man der Wahl seiner Identität zugrundelegt, als „tools" und den Vorrat an traditionellen Selbstverständnissen als „bag of tools" – auch eine gewisse Verbindung zur antiken *technê tou biou* her. Auch bei Rorty steht die Philosophie ganz im Dienst des individuellen und sozialen Lebenserfolgs.

Als Gegenmodell zur antiken Ethik dürfte eine Konzeption wie die Böhmes oder Rortys nur überzeugend sein, wenn man eine radikale Vernunftkritik postmoderner oder hermeneutischer Herkunft teilt; hingegen braucht man für das antike Ideal der rationalen und verantwortlichen Lebensführung nicht auf einen absoluten cartesischen Vernunftstandpunkt zurückzugreifen. Was die moralphilosophischen Texte aus der Antike für die gegenwärtige Ethikdiskussion so attraktiv macht, ist ihre Einheit aus Vernunftbezug und Phänomennähe sowie ihre Synthese aus prudentiellen und moralischen Elementen. Dies zeigt sich etwa in der zeitgenössischen Tugendethik oder in der Debatte um die Standards für die Bestimmung von Lebensqualität (vgl. Kap. 2.3). Eine wichtige neuere Tendenz geht folglich dahin, die Differenz zwischen Aristoteles, den Stoikern und Kant abzumildern – wenn nicht gar grundsätzlich in Frage zu stellen. Die bislang scharf gezogenen Grenzen zwischen teleologischen und deontologischen Modellen, zwischen Strebens- und Sollenskonzeptionen, zwischen Tugend- und Regelethiken sind ins Wanken geraten. Die antike Ethik gilt gegenwärtig vielfach wieder als philosophisch anschlußfähig.

Anhang

Verzeichnis philosophischer Autoren und Schulen

Akademie: Schule Platons, gegründet ca. 387 v. Chr.; prominente Mitglieder waren Aristoteles, Speusipp, Xenokrates und Eudoxos („ältere Akademie“); die „mittlere Akademie“ seit Arkesilaos vertrat eine skeptisch-aporetische Position, die „neuere Akademie“ seit Karneades und besonders seit Antiochos eine Rückkehr zu metaphysischen Lehren.

Antisthenes (ca. 445–365 v. Chr.): Schüler des Sokrates und Begründer des Kynismus.

Aristipp von Kyrene (ca. 435–355 v. Chr.): gehörte zum Umkreis des Sokrates; Vertreter eines konsequent situationsbezogenen Hedonismus.

Ariston von Chios (um 250 v. Chr.): stoischer Philosoph mit undogmatischen Überzeugungen.

Aristoteles (384–322 v. Chr.): Schüler und teilweise Kritiker Platons; einer der Hauptvertreter der klassischen Epoche der griechischen Philosophie und umfassender Gelehrter.

Augustinus (354–430 n. Chr.): maßgeblicher lateinischer Kirchenvater; stark vom Neuplatonismus beeinflußt.

Chrysipp (ca. 279–206 v. Chr.): nach Zenon von Kition und Kleanthes dritter Hauptvertreter der älteren Stoa; von seinen zahlreichen Schriften zu allen philosophischen Teilgebieten sind nur Fragmente erhalten.

Cicero (106–43 v. Chr.): römischer Redner, Politiker und Philosoph; seine philosophischen Schriften enthalten wertvolle Berichte zur hellenistischen Philosophie.

Diogenes von Sinope (4. Jh. v. Chr.): Schüler des Antisthenes und wichtigste Figur des Kynismus; charakteristisch für ihn ist die radikale Einfachheit der Lebensführung und seine Zurückweisung von Konventionen.

Diogenes Laertios (gegen Ende des 3. Jh. n. Chr.): Philosophiehistoriker; verfaßte zehn Bücher *Leben und Meinungen berühmter Philosophen*, eine wichtige Quelle für die antike Philosophie.

Eleaten: Philosophische Schule aus Elea (Unteritalien) in der ersten Hälfte des 5. Jahrhunderts; Hauptvertreter sind Xenophanes, Parmenides und Zenon.

Epikur (341–270 v. Chr.): Begründer einer philosophischen Schule in Athen („Garten“); vertritt einen Hedonismus, der die höchste Lust durch wohlüberlegte Selbstbeschränkung erreichen will.

Epiktet (50–130 n. Chr.): wichtiger Vertreter der Stoa in der römischen Kaiserzeit und zentrale Quelle für die stoische Lehrtradition.

Eudoxos von Knidos (ca. 391–336 v. Chr.): Astronom, Mathematiker und Philosoph; zeitweilig Mitglied der platonischen Akademie.

Eukleides von Megara (ca. 450–380 v. Chr.): Schüler des Sokrates und Begründer der Megarischen Schule.

Heraklit (um 500 v. Chr.): bedeutender vorsokratischer Philosoph, der eine einflußreiche Prosaschrift verfaßte.

Kyniker: stark lebenspraktisch und asketisch ausgerichtete Schule, die auf den Sokrates-Schüler Antisthenes zurückgeht.

Kyrenaiker: Schule des Aristipp mit hedonistischer Tendenz.

Mark Aurel (121–180 n. Chr.): römischer Kaiser und Philosoph; Autor von zwölf Büchern *Selbstbetrachtungen*, die die stoische Ethik in eindringlicher Form darstellen.

Neuplatoniker: an Platon anknüpfende spätantike Schule mit metaphysischer Ausrichtung; Hauptvertreter sind Plotin, Porphyrios, Iamblich, Proklos, Damaskios und Simplikios.

Peripatos, Perpatetiker: Schule des Aristoteles und Theophrasts.

Platon (427–347 v. Chr.): Schüler des Sokrates; einer der zentralen Philosophen der klassischen Zeit; Verfasser berühmter Dialoge.

Plotin (204–270 n. Chr.): Interpret Platons und Begründer des Neuplatonismus; Leiter einer einflußreichen Schule in Rom.

Plutarch (ca. 50–120 n. Chr.): mittelplatonischer Philosoph und Biograph; sein umfangreiches Werk ist eine wichtige philosophiehistorische Quelle.

Porphyrios (ca. 234–304 n. Chr.): Schüler Plotins und einflußreicher neuplatonischer Autor sowie Kommentator.

Poseidonios (ca. 135–50 v. Chr.): stoischer Philosoph mit erheblichen platonischen Lehranteilen.

Pyrrhon von Elis (ca. 365–275 v. Chr.): Begründer einer radikalen skeptischen Position, die u.a. einen Zweifel an der Existenz der Außenwelt einschließt.

Pyrrhonische Skepsis: von Sextus Empiricus umfassend dargestellte, auf Pyrrhon von Elis zurückgehende radikale Form des philosophischen Zweifels.

Seneca (ca. 4 v. Chr.–65 n. Chr.): Stoischer Philosoph und Erzieher des römischen Kaisers Nero; verteidigt in seinen *Epistulae morales ad Lucilium* und zahlreichen Schriften (darunter auch Tragödien) die stoische Lebenskunst in undogmatischer Form.

Sextus Empiricus (zweite Hälfte des 2. Jh. n. Chr.): Arzt und skeptischer Philosoph; sein *Grundriß der pyrrhonischen Skepsis* und seine Schrift *Adversus Mathematicos* sind zentrale Quellen für den Pyrrhonismus.

Sieben Weise: legendenumwobene archaische Weisheitslehrer im Griechenland des 7. und 6. Jahrhunderts.

Sokrates (469–399 v. Chr.): Moralphilosoph mit wesentlichem Einfluß auf Platon, die Kyniker, die Kyrenaiker, die Stoiker und die akademische Skepsis; lehrte nur mündlich und scheint keine positiven Lehrmeinungen beansprucht zu haben; dennoch sind ihm u.a. ein moralischer Intellektualismus und die These von der Tugend als einer *technê* zuzuschreiben.

Solon (ca. 640–570 v. Chr.): mythenumwobener athenischer Gesetzgeber und Weisheitslehrer.

Sophistik: aufklärerische Bildungsbewegung im Athen des 5. vorchristlichen Jahrhunderts.

Stoiker: Philosophische Schule in hellenistischer Zeit; die ältere Stoa wird durch Zenon von Kition, Kleanthes und Chrysipp repräsentiert, die mittlere durch Panaitios und Poseidonios; Vertreter der neueren Stoa sind die kaiserzeitlichen Philosophen Seneca, Epiktet und Mark Aurel.

Zenon von Kition (ca. 333–262 v. Chr.): Begründer der Stoa; neben Chrysipp ihr Hauptvertreter.

Literaturverzeichnis

Ackrill, J. [2]1995: Aristotle on Eudaimonia, in: O. Höffe (Hg.), Aristoteles. Nikomachische Ethik (Klassiker Auslegen, Bd. 2), Berlin, 39–62.

Annas, J. 1992: Ancient Ethics and Modern Morality, in: Philosophical Perspectives, Bd. VI (Ethics), 119–136.

– 1993: The Morality of Happiness, New York/Oxford.

– 1995: Virtue as a Skill, in: International Journal of Philosophical Studies 3, 227–243.

Beierwaltes, W. 1981: Regio beatitudinis. Zu Augustins Begriff des glücklichen Lebens, Sitzungsberichte der Heidelberger Akademie der Wissenschaften (Philosophisch-historische Klasse), Bericht 6.

– 1991: Selbsterkenntnis und Erfahrung der Einheit. Plotins Enneade V 3, Frankfurt a. M.

Böhme, G. 1994: Weltweisheit, Lebenskunst, Wissenschaft. Eine Einführung in die Philosophie, Frankfurt a. M.

Botros, S. 1987: Precautious Virtue, in: Phronesis 32, 101–131.

Burkert, W. 1960: Platon oder Pythagoras? Zum Ursprung des Wortes „Philosophie“, in: Hermes 88, 159–177.

Burnyeat, M. 1982: Idealism and Greek Philosophy: What Descartes Saw and Berkeley Missed, in: Philosophical Review 91, 3–40.

Bussanich, J. 1990: The Invulnerability of Goodness: The Ethical and Psychological Theory of Plotinus, in: Proceedings of the Boston Area Colloquium in Ancient Philosophy 6, 151–184.

Clay, D. 1983: Lucretius and Epicurus, Ithaca/London.

Cooper, J.M. 1996: Eudaimonism, the Appeal to Nature, and „Moral Duty“ in Stoicism, in: S. Engstrom/J. Whiting (Hgg.), Aristotle, Kant, and the Stoics, Cambridge, 261–284.

Courcelle, P. 1974–75: Connais-toi toi-même. De Socrate à saint Bernard, 3 Bde., Paris.

Crisp, R./Slote, M. 1997: Virtue Ethics, Oxford.

Dihle, A. 1985: Die Vorstellung vom Willen in der Antike, Göttingen (engl. 1982).
– 1990: Philosophie als Lebenskunst, Vorträge der Rheinisch-Westfälischen Akademie der Wissenschaften, Opladen.
Dillon, J. M. 1983: Metriopatheia and Apatheia: Some Reflections on a Controversy in Later Greek Ethics, in: J.P. Anton/A. Preus (Hgg.), Essays in Ancient Greek Philosophy, Bd. 2, Albany NY, 508–517.
Dodds, E.R. 1970: Die Griechen und das Irrationale, Darmstadt (engl. 1951).
Domanski, J. 1996: La philosophie, théorie ou manière de vivre? Les controverses de l'Antiquité à la Rénaissance, Fribourg/Paris.
Dover, K. J. 1974: Greek Popular Morality in the Time of Plato and Aristotle, Berkeley.
Edelstein, L./Kidd J. G. (eds.), Posidonius, Vol. 1–2, Camdridge 1972–1988.
Engberg-Pedersen, T. 1986: Discovering the Good: *oikeiôsis* and *kathêkonta* in Stoic Ethics, in: M. Schofield/G. Striker (Hgg.), The Norms of Nature. Studies in Hellenistic Ethics, Cambridge/Paris, 145–183.
– 1990: The Stoic Theory of Oikeiosis, Aarhus.
Erler, M. 1987: Der Sinn der Aporien in den Dialogen Platons. Übungsstücke zur Anleitung im philosophischen Denken, Berlin/New York.
Förster, E. 1992: „Was darf ich hoffen?" in: Zeitschrift für philosophische Forschung 46, 168–185.
Forschner, M. 1981: Die stoische Ethik, Stuttgart (Darmstadt ²1995).
– 1983: Die pervertierte Vernunft. Zur stoischen Theorie der Affekte, in: Philosophisches Jahrbuch 87, 258–280.
– 1993: Über das Glück des Menschen. Aristoteles, Epikur, Stoa, Thomas von Aquin, Kant, Darmstadt.
Foucault, Michel 1985: Freiheit und Selbstsorge, H. Becker u.a. (Hgg.), Frankfurt a.M.
– 1986: Der Gebrauch der Lüste (Sexualität und Wahrheit Bd. 2), Frankfurt a.M. (frz. 1984).
– 1986a: Die Sorge um sich (Sexualität und Wahrheit Bd. 3), Frankfurt a.M. (frz. 1984).
Frankena, W.K. 1972: Analytische Ethik, München (engl. 1963).
Frede, M. 1986: The Stoic Doctrine of the Affections of the Soul, in: M. Schofield/G. Striker (Hgg.), The Norms of Nature, Cambridge/Paris, 93–110.
Fuhrer, Th. 1997: Philosophie und die christliche Lehre im Widerstreit – Augustins Bemühungen um eine Integration, in: Zeitschrift für antikes Christentum 1, 291–301.
Gigante, M. ²1983: Richerche Filodemee, Napoli.
Gigon, O. 1946: Studien zu Platons Protagoras, in: Phyllobolia, FS P. von der Mühll, Basel, 91–152.
Gill, Ch. 1996: Personality in Greek Epic, Tragedy, and Philosophy, Oxford.

Görgemanns, H. u.a. 1989: Artikel *Philosophie* (Patristik), in: Historisches Wörterbuch der Philosophie, Bd. 7, 616–633.
Gosling, J.C.B./Taylor, C.C.W. 1982: The Greeks on Pleasure, Oxford.
Goulet-Cazé, M.-O. 1986: Ascèse cynique. Un commentaire de Diogène Laërce (VI, 70–71), Paris.
Griffin, J. 1986: Well-Being. Its Meaning, Measurement, and Moral Importance, Oxford.
Hadot, I. 1969: Seneca und die griechisch-römische Tradition der Seelenleitung, Berlin.
– 1984: Arts libéraux et philosophie dans la pensée antique, Paris.
– 1986: The Spiritual Guide, in: A.H. Armstrong (Hg.), Classical Mediterranean Spirituality, New York, 436–459.
Hadot, P. 1981: Die Einteilung der Philosophie im Altertum, in: Zeitschrift für philosophische Forschung 36, 422–444.
– 1991: Philosophie als Lebensform. Geistige Übungen in der Antike, Berlin (frz. 1981, [2]1987).
– 1995: Qu'est-ce que la philosophie antique? Paris.
– 1997: Die innere Burg. Anleitung zu einer Lektüre Marc Aurels, Frankfurt a.M. (frz. 1992).
Hahn, J. 1989: Der Philosoph und die Gesellschaft. Selbstverständnis, öffentliches Auftreten und populäre Erwartungen in der hohen Kaiserzeit, Wiesbaden.
Halfwassen, J. 1994: Geist und Selbstbewußtsein. Studien zu Plotin und Numenios, Stuttgart.
v. Harnack, A. 1916: Die Askese, eine Skizze, in: Reden und Aufsätze, Bd. 3, Gießen, 141–161.
Heinaman, R. 1988: Eudaimonia and Self-sufficiency in the Nicomachean Ethics, in: Phronesis 33, 31–53.
Herman, B. 1993: The Practice of Moral Judgment, Cambridge/Mass.
Hijmans, B. L. 1959: Askesis. Notes on Epictetus' Educational System, Assen.
Höffe, O. 1988: Personale Bedingungen eines sinnerfüllten Lebens. Eine ethisch-philosophische Erkundung, in: J. Eisenberg (Hg.), Sucht, Düsseldorf, 156–166. 1990: Universalistische Ethik und Urteilskraft: ein aristotelischer Blick auf Kant, in: Zeitschrift für philosophische Forschung 44, 537–563. 1996: Aristoteles, München (Reihe DENKER).
Horn, Ch. 1996: Augustinus und die Entstehung des philosophischen Willensbegriffs, in: Zeitschrift für philosophische Forschung 50, 113–132.
Hossenfelder, M. 1985: Die Philosophie der Antike 3: Stoa, Epikureismus und Skepsis, München.
– 1991: Epikur, München (Reihe DENKER).
– 1992: Philosophie als Lehre vom glücklichen Leben. Antiker und neuzeitlicher Glücksbegriff, in: A. Bellebaum (Hg.), Glück und Zufriedenheit. Ein Symposion, Opladen, 13–31.

– 1996: Antike Glückslehren. Kynismus und Kyrenaismus, Stoa, Epikureismus und Skepsis, Stuttgart.
Irwin, T.H. 1977: Plato's Moral Theory, Oxford.
– 1985: Aristotle's Conception of Morality, in: Proceedings of the Boston Area Ancient Philosophy Colloquium 1, 115–143.
– 1986: Stoic and Aristotelian Conceptions of Happiness, in: M. Schofield/G. Striker (Hgg.), The Norms of Nature. Studies in Hellenistic Ethics, Cambridge/Paris, 205–244.
– 1995: Plato's Ethics, New York.
– 1997: The Parts of the Soul and the Cardinal Virtues, in: O. Höffe (Hg.), Platon. Politeia. „Klassiker Auslegen", Bd. 7, Berlin, 119–139.
Jaeger, W. [2]1960: Über Ursprung und Kreislauf des philosophischen Lebensideals, in: Scripta Minora, Bd. I, Rom, 347–393.
– 1957: Die Griechen und das philosophische Lebensideal, in: Zeitschrift für philosophische Forschung 11, 481–496.
Kahn, Ch. 1981: The Origins of Social Contract Theory, in: G.B. Kerferd (Hg.), The Sophists and their Legacy, Hermes Einzelschriften 44, 92–108.
– 1988: Discovery of the Will: From Aristotle to Augustine, in: J.M. Dillon/A.A. Long (Hgg.), The Question of Eclecticism, Berkeley, 234–259.
Kerferd, G. B. 1981: The Sophistic Movement, Cambridge.
Kimmich, D. 1993: Epikureische Aufklärungen. Philosophische und poetische Konzepte der Selbstsorge, Darmstadt.
Korsgaard, C.M. 1996: From Duty and for the Sake of the Noble: Kant and Aristotle on Morally Good Action, in: S. Engstrom/J. Whiting (Hgg.), Aristotle, Kant, and the Stoics, Cambridge, 203–236.
Krämer, H. 1959, [2]1967: Arete bei Platon und Aristoteles. Zum Wesen und zur Geschichte der platonischen Ontologie, Heidelberg.
– 1980: Epikur und die hedonistische Tradition, in: Gymnasium 87, 294–326.
– 1992: Integrative Ethik, Frankfurt a.M.
Kraut, R. 1979: Two Conceptions of Happiness, in: Philosophical Review 88, 167–197.
– 1997: Plato's Comparison of Just and Unjust Lives, in: O. Höffe (Hg.), Platon, Politeia (Klassiker Auslegen, Bd. VII), Berlin, 271–290.
Long, A.A. 1988: Stoic Eudaimonism, in. Proceedings of the Boston Area Colloquium in Ancient Philosophy 4, 77–101.
MacIntyre, A. 1987: Der Verlust der Tugend, Frankfurt a.M. (engl. 1981, [2]1985).
– 1988: Whose Justice? Which Rationality? London.
– 1993: Ist Patriotismus eine Tugend? In: A. Honneth (Hg.), Kommunitarismus, Frankfurt a.M., 84–102.
McPherran, M.L. 1989: Ataraxia and Eudaimonia in Ancient Pyrrhonism, Is the Skeptic Really Happy? In: Proceedings of the Boston Area Colloquium in Ancient Philosophy 5, 135–171.
Merki, H. 1952: Homoiosis theo. Von der platonischen Angleichung an Gott zur Gottähnlichkeit bei Gregor von Nyssa, Fribourg.

Michel, O. 1973: Art. *Philosophia, philosophos*, in: G. Kittel/G. Friedrich (Hgg.), Theologisches Wörterbuch zum Neuen Testament, Bd. IX, 169–185.
Neschke-Hentschke, A. 1995: Platonisme politique et théorie du droit naturel, Bd. I., Louvain/Paris.
Newman, R.J. 1989: *Cotidie meditare*. Theory and Practice of the *meditatio* in Imperial Stoicism, in: Aufstieg und Niedergang der römischen Welt 36.2, 1473–1517.
North, H. 1966: Canons and Hierarchies of the Cardinal Virtues in Greek and Latin Literature, in: The Classical Tradition, FS H. Caplan, Ithaca, 165–183.
Nozick, R. 1974: Anarchy, State, and Utopia, New York.
Nussbaum, M. 1986: The Fragility of Goodness. Luck and Ethics in Greek Tragedy and Philosophy, Cambridge.
– 1988: Nature, Function, and Capability: Aristotle on Political Distribution, in: Oxford Studies in Ancient Philosophy (Suppl. Vol.), 145–184.
– 1992: Human Functioning and Social Justice: In Defence of Aristotelian Essentialism, in: Political Theory 20, 202–247.
– [2]1993: Non-Relative Virtues: An Aristotelian Approach, in: M. Nussbaum/A. Sen (Hgg.), The Quality of Life, Oxford 1993, 242–276.
– 1994: The Therapy of Desire. Theory and Practice in Hellenistic Ethics, Princeton.
– 1995: Eros and the Wise. The Stoic Response to a Cultural Dilemma, in: Oxford Studies in Ancient Philosophy 13, 231–267.
Nussbaum, M./Sen, A. (Hgg.) 1993: The Quality of Life, Oxford.
O'Neill, O. 1989: Constructions of Reason, Cambridge.
Pannenberg, W. 1996: Theologie und Philosophie, Göttingen.
Penner, T. 1973: The Unity of Virtue, in: Philosophical Review 82, 35–68.
Prior, W. J. 1991: Virtue and Knowledge. An Introduction to Ancient Greek Ethics, London/New York.
Rabbow, P. 1954: Seelenführung. Methodik der Exerzitien in der Antike, München.
Rapp, C. 1997: War Aristoteles ein Kommunitarist? In: Internationale Zeitschrift für Philosophie, 57–75.
Reesor, M. E. 1989: The Stoic Wise Man, in: Proceedings of the Boston Area Colloquium in Ancient Philosophy 5, 107–123.
Reiner, H. 1974: Art. Gewissen, in: Historisches Wörterbuch der Philosophie, Bd. 3, 574–592.
Ricken, F. 1995: Wesen und Wert der Lust (EN VII 12–15 und X 1–5), in: O. Höffe (Hg.), Nikomachische Ethik, Berlin, 207–228.
Robinson, R. [2]1995: Aristotle on Akrasia, in: O. Höffe (Hg.), Aristoteles. Die Nikomachische Ethik, Berlin, 187–206.
Roloff, D. 1972: Art. „Angleichung an Gott", in: Historisches Wörterbuch der Philosophie, Bd 1, 307–310.
Rorty, R. 1988: Freud und die moralische Reflexion, in: ders., Solidarität oder Objektivität? Stuttgart, 38–81.

– 1989: Contingency, Irony and Solidarity, Cambridge.
Santas, G. 1969: Aristotle on Practical Inference, the Explanation of Action, and Akrasia, in: Phronesis 14, 162–189.
– 1985: Two Theories of Good in Plato's *Republic*, in: Archiv für Geschichte der Philosophie 67, 223–245.
Schmid, W. 1962: Art. Epikur, in: Reallexikon für Antike und Christentum, Bd. 5, Stuttgart, 681–819.
Schmid., W. 1991: Auf der Suche nach einer neuen Lebenskunst. Die Frage nach dem Grund und die Neubegründung der Ethik bei Foucault, Frankfurt a. M.
– 1992: Uns selbst gestalten. Zur Philosophie der Lebenskunst bei Nietzsche, in: Nietzsche-Studien 21, 50–62.
– 1995: Selbstsorge. Zur Biographie eines Begriffs, in: M. Endreß (Hg.), Zur Grundlegung einer integrativen Ethik, Für Hans Krämer, Frankfurt a. M., 98–129.
Schmitt, A. 1990: Selbständigkeit und Abhängigkeit menschlichen Handelns bei Homer. Hermeneutische Untersuchungen zur Psychologie Homers, Stuttgart.
Schofield, M. 1984: Ariston of Chios and the Unity of Virtue, in: Ancient Philosophy 4, 83–96.
Seel, M. 1995: Versuch über die Form des Glücks, Frankfurt a. M.
Sherman, N. 1993: The Role of Emotions in Aristotelian Virtue, in: Proceedings of the Boston Area Colloquium in Ancient Philosophy 9, 1–33.
– 1997: Making a Necessity of Virtue. Aristotle and Kant on Virtue, Cambridge.
Smart, J. J. C. 1973: An Outline of a System of Utilitarian Ethics, in: Utilitarianism: For and Against, Cambridge, 3–74.
Snell, B. (Hg.) 1952: Leben und Meinungen der Sieben Weisen, München.
– [5]1980: Die Entdeckung des Geistes, Göttingen.
– 1971: Szenen aus griechischen Dramen, Berlin.
Spaemann, R. 1989: Glück und Wohlwollen, Stuttgart.
Sprute, J. 1989: Vertragstheoretische Ansätze, in: Nachrichten der Akademie der Wissenschaften in Göttingen, I. Philologisch-historische Klasse, Nr. 2, 37–93.
Stemmer, P. 1989: Der Grundriß der platonischen Ethik, in: Zeitschrift für philosophische Forschung 42, 529–569.
Striker, G. 1996: Ataraxia: Happiness as Tranquillity, in: Essays on Hellenistic Epistemology and Ethics, Cambridge/New York, 183–208.
Szlezák, Th. A. 1976: Unsterblichkeit und Trichotomie der Seele im zehnten Buch der Politeia, in: Phronesis 21, 31–58.
– 1985: Platon und die Schriftlichkeit der Philosophie. Interpretationen zu den frühen und mittleren Dialogen, Berlin/New York.
Taylor, Ch. 1994: Quellen des Selbst. Die Entstehung der neuzeitlichen Identität, Frankfurt a.M. (engl. Cambridge 1989).

Thurnherr, U. 1997: Was ist Philosophische Praxis? in: Studia Philosophica 56, 157–181.
Tränkle, H. 1985: Gnothi seauton. Zu Ursprung und Deutungsgeschichte des delphischen Spruchs, in: Würzburger Jahrbücher für die Altertumswissenschaft, Neue Folge 11, 19–31.
Tugendhat, E. 1984: Antike und moderne Ethik, in: ders., Probleme der Ethik, Stuttgart, 33–56.
Vlastos, G. [2]1981: The Unity of the Virtues in the *Protagoras*, in: ders., Platonic Studies, Princeton, 221–269.
– 1991: Socrates: Ironist and Moral Philosopher, Ithaca.
Voelke, A.-J. 1993: La philosophie comme thérapie de l'âme. Etudes de philosophie hellénistique, Fribourg/Paris.
van der Waerdt, P.A. 1987: The Justice of the Epicurean Wise Man, in: Classical Quarterly 37, 402–422.
Wehrli, F. 1931: Lathe biosas. Studien zur ältesten Ethik bei den Griechen, Leipzig.
– 1951: Ethik und Medizin: Zur Vorgeschichte der aristotelischen Mesonlehre, in: Museum Helveticum 8, 36–62.
– 1964: Hauptrichtungen des griechischen Denkens, Zürich/München.
Williams, B. 1985: Ethics and the Limits of Philosophy, London.
– 1993: Shame and Necessity, Berkeley.
Wolf, U. 1996: Die Suche nach dem guten Leben. Platons Frühdialoge, Reinbek.
Zucker, F. 1930: Syneidesis – conscientia, in: Gnomon 6, 21–31.

Personenregister